動情的理性

政治哲學作為道德實踐

錢永祥◎著

序言

　　本書志在探討政治哲學領域裡的一些棘手學術議題。這些議題雖然屬於學院中專業的學術研究，不過筆者之所以注意它們，卻是源於難以自已的現實關懷。在政治哲學這個領域中，這種學術與實踐交織互動的情況並不足以為異。政治哲學密切關注、介入社會生活的現實，即使最抽象的概念分析，其結論也可能「像鐵軌的轉轍器一樣」（韋伯語）影響到無數人的真實生活。何況從事政治哲學的學術工作，思考者必然要時時進行價值立場的釐清與反思，生命的各種安排方式也就不時呈現在眼前，逼使你去有所認定與有所拒斥。政治哲學其實涉及了「如何進行公共生活」這個問題，而這個問題顯然是一種在公共意義上的**生命**哲學。它的實踐面向是很突出而無可迴避的。

　　不過政治哲學的實踐意識並不是明朗俐落的現成成品，等著我們取用；相反，它會隨著我們對於身處的歷史脈絡與時代環境的不同理解，而呈現不同的面貌，從而造成各種政治哲學之間的分歧，有待思考者自行尋索與梳理。筆者在本書中對於政治哲學及其實踐意涵的理解，傾向於當代**以平等為根本價值的自由主義**。在筆者看來，這並不是宣示性地擺出某種立場，而毋寧是來自一種**認知性**兼**評價性**的判斷（因此有其是非對錯可言）。在認知層面，筆者認為人類在一路歷經無數血腥的教訓之後，通過反思與調整逐漸走向了一種崇尚人道與平等的方向；在評價層面，

筆者相信這種走向構成了一種「進步」，代表人類的意識（即使實踐還遠遠落在意識後面）在道德意義上走向了一種**更好**的境界。在筆者的心目中，在今天從事政治哲學的思考，必須先肯定這個大方向，並且設法鋪陳這個大方向所呈現、所依據的幾項基本的原則（或者說關於公共生活的基本信念）。這些原則包括：

1. 每個個人在現實生活中的命運與遭遇都具有最高的道德分量；
2. 每個個人對自己生活的觀點、利益判斷、與嚮往是不容輕忽抹煞的；
3. 每個個人之間的平等地位是必須尊重的；
4. 政治正當性的終極基礎必須來自共同體的成員自主的認可。

政治哲學的職責，便是證明這些原則在認知的層面上具有明確的內容與理據，在評價層面上則體現了一些不容迴避的價值。人類懔於歷史上充斥著殺戮、殘酷、壓迫、剝削與歧視，不得不標舉這幾項關鍵的道德原則，避免再蹈覆轍。平等主義的自由主義，比較完整、自覺地表現了這些關於歷史脈絡與時代環境的判斷。本書的學術取向與實踐意圖，便是由這些判斷所引導、促成的。

用這種方式去理解今天的時代狀況與政治哲學的處境，當然祇是眾多的可能理解方式中的一種。針對今天——特別是在中文世界——的歷史脈絡與時代環境，不少人提出了大異其趣的理解與判斷，從而發展出與自由主義大相逕庭的——甚至於根本否定自由主義所推許、珍惜的一些價值的——政治哲學。這種情形不足為奇：「只要人類的理性會犯錯誤，只要人類擁有自由去使用

理性，就會出現不同的意見。」[1]一如哲學有**傳統**卻沒有**正統**；政治哲學同樣有其**傳統**可言，其間卻並沒有一個**正統**來規定政治哲學一定要設定什麼價值或者原則、一定要遵循哪一種典範。不過，雖然大家對於時代的處境會有不同的詮釋方式，但在選擇我們的價值認定的時候，思想者有責任維持**倫理上的作人本分要求**，以及**理知上的認真、誠實**，首先去正視歷史中的犧牲者與受苦者，關注身邊人們的生活狀況，避免耽溺於花俏的理論，蹈空的理想，需要高昂代價的烏托邦，或者只歡呼強者、能者、勝利者的道德競技場，只看重集體光榮而不見個體渺小命運的歷史觀、價值觀。政治哲學所推敲出來的觀念與價值，攸關無數人的切身權益，容不得心態上絲毫的奢侈縱欲或者輕浮虛無，尤其要警惕思考「若有所得」時難免的道德優越感。為了善盡自己在倫理上與理知上的責任，筆者在書中針對當代中文世界傳播較廣的一些觀點提出了檢討與批評。我並不好辯，不過應該辯論的時候，我更願意以認真的說理表達自己的信念，同時也借由認真的批評對於不同意見者表示尊重。

　　幾年前，筆者應命為周保松先生的《自由人的平等政治》一書作序，其中說到：

> 政治哲學乃是一種道德性的**實踐**、一種面向現實的**介入**。正是由於政治哲學著眼於個人所受待遇的是非對錯，也就是認為每一個人被社會所決定的待遇與命運是有是非對錯可言的，它的道德意義才更清朗突出。它肯定個人的自主與平等，關心個人的遭遇和命運，對社會現狀提出檢討批判，同

1　《聯邦黨人文集》第十篇。

時又對社會生活抱持著即使高遠卻多少可行的道德期待，期
待每個人的一輩子能夠活得成功、如意，也期待社會可以趨
於公平、穩定。一個人若是對於這些事物缺乏關懷，沒有追
求的熱情，難免會視政治哲學為概念遊戲、高頭講章，即使
能帶來知性的挑戰、卻缺乏道德的緊迫張力。

這種對於政治哲學及其實踐含意的認知，我在當年與今天都服膺
不疑；因此我很願意如一位年輕朋友所提議的，把當年書序的標
題移來作為本書的副題。但必須強調，政治哲學完全是一種理性
的活動；惟其說理，才能趨近於更妥當的認知，也唯有靠說理自
身內建的普遍主義性格，我們才能平等地考量所有相關者的利
害。不過這種理性必然源自「情」的鼓動，也就是因為人間的種
種艱辛與苦難令我們感到不忍與不甘，動情之後發為關懷與在
意，才能構成實踐的介入。因此，本書以「動情的理性：政治哲
學作為道德實踐」作為書名[2]，一則標舉政治哲學情理兼顧的雙重
性格，但也交代作者自己在寫作中所積鬱的個人心境，請讀者明
鑒。

2　若用英文來表達，我願意寫作 The Impassioned Reason: Political Philosophy as Moral Intervention。

致謝

　　在本書出版之時，我要感謝多位師友與家人。林毓生先生與王汎森、蕭高彥、林載爵等幾位朋友給我許多鼓勵鞭策，他們的關心與善意是本書終能問世的一大動力。本書多篇文章當初發表之前接受過多位審查人的批評與建議，這次結集出版前的專書審查，又一次收到了兩位審查人的意見，對這些政治哲學的同道我必須表達謝意。聯經出版公司的編輯沙淑芬小姐認真負責、任勞任怨，總編輯胡金倫先生也多方照顧，在本書的出版工作上惠我良多；劉佳奇、吳家恆兩位慷慨相助，在文字、版面以及美編等多方面用心料理，幫我解決了許多困擾，讓這本書呈現自己的性格，對讀者也更為友善，我要向他們致上謝意。從起意編纂本書，到中間的漫長整理過程，李琳在她自己的繁重課業之餘，始終關心與協助不輟，包括找出我已經遺忘的一篇文章收入書裡，提醒我可以用給周保松先生的書序標題作為書名的副題，又對於全書的文字與引註費心檢查修飾，我要向她表達誠摯的感謝。這本書中各篇文章的寫作前後歷時十年，我要感謝麗美在這段漫長期間當中，雖然幾乎天天都得忙於她自己攸關台灣公共生活的報社主筆工作，仍適時對我敦促與支持；我也要感謝前後五位貓家人的真情陪伴，讓我對生命本身、對如何關懷生命，都多了一些深刻的體會。最後，家母年事已高，卻體貼我也已經不再年輕，總是堅持自己料理生活，不願意增加我的負擔，我十分感激她的

生養之恩與源源不絕的照拂。

　　多年困勉而學，我的學術工作充其量算是盡心，找到了一些自己的想法，卻完全說不上學術貢獻。但即便如此，這一點點微薄的成果，也要得助於遠近很多人的盛情與關懷。想到自己的有限，相對於人們的寬厚給與，我是很知足而感恩的。

錢永祥

2013 年 8 月於南港─汐止

目次

第一部：自由主義的道德認定

第二部：公共說理

第三部：說理與普遍主義

導論

把道德關懷帶進政治生活

爭論一般性的哲學問題,不可能是政治的日常課題,但是這不表示這些問題無足輕重,因為我們認為答案是什麼,會塑造公共文化與政治實務背後的各種態度。如果我們認為,正義而且秩序妥當的民主社會之不可能,乃是理所當然的常識,那麼這些態度的品質與格調就會反映該一常識。威瑪憲政體制之所以敗亡,一個原因就是德國的傳統菁英竟然沒有人支持該一憲法,或者願意合作讓該體制運作。他們不再相信一個像樣的自由主義的國會體制有其可能。這種體制過時了。從1930年到1932年,這套體制先是只能指望接連幾任威權主義取向的內閣政府。但隨著這些政府由於缺乏民意的支持漸入頹勢,興登堡總統終於被迫求助於既擁有民意支持、又被保守派認為可以控制的希特勒。……

20世紀的幾場戰爭,以及其極端的暴力與節節上升的破壞性……尖銳地提出了一個問題:政治關係是不是只能聽命於權力與強制?如果一種在合理的意義上正義並且能夠馴服權力為己所用的社會並無可能,而人類雖然不是無可救藥地犬

儒、自我中心，但大體上並無所謂道德，我們大可以借康德
的話追問：人們在這個世界上活著值得嗎？我們的假定必須
是：一個在合理意義上正義的政治社會是可能的，而這種社
會要可能，人類必須要具備一種道德本性，當然不是完美的
道德本性，但是這種本性要能夠了解、遵行，並且在足夠的
程度上認同一套關於權利與正義的合理的政治觀，願意支持
由這套政治觀的理想與原則所引導的社會。……本書行文在
許多讀者看來抽象而且不食人間煙火，部分原因在於我的這
種關注……。

對此，我無意辯解致歉。[*]

本書收集了筆者在過去十年之間所寫的十幾篇論文。這些文
章原本都是獨立的單篇，但是這次重新整理它們以供結集出版
時，我發現這些文章之間的呼應與聯繫尚稱完整，各篇所探討的
主題也前後接續。雖然寫文章的當時只想到當下面對的具體題
目，但是我會去關注、思考這些題目，畢竟反映著自己的視野與
關懷是什麼面貌，因此即使當時並沒有充分的自覺，但是作者心
裡的所信與所惑，自然會形成或多或少的一貫性與整合性。我希
望這種一貫性與整合性，能將這些文章組合成一個整體，構成一
本尚稱主題完整、論證持續的專書。

這篇〈導論〉由三個部分組成。在第一節，對於本書所關注
的主題，也就是自由主義所依據的價值觀點以及其一部分的延伸
涵蘊，我想提供扼要的綜述；在第二節，我想說明這個主題背後

---

[*] John Rawls, *Political Liberalism* (New York: Columbia University Press, 1996), pp. lxi-lxii.

的道德關懷何在，以及這種道德思路與「政治」這件事的關係是什麼；在第三節，我想談一下這種道德關懷所體現的道德意識，以及這套意識對「道德」這件事的獨特理解方式。本書是一種理知的探索，但貫注著實踐的關懷；我希望這篇〈導論〉能幫助筆者自己以及讀者理解本書背後的道德動力所在。

一、自由主義的價值認定及其涵蘊

這些年來，我所關注的議題觸及了幾個方面。這些議題之間的關係，反映在本書的結構與內容上。這些議題的內容、關聯性，以及我的大致想法，可以撮要綜述如下。

（1）**自由主義所認定、追求的價值。**自由主義的整個思想傳統，認定了個人具有自成一格的、最高的價值。為了說明在什麼意義上個人具有這種價值，傳統的理論要靠一些宗教性質的、形上學性質的，或者關於人的特定品質與能力的預設作為支撐，可是這些都會面對難以克服的挑戰。筆者認為，所謂「個人具有最高的價值」──因此不能換算或者化約為其他的價值，在其間作兌換──意思是說個人乃是「價值之源」。這並不是說價值僅是主觀的，事物本身不可能具有獨立的內在價值，只能由人來賦予；而是說，任何價值（包括毫無疑義的諸般內在本有價值）都不是個人需要無疑義地接受或者拒絕的。相反，個人可以對事物的價值進行論證、反思、否定或者接受。個人的這種「主體」地位，代表個人才是價值的終極**認定者**，即使個人的認定並不一定是正確的，不能、不會檢討修正甚至於改弦易轍的。**在這個意義上**，個人具有一種凌駕於其他價值的獨特價值。

（2）**個人的價值選擇需要評價性的理由。**但是個人並不是任

性、恣意地拒絕或者認可某種價值的。所謂「我喜歡」即構成了價值，顯然是一種卡通化了的自由主義。筆者在本書中再三著意強調，個人對於價值的認可（或者否定），其實是一種**評價**，而評價一方面可以回溯到個人的**自我界定、自我認知**[1]，另一方面也必須援引是非好壞的**評價標準**，同時這些標準勢必超越了個人視野以及當下的脈絡、情境。這類標準不一定需要具有終極的權威，自我之界定也不是不能變動修改的。可是無論如何，這類評價需要獲得**理由**的支持。如果我們接納一項價值，只是因為認定該一事物具有某種內在本有價值，卻不能提供更一般性的理由去證明該一價值，我們便不啻受制於該一價值，不再具有主體的身分，我們的判斷也只是成見，並沒有足以說服他人的理由。如果接受一項價值居然與自我認同、與一般性的評價標準毫無關係，該評價其實只構成了突來的衝動，無足以稱為具有評價含意的**我的選擇**。

（3）**理由涵蘊著公共理性與普遍主義**。進一步分析「理由」的概念，自由主義的兩個關鍵的想法——理由的普遍主義，與說理的公共性格——便可隨之導衍出來，這兩個主題的真正含意也才明朗浮現。我強調說理必然有其公共的面向，特別表現在「他人能夠視為合理」這個基本的要求上。因此，公共領域、公共理性，其實都是必要的制度，讓個人能夠按照說理原則證明自己的價值觀。我也指出普遍主義不僅並不與價值多元論衝突，並且在現代的價值多元的情境裡，普遍主義（而不是相對主義）才是說理的自然結果。關於普遍主義，在今天的中文知識界、言論界，

1　評價涉及了評價者如何理解自己、想像自己、投射自己，源自泰勒發展的「強評價」理論。請參見本書第十一章的相關說明。

流行著一些因為簡化故而流於褊狹的錯誤觀念，本書的分析或有澄清的效用。在這方面，我進一步強調兩點：一方面，「承認」這項重要的訴求並不牴觸普遍主義，二方面，妥當理解之下的普遍主義（相對於出於誤解的「超越他者的普遍主義」與「否定他者的普遍主義」），其實是一種主體與他者合作締造的成果。

（4）**個人追求理想生活所需要的制度與資源條件。**自由主義認定個人具有最高的價值，這裡所謂的「個人」當然不是抽象的意志或者人格，而是正在具體生活的血肉人，企圖把生活過得「好」的、有嚮往但是也會遭遇挫敗的現實中人。從這種個人的**生命實況**出發，自由主義在論述、要求各項個人權利以及基本的政治、社會制度時，眼中關注的對象，並不是某種縹緲的自由意志、道德人格，而是「個人實現一己的人生安排」這個陳義至為強勁、具體的目標：這種**肉身而能思考與感受的個人**，不僅**必然需要**各種人身的安全、自由與公民權利，並且**必然需要**各類生活資源（食衣住行、醫療、教育、養老）、社會的平等尊重（參與人際關係與社會生活），以及文化的支撐（自我的肯定、精神生活）。由於這種思路考慮到了一個個生命的生活實況，所以在一方面，它所要求的社會制度更能照顧到具體人生的需求與差異，在另一方面，也有助於締造人們相互同情、關懷的民胞物與的相通基礎。

（5）**發展在當代中文思想環境中的批判立場。**以上的幾個議題，雖然都是西方自由主義傳統——尤其是近幾十年來發展出來的「平等主義的自由主義」——的主要論述所在，但本書的討論往往以當今中文世界的思想狀況作為脈絡與背景。根據以上的幾項想法，我針對這十餘年來在中文世界流傳較廣、影響比較大的幾種政治思想的不足之處提出了質疑，這包括了馬克思主義關於

資源分配的主張、哈耶克的自發秩序觀、施特勞斯的美好人生觀、新儒家關於「天」以及「道德實踐」兩個概念的理解，以及施密特對政治的界定。此外，在釐清「承認」概念的過程中，我也對於流行的多元文化主義作了分析與批評。最後，我還以伯林為實例，檢討自由主義傳統本身面對個人與歷史之間緊張關係時的一些困擾。

　　必須承認，本書對這些議題的處理並不全面，不僅忽略了一系列接踵而至的重要問題，即便是處理到了的問題，探索也不夠深入。這些缺失，期待新一代的批評者來指正彌補。不過接下來，我想離開本書所探討的議題本身，退後一步，探討另一層次的兩個問題，那就是本書為什麼要強調**從道德訴求來思考政治哲學，以及我所強調的這種價值認定，背後預設了什麼樣的道德意識**。

二、道德觀點如何介入政治[2]

　　賦予個人最高的價值，顯然是一種規範性的訴求：除了在道德意義上之外，我們很難想像個人在其他的意義上能取得如此崇

2　周保松先生對於本節初稿提出了許多批評。他認為任何政治秩序都具備內建的正當性要求，也就是說，每一種政治的支配方式，都同時必須設法向被支配者提出關於自身正當性的說法。而一切正當性訴求，終極都要訴諸某些道德理由、道德原則。因此他並不相信政治可能脫離道德考量。我與他的分歧，似乎在於我認為這種正當性要求可以訴諸許多非道德性的價值或者理由，包括民族主義、經濟發展、宗教、歷史哲學、權力本身的邏輯等等。用道德考量要求於政治，並不是人類歷史的常態，即使在今天這個民主時代也往往難以落實。顯然，問題在於我們對於「道德」的理解不同，同時對於「正當性」的期待也不一樣。

高的地位。問題是，在政治領域中，這樣的道德訴求能夠發揮什麼作用、扮演什麼角色？

　　就此而言，政治哲學跟道德哲學都處在一種尷尬的處境裡。一方面，它們都是規範性的思考，也就是關切「應然」；但另一方面，它們的思考所得必須適用於現實生活裡的制度與人，這些卻都是真實具體的「實然」，自有其實然的規律與來自現實的動機在發揮作用，不見得接受應然的指揮。終極而言，政治哲學、道德哲學的存在理由就是用應然指導甚至於節制實然。那麼如果這個理由本身只是虛幻的願望，政治哲學、道德哲學豈不是就喪失了存在的理由？

　　當然，我們深信道德對於個人是適用的，但即使就個人而言，道德也有其局限。第一，道德本身並不是一套一元的、統一的、明確的規則；面對同一個情境，兩種互不相容的做法可能都可以稱為道德；道德不一定能為行為提供決定性的指導與評價。第二，道德規則本身的正當性難免受到挑戰，尤其是歷史與文化相對論的挑戰；如何抉擇或者調和「他們的道德」與「我們的道德」，確定某一種道德確實更符合道德的本質，是很棘手的問題。最後也是最重要的，即使在個人的生活中，道德也只是一個面向或者說一種視角。真實的生活包括了道德之外的其他各種面向與視角，會提出不同於道德的考慮與理由，因此，在某些情況之中，當事者必須忽視甚至於違反道德的要求。即便在同一個人的生命操持中，道德也難免與其他的價值或者考慮發生衝突，至少構成兩難，嚴重時甚至造成撕裂。偉大的文學作品中，不乏對這種人生實況的動人描述。有人認為道德優先於其他考慮，認為道德上的失敗即是整個人的失敗，這種道德上的一元絕對想法，多少流於天真，而過分的道德絕對主義，可能蛻變為道德上的狂

熱，形成一種泛道德主義（moralism）。

那麼把道德應用於政治──也就是政治哲學──算不算一種泛道德主義呢？政治當然是人類生活中的一個重要領域，很多人認為它自成一個價值─倫理範疇，擁有自己的價值與規則，並不是一般意義下的道德所能管轄指揮的。馬基亞維利、霍布斯、韋伯以及所有接受「國家理由」的思想家均持這種觀點[3]。可是當代政治哲學──特別是英語的自由主義政治哲學──所自許的任務卻正是演繹出一套「政治道德」，也就是從道德視角出發，為政治原則、政治體制、政治價值提供一套凌駕在上的規範，藉以保證政治生活體現了道德上的正當，彷彿從而方能取得政治上的正當性。

自從羅爾斯發表《正義論》迄今逾四十年，這一型態的政治哲學一直居於從哲學角度去思考政治的主流。但它所受到的批評也一直不斷，尤以晚近為甚[4]。批評者指出，自由主義的政治哲學以為在現實的政治過程**之外**或者**之先**，可以獨力找到道德原則，為政治過程的進行與結果提供規範與評價，但這是注定失敗的。

3　在光譜的另一端，激進的革命者援引階級革命的「理由」，同樣反對用一般的道德去規範政治上的必要手段。見托洛茨基，《他們的道德與我們的道德》；讀者如果有意思考這整個問題在個人生命中的複雜面向，可以讀 György Lukács, *Tactics and Ethics: Political Writings 1919-1929* (London: New Left Books, 1972), pp. 3-11. 這篇短文應該是盧卡奇對他的師友韋伯的回應兼挑戰。

4　在這裡我指的是新起的「政治現實主義」，代表人物應推威廉斯，見 Bernard Williams, *In the Beginning was the Deed: Realism and Moralism in Political Argument* (Princeton and Oxford: Princeton University Press, 2005); 也可見 Raymond Geuss, *Philosophy and Real Politics* (Princeton and Oxford: Princeton University Press, 2008). 這一種新觀點的綜合評論，可以參考 William Galston, "Realism in Political Theory," *European Journal of Political Theory, 9*(4), pp. 385-411, 2010.

他們指出自由主義的缺陷在於，它的思考並沒有介入政治現實，它誤解了政治行動者的動機、目標、處境，以及所需要面對的各種問題，它忽視了作為政治本質所在的權力運作自有其邏輯，更無視於政治的主體乃是組織、群體而不是個人，決定性的作用力量來自結構而非意志，以及「可行性」和「及時性」在政治決策中的關鍵分量。更激烈的批評者會說，自由主義所推導出來的道德原則，雖然務求具備普遍性，超越特定歷史階段、特定社會、特定立場的局限，並不是當下情境的產物，但實際上這種假想的抽離往往掩蓋了事實存在的權力關係，徒然美化現狀而已。

　　這些對自由主義政治哲學的批評涉及了複雜的問題，無法簡單地回應和處理。但是由於政治與道德的對比確實很明顯，本書卻強調道德原則與道德價值在政治生活中的重要角色，顯然需要作一些說明（如果不是辯解）。我的想法是：企圖為政治生活注入一些道德思考的成分，並不是因為道德這件事居於政治之上位的尊崇地位，足以移除（displace）、取代（replace）政治，也不是因為道德有意指點政治的實際運作[5]。政治哲學之所以企圖從道

5　當然，著重道德的自由主義看重政治參與的重大道德意義，更沒有所謂「去政治化」的企圖。在今天，不少人受到了施密特的影響，認為自由主義代表一種「去政治化的政治」。但施密特界定自由主義的方式是取民主（即政治參與）作為對立面；既然去除了公民的政治行動，自由主義當然只剩下程序（形式規則與經濟利益）。這是藉著定義本身的片面性來指責被定義事物的單面性。他對於政治這件事的理解，也是單向度的，只看見政治中的敵我衝突一面，卻忽視了在衝突之外政治尚有調和衝突的職責。畢竟，政治與敵我鬥爭在概念上是兩回事，請參見本書第五章。其實，自由主義可以說正是意圖讓公民（而不是敵我）的政治生活成為可能。這一點，在中文世界提出「去政治化的政治」概念的汪暉，反而看得清楚，直接指出政治民主和言論自由乃是「現代社會的不可或缺的政治價值和政治權利」，認為文革正是因為派

德的角度探討政治生活所應該遵循的原則、不能違背的價值，正是因為政治的確自有其追求的目的與運作的邏輯，可是它的目的（無論多麼宏偉）與邏輯（無論如何強大），注定忽視人之所以為人的一些特色，而這些特色卻是道德的關懷所在。簡言之，道德之所以企圖介入政治，並不是因為道德優越感或者來自對政治的獨立性不夠理解、尊重，而是因為道德本身自有其**人本主義**[6]的關懷，出於這種關懷，出於維護個人尊嚴的責任，政治哲學必須從道德的視角來要求政治人（主要是公民，以及正在要求公民權利的人）提高自己的道德意識，避免讓個人淪為政治運作的爪牙[7]。

性鬥爭壓制了結社自由、言論自由、社會自治等等，才導致「去政治化」，造成了文革的悲劇。見汪暉，《去政治化的政治：短20世紀的終結與90年代》（北京：三聯，2008），頁35-36。至於汪暉對「政治」的理解是不是自相融貫，他心目中的真正政治又需要設定什麼**道德預設**與**制度條件**，則尚待他的進一步說明。

6 「人本主義」並不等於「人類中心主義」。如下文所言，人本主義所關注的是人類這種生命型態；這種生命「是一場有始有終的現實血肉生命，必然有生老病死、有感受有需求、會嚮往與追求、會受到挫敗與傷害、當然也會欺壓與傷害其他個體」；它並不是「一種抽象單薄的人格、意志、或者能力」。在這個意義上，其他許多物種（動物）與人類（the human animal）一樣應該納入道德考量的範圍；他們的生命一樣需要受到高度的關懷。至於高到什麼程度，與人類的權利、利益如何比較，都是動物倫理學的課題，在此只能擱置。

7 有必要說明，本文這種「從人本主義的立場要求政治去尊重、實現某些道德價值」的想法，與林毓生先生所檢討、批評的「道德與思想意圖的謬誤」，所處理的乃是兩類問題，並不相互牴觸。按照林先生的分析，「道德與思想意圖的謬誤」，指的是一種「認為道德與思想的意圖（intention）可以直接有效地導致政治秩序的建立的觀念」。（林毓生，《政治秩序與多元社會》[台北：聯經出版公司，1989]，頁40。）林先生所關注的問題是：中國自由主義的先驅人物雖然肯定政治秩序必須維護個人的尊嚴與個人的自由，但他們

在政治哲學的各個取向之間，自由主義的道德色彩尤其明顯，也最充分表達了這種人本主義的關懷[8]。自由主義特別強調個人的無上價值，作為政治、經濟、社會各方面思考的前提。這不啻從個人的道德屬性、道德地位出發，對制度思考設定限制：制度的探討必須顧及制度對於個人所負的道德義務。自然法傳統、契約論傳統，或是更強調主體的自主地位的康德、密爾等傳統，都遵循著這樣的思路，不同則僅在於如何說明個人的這種地位與價值。

沒有認識到這樣的秩序只能寄身於法治，由法治所構成，卻誤以為人們的理知與道德意圖可以直接產生這樣一套自由主義的秩序。本文所發展的道德意識，則是要求政治秩序必須體現某些人本主義的道德價值。本文所關注的問題是：從人本主義的角度看，有一些價值必須堅守，才不會導致不公平地犧牲一些個人；由於只有自由主義關於人的認識充分掌握了這些價值認定，所以梳理與重申這些價值認定，既有助於澄清自由主義的制度應該具備什麼內容，也有助於指出各種反對自由主義、用其他價值壓倒個人價值的想法，是會以個人的尊嚴與利益（甚至於生命）為代價的，違背了人本主義的基本價值觀。林先生所檢討的「道德與思想意圖的謬誤」的思路，至少肯定了自由主義所追求的諸項價值，只是對**如何實現**這些價值的路徑有所誤解；但在今天的中文世界中，有不少思想取向已經不再肯定自由主義所追求的價值，質疑**何必追求**這些價值。我所憂慮的是，從林先生所關注的中國自由主義先驅一代，到21世紀的中文知識界，時事推移，不少人的價值意識已經愈來愈遠離自由主義的基本價值觀，也就是遠離了人本主義的道德立足點。

8　其實，政治的所有「理想」思維，包括保守主義、無政府主義、社會主義，尤其是馬克思主義，都有抗拒政治、揚棄政治的烏托邦傾向。這些政治思想都設想讓政治從屬於某個**更高**的規範性的權威，例如經過時間沉澱考驗出來的傳統、自發的秩序、自由人的結合、「社會力量」，到最後是國家的消亡（馬克思眼中的巴黎公社、列寧在《國家與革命》中所描繪的「郵政一般的」行政國家）。但是它們不一定從道德觀點出發，更不一定由某一種道德人本主義所驅動。

　　其實，個人價值作為一種正面的主張，並不容易證明或者說明。歷代的自由主義思想家提出了多種關於個人地位與價值的說法，並沒有形成完全妥當的定論。在本書中，我試著從「價值之源」這個想法著手，說明個人的獨特地位之所在：任何價值最後都要由個人來認定。但是後退一步，離開理論上的論證，我們更想知道：為什麼我們要如此關切這個問題？如果我們（以及任何政治哲學包括自由主義）不再堅持關於個人價值的道德認定，所**放棄**的是什麼？

　　簡單地說明一下這個道德直覺所包含的內容，就可以看出它的否定是多麼的嚴重。「個人具有最高的價值」這句話聽起來平淡乏味，像一句空洞的口號，因為我們總是可以追問，個人基於什麼特色取得這種價值？傳統的說法是個人具備理性、自由意志、自我意識、語言能力、道德感等等，不過為什麼這些特色或者能力就能賦予個人某種價值？如果有人缺乏這類能力，就喪失了這種價值嗎？其實，「個人」並不能想像成一種抽象單薄的人格、意志，或者能力，而是有其明確的內容，並不空洞：每個個人都是一場有始有終的現實血肉生命，必然有生老病死[9]、有感受有需求、會嚮往與追求、會受到挫敗與傷害、當然也會欺壓與傷害其他個體。這些內容共同構成了每個個人的生活，也就是一場生命的整體過程。這樣看「生命」，生命便說得上成敗、好壞、承受了多少利與害、遭到了多少正與負的影響、結局又是什麼程度的精采豐富（flourishing）還是虛擲糟蹋（waste）。簡單言之，

9　「生老病死」這四個字已經變成輕飄飄的口頭用語，其實這四件事不僅是人生中的重大事件，並且是**範疇性、構成性**的事件，決定了每個生命的面貌與結構，也決定了其中大多數的其他事件的內容與意義。

每個個人的生命，都在直接、具體的意義上，說得上過得如何。

　　關鍵的倫理問題是，我們認為「個人的生命過得好與不好」這個問題有多重要？**當我們說「個人具有最高的價值」時，我們並不是在描述一件事實，而是在表達一種關切，認為這個問題具有最高的重要性；**否認「個人具有最高的價值」，不啻否認個人過得如何是最重要的議題。所謂最高的重要性，意思是說如果為了追求其他崇高、急迫、重大的價值、目標，必須以某些個人的生命過得不好為代價，我們多少會感到不安，甚至於認為不對。各種制度政策，各種社會習慣與文化的成規，也必須接受這個問題的追問。當然，事實上各個社會經常否定個人的最高價值，認為還有其他價值，其重要性凌駕於**某一些**[10]個人的生活與遭遇，為了這些價值可以不惜對他們的人生造成傷害或者剝奪。宗教信仰、傳統的維繫、文化的繁榮、民族的興亡、某些菁英價值的存廢、偉大的事功、崇高的理想、宏偉的集體建設、「多數人」的福祉、公共利益、集體安全等等，都不時被視為足以壓倒個別個人的理由。人類歷史的巍峨成就與暴行血跡，經常是由犧牲一些個人所鑄造的。但是，到了今天，這種對個人價值的否定，我們的道德意識還願意接受嗎？我們不想以道德的名義表達抗議嗎？

　　這種**道德意識**並不是自由主義所獨有，不過自由主義的政治哲學完全是由這種道德意識所鼓動的。我稱這種視個人生命之興盛、個人生活過得好為最高價值的道德意識為「人本主義」。這是一種對人性、對世界的特殊看法，也是一種對於價值之間的高下如何做判斷的抉擇；而下一節會談到，它更是一種對於「道

---

10 以某一種更高的價值否定個人地位的說詞，通常並不會否定所有個人的地位，而總是心照不宣地挑出某一些人作為追求該一價值的代價。

德」的特定理解方式。出於這種人本主義，自由主義對於政治的
價值與制度提出要求。而由於這種人本主義是一種出於道德觀點
的價值觀，它的要求也具有明確的道德性格。這種道德要求與政
治運作的原則會有嚴重的衝突，道德要求往往會落空，自由主義
想要用道德馴服政治的意圖經常失敗。不過，自由主義的人本主
義沒有選擇，只能期待時代的道德意識能夠發展出更多的人本主
義成分。在這個意義上，自由主義是一種抗議的聲音，為個人的
尊嚴站出立場，即使它的訴求往往像是曠野中的呼喚。

三、扭轉道德觀：從道德成就轉向關懷苦痛

　　既然這種人本主義的道德意識，除了企圖排除政治對於個人
的壓制與犧牲之外，它對於什麼是「人生」也有著特別具體、現
實的理解，那麼它對於「道德」的理解也會有相應的調整。這一
點值得正視，因為這種對於「道德」的特定理解，有助於釐清自
由主義應該用什麼方式表達對於個人生命的關切。筆者認為，在
這個問題上，自由主義的自我認識可能還有待進一步的調整與轉
化。

　　什麼是「道德」？在一般的理解之中，道德是一些規範，指
示我們如何做對的事情、成為好的人。這種理解道德的方式，不
僅符合一般的常識，也構成了西方道德哲學的主流。

　　麥金太爾在《德性之後》一書中，對於西方道德哲學傳統所
理解的道德這件事，提出了一個很有啟發性的說法[11]。他指出，西

11　Alasdair MacIntyre, *After Virtue* (Notre Dame, Indiana: University of Notre Dame
　　Press, 1984), ch. 5, 特別見pp. 54-55。

方道德思想的傳統體現了一套由三個部分所組成的架構，在一頭設定一個「人性的實然狀態」，在另一頭設定一個「人性的應然狀態」，道德則位於中間，幫助人們從實然狀態過渡到應然狀態。麥金太爾強調，這個架構預設了一套目的論的人性觀，也就是用「目的」（telos）的觀念去證明人從實然狀態向應然狀態的移轉為什麼是一件**應該**做的事情，從而為道德的功能與依據提供了明確的基礎。如果拋棄了目的論，那麼就只能靠道德本身來為應然狀態提供內容及其理據，結果道德會變成「為了實現道德而實踐道德」，麥金太爾認為這是不可能成功的。由於他認為「啟蒙計畫」的核心目標就是祛除目的論布下的迷魅，所以他的結論是：整個啟蒙計畫注定失敗，啟蒙時代之後的道德哲學都無法為道德這件事找到合理的說明。

在此，我所關心的並不是麥金太爾對近代道德哲學的批評是不是成立，而是想循著他所提供的三段架構，在缺乏明確的目的論支持的情況之下，為道德尋找功能與依據。道德的功能顯然在於把人從某一種狀態帶到另外一個狀態，並且在某種實質的意義上，後面的狀態必須要**好於**前面一種狀態。否則，道德豈不只是一種形式的繁文縟節（「穿鞋子的時候，先繫左腳的鞋帶！」）而已？因此，我們的確需要設定一種「人性的應然狀態」，跟「人性的實然狀態」對比。但是，如果不仰仗某種目的論，這種「應然的人性」（「好於」）是不是只是憑空設定呢？而如果無法詳述「應然的人性」是什麼內容，我們要根據什麼衡量的尺度去說某一個狀態比另一個狀態來得好？並且這裡所謂的「更好」，既要具有實質內容，也要說得上具有道德意義，至少不是經濟意義、文化意義、宗教意義上的「更好」。

對這個問題我並沒有完整的答案。不過我想提出一種看法，

那就是對道德這件事的宗旨發展一種特定的理解；我們會發現，這種理解跟**現代**道德意識的走向一致，也跟自由主義的道德觀點（自由主義原本就是這種現代道德意識的產物）相吻合。這種道德意識，不再關注如何借助於道德把人們帶入某種**道德成就**意義上的應然狀態，而是以減少傷害與苦痛為其主要的著眼點，把人的應然狀態理解為盡量減少了**非應承受**的苦痛、傷害的狀態[12]。換言之，我們可以探索另外一種理解道德這件事的路徑，那就是著眼於減輕不應承受的苦難，增加生活的能力，並且強調這指**日常生活**意義下的苦難與能力。我認為，與其關懷彼岸世界、成聖成賢，或者讓人生過得更為「美好」，我們是不是應該更期待道德用心在保護與幫助弱者、減少不公平的苦痛上面？

　　這個想法，與一般對於「道德」的理解背道而馳。在一般的理解中，所謂道德幫助人進入一種較好或者理想的境地，必定假定了個人具有相應的道德能力，並且也假定了道德所關心的是當事人如何發揮這種道德能力，以便取得某種道德品質，進入某種道德境界，這包括了成為「好」的人，或者做「對」的事情。可是行為的「對」與人格的「好」要根據什麼來界定呢？顯然，「對」與「好」不可能只訴諸當事人的德性、當事人身上的道德成就，好像這些德性、這些成就，本身便具備了完整、獨立的道德意義，無須涉及當事人對於身邊世界、對於其他個體所造成的

12　請見我的兩篇小文章：〈「道德進步」：一本書與一種歷史觀〉，《政治與社會哲學評論》40期（2012年3月），頁203-217；〈為什麼道德要關注「受苦」？關於「道德進步」的一項補充〉，《政治與社會哲學評論》41期（2012年6月），頁207-213。下文的一些段落，直接引自後面一篇文章。如這兩篇文章所示，Steven Pinker, *The Better Angels of our Nature: Why Violence has Declined* (New York: Norton, 2011)給了我很大的啟發。

利與害的衝擊。其實如前面所說的，「對」與「好」根本不可能只從道德這件事的本性來推出，彷彿道德的目的即在於實現道德，跟道德之外的事態無關。事實上，這種對於道德的理解，把注意力集中在道德主體的身上，正好忽視了受到其影響的他者。

不難發現，在道德哲學的傳統中，苦痛並不是一個突出的主題。一些道德哲學家例如斯多亞學派、康德，尤其以尼采為代表的菁英（英雄）倫理學，便不見得會認為受苦與道德有直接的關係，其舒緩減少也並沒有明顯的道德意義。而一向居道德哲學主流的至善論（perfectionism）（包括儒家在內）、本務論，或者各類強調彼岸救贖的宗教倫理，多數並不很在意日常的平凡苦痛，更不會強調其道德意義[13]。受苦當然不好；但是若要說明受苦在道德意義上也是不好的，我們得針對道德思考的主流提出更實質的論證。

讓我們回到麥金太爾的三段架構。道德需要預設人的實然狀態；但是要談人的實然狀態，我們能不把苦痛放在核心的位置上嗎？如果如此，道德不是便應該去正視個體生命本質上的脆弱（vulnerability）嗎？「受苦」並不只是某種生理感受；它是生命的**狀態**，展現了受苦者**會受到傷害**這個最根本的性格。一旦道德意識以受苦為焦點，一切受苦者共通的脆弱性質、特色也會跟著進入我們的道德意識。受苦的可能性，奠立在一件明顯的事實

---

13 這些學派，甚至於認為在某些情況之下──例如幫助人們完成修鍊，確證信仰，確證「選民」或者得救的地位，擺脫肉身的動物性以及女性文化因素的汙染──苦痛具有正面、積極、不可褻瀆的價值。孟子給「天將降大任於斯人也」所施加的條件；肉體痛苦帶給宗教苦修者的狂喜出神狀態（參見威廉詹姆士的《宗教經驗之種種》相關章節）；Ernst Jünger, *On Pain* (New York: Telos Press, 2008) 一書對於痛苦的歌頌，都是生動而雄辯的例證。

上：一切有生之物（包括所有的人類與動物），正因為他是生命，所以都是脆弱無助、能力有限、隨時會受到摧殘傷害以至於死亡的。生命的生物性與動物性凝聚在肉體之上，具體而懾人地體現了這種軟弱、逃不開傷害的處境；「動情」則是在感情上脆弱與會受到傷害的明證。（也許只有超越的神與佛才能自外於這種命運；不過他們也掛念眾生，這種牽掛勢必會導致受傷。）人性的這種實然極為明顯無可爭議，如果道德思考沒有考慮到它，反而讓人覺得意外。可是不少道德理論在設想（人類）道德主體的時候，卻正好忽視、鄙視，或者試圖克服、擺脫這種與生俱來的生物的、動物的肉體與情緒因素，寄道德希望於理性、意志、信仰的獻身、養浩然之氣、勇敢堅毅的性格、權力意志（超人）、聖人等等。它們假定，必須要克服人性平庸軟弱的情緒與欲求，擺脫肉體的耽溺與拖累，才能躲開身心苦痛的侵襲與騷擾。但是這些理論，只顧要求主觀的努力，卻不願意設想，一個生命，既然**必然**受制於殘疾、病痛、老化，既然生理的需求注定不能一勞永逸地滿足，既然身體的各項功能經常退化、失調、敗壞，既然各種欲求與情緒的騷擾不斷，既然情感的波動有如海上浪濤、有如風中的殘枝一般無法靜止：這樣的生命，從道德角度來看應該是什麼面貌？對這樣的生命，道德又會要求我們如何自處與對待？這些道德理論認為道德旨在幫助人進入一種獨立、掌握了己身意志，不為情欲、身體與外在橫逆命運所左右的自主狀態；進入這種狀態，是道德所要求的**義務**，也是一種道德意義上的**成就**。但若生命的實然真相反而接近上面的簡單描繪，道德理論該如何把這種實然納入考量呢？其內容應該包含著什麼樣的關懷與要求呢？

當然，道德並不是宗教，並不負責協助人類解脫此生此世的

苦難。但是許多苦難與傷害並非來自自然的生老病死，而是由人力與制度所造成，並且並不是當事人所應當承受的，道德難道不用理會嗎？可是多數道德理論，由於寄希望於道德**聖人**、道德**能人**、道德**強人**，想從他們的境界來理解道德所要追求的應然，忘記了具體生命本身原是脆弱而本質上就隨時會受傷害的，結果反而忽略了無處不在的人造苦痛，貶抑了苦痛在道德上的分量，阻礙了同情憐憫之情的發展；甚至於由於苦痛反映著受苦者的脆弱無助，有失人性的體面，會發展出各種對於受苦者的鄙視。更進一步，由於生物性、動物性所帶來的生命的基本狀態往往表現在膚色、性別、性傾向，尤其是年齡等範疇的某些生物、生理、心理的特色上，結果經由文化成見的建構，會演變成根深柢固的歧視與壓迫。相對於此，另外一些人，著迷於上述居然擺脫了生物性、動物性的道德主體，取為理想的自我形象，以為自己真是擺脫了「本質」局限的絕對自由人，結果衍生了各種菁英意識，甚至於演變成種族、性別、文化上的優越感。最後，暴力、殘虐的存在與瀰漫，也無法成為道德思考的焦點[14]。

　　這樣看來，改變我們對道德的理解方式，把道德的焦點從追求道德主體的道德成就，轉移到關懷個人的生活遭遇，關懷一切個體蒙受的不公道的傷害與苦痛，是有很重大的意義的。道德所要求的應然狀態，當然不是解除人類實然狀態中的所有苦難。但

14　這些議題，請參考納斯鮑姆（Martha C. Nussbaum）的一些著作，包括 *Hiding From Humanity: Disgust, Shame, and the Law*（Princeton, NJ.: Princeton University Press, 2004）；方佳俊譯，《逃避人性：噁心，羞恥與法律》（台北：商周出版社，2007）。她的 *Upheavals of Thought: The Intelligence of Emotions*（Cambridge: Cambridge University Press, 2001），pp. 315-327, 342-350, 對於筆者有很大的啟發。

是道德確實可以採取積極的態度，把「減少不必要的苦痛與壓迫」視作它所追求的應然。這種道德意識，也可以為自由主義的價值認定提供踏實的內容。這樣的自由主義，我願意稱之為**以關懷為旨的自由主義**[15]。

四、結語

　　本書志在澄清自由主義政治哲學的一些基本問題。在這些基本問題之列，我認為它的價值認定最屬根本但也最難以充分說明。畢竟，只有在價值意識上釐清自己的信念之後，我們才能進一步發展出政治上的訴求。不過，在這個「不知有神，也不見先知」的時代，特別是在徹底的祛魅與幻滅之後，價值認定雖然是無所逃避的問題，卻也可能是人類最無力處理的問題之一。筆者並不認為自己已經找到答案。不過，目睹政治勢力挾著排山倒海的力量決定著無數生靈的命運（無論正面負面），我們不能不追問，在人之所以為人的特色之間，難道沒有足以與政治力量抗衡

---

15 寫完這篇〈導論〉之後，我有機會讀到唐小兵先生的新著《十字街頭的知識人》，其中援引阿倫特檢討「關注苦難」在政治上的負面意義，與本文的思路似乎背道而馳，但是實際情況可能要更複雜。我的想法是：「關懷」是自由主義**政治道德**的原則與義務，卻並不構成自由主義**政治本身**的原則或者義務；道德觀點介入政治時，乃是希望政治的體制與運作，能從關懷的角度去將每個個人的遭遇與命運列入考量。阿倫特所批評的則是把「憐憫」直接化為政治原則，結果個人消失，憐憫變成一種必備的情緒或者德性，反而轉成一種誅心的理由，「大恐怖」、「清洗」（或許可以加上「整風」）皆由此而起。見 Hannah Arendt, *On Revolution* (New York: Penguine Books, 1977)，特別是第二章〈社會問題〉。阿倫特的觀點值得詳細分析，希望來日我有機會深入討論。

的資源嗎？既然對人們命運的關懷只能歸諸我們堅持人性尊嚴的義務，這種以關懷為主軸的道德意識為什麼不能作為資源，供我們守住最後防線？

必須承認，「道德意識」同樣是一個晦暗模糊的概念。它的內容有一部分來自一個時代瀰漫的感覺方式，尚有待沉澱；也必定有一部分來自哲學的反省，來自我們吸取歷史教訓之後的痛定思痛，需要冷靜的思考；但還有一部分，需要由個人去發掘與培養，特別是發展自身的道德情感（moral sentiments），尤其是同情與關懷這兩種能力。本書的觀點與論證在很大的程度上依賴著某種道德意識，但是在各個章節中，我卻幾乎完全沒有觸及這個重要的問題。這個缺失，顯示了筆者自身的局限，花了很長的時間才開始緩緩憬悟心中問題的全貌。在此藉著這篇〈導論〉，大略說明什麼樣的一種道德意識引導、驅動著作者在本書中的思考，希望來日我能對這種道德意識的相關問題有更深入的探索與交代。

第一部

自由主義的道德認定

第一章

道德人與自由社會：

從林毓生先生對中國自由主義的一項批評說起[*]

一、前言

　　中國自由主義的歷史與命運，一向是林毓生先生的主要學術
關懷所在。在這個問題上，他曾經多次指出，由於中國自由主義
者往往將個人的價值理解為一項工具（例如當作反傳統的工具，
或者追求民族富強、追求高品質的國民、追求「進步」、追求個
性解放的工具），缺乏自由主義應該視個人具有內在價值的「純
正性」，遂注定了中國自由主義早晚要承受工具的見棄命運：一
旦民族主義或者反傳統思潮（或者其他的實質目標）找到了比推
崇個人更為有效的工具，自由主義自然秋扇見捐。林先生認為，
在這個意義上，中國自由主義的失敗，連悲劇的意義都付諸闕
如[1]。

---

[*] 本文曾經收在丘慧芬編，《自由主義與人文傳統：林毓生先生七秩壽慶論文
集》（台北：允晨出版公司，2005），頁33-54。這次收入本書前，做了許多
修改，特別是關於自然法傳統之不足的幾個段落。

[1] 林毓生先生在這個問題上的意見，請見他的《思想與人物》（台北：聯經出

　　時過境遷，經過幾十年的歷史經驗與教訓，我們今天或許能更充分地理解，無論反傳統主義或者民族主義，所代表和追求的價值都與自由主義迥異。可是昔日的問題並沒有因此就完全消失：由於20世紀下半葉海峽兩岸兩個社會的歷史經歷使然，對抗極權主義和威權主義成為中文世界自由主義的首要關懷；自由主義的主要使命，集中於批判政治勢力的壟斷與壓迫，相對之下，對於基本價值的意識，依然不免趨於簡化與淡化，缺乏知識上與道德上的沉重與緊張感。結果，林先生所提出來的問題儘管關鍵，所獲得的共鳴回音似乎還是有限。其實，自由主義若是不把**個人的價值**視作理論的原點，即使抖擻精神於反威權和反極權，仍有可能失去了理論與道德兩方面的基石。中文自由主義如果要有發展的可能，勢必不能迴避如何看待「個人」這項**價值**的問題。

　　本文認為，由於理論本身的邏輯使然，如果自由主義並沒有確定它的價值核心，它在政治、社會、經濟各方面應該提出什麼要求，也會難以確定。本文的目的因此至為有限：在理論上理解林先生所提的問題的結構，並用幾個例子，呈現前人處理這個問題的大致面貌，特別關注在他們如何處理價值意識與制度要求之間的關聯。但由於問題太過複雜，在此我並沒有意圖提出自己的解決方案。

二、自由主義論述的三個組成部分

　　一套自由主義的論述，隨著時空條件不同，當然可以有自己

版公司，1983）裡的多篇文章，特別見其中的〈五四時代的激烈反傳統思想與中國自由主義的前途〉和〈史華慈、林毓生對話錄〉二文。

的關懷與焦點。不過,按照政治理論的邏輯與通常的期待,一套**自由主義**的論述,應該具備三個組成部分。第一,它需要有其現實的針對性,往往要對於現行的政治、社會制度中的非自由制度或者勢力提出批評、表達抗議、要求改變。因此,自由主義通常會發展一個以批評、反抗為主旨的戰線或者焦點。第二,自由主義需要提出一些防衛性的制度設計,以圖較長久地為個人提供保護,減少壓迫勢力侵犯的可能。因此,自由主義通常也會在政治、經濟方面發展一套制度性的訴求。第三,自由主義還需要說明,這些設計所要保護的東西究竟是什麼?權利、自由等等訴求所意圖維護的是一些什麼樣的利益或者價值?因此,自由主義通常還會提出一套有關個人的尊嚴或根本利益的說法,以建立自由主義所推崇的核心價值。

這三個部分,可以進一步說明如下。

首先,自由主義必然是一種針對性的批判理論,因為它在性質上便是一種在是非之間有所判別、臧否,對於自己心目中的「是」有所堅持與鼓吹(advocacy)的規範性主張,對於現實中的各種事態,會有所維護、有所拒斥,也會有意加以更易。它必須檢討社會、政治各方面涉及個人自由的制度或理念,判斷是不是可以接受的。因此,作為政治論述,自由主義不會沒有對立面;這種有立場可言的針對態度,往往演變成抗議性的批判,批評某種制度、某個勢力違反了自由主義的是非標準。當然,這種現實性格,會使得一套自由主義的論述不得不呈現其時代、社會的特色,同時也受制於這些特色的局限。無論如何,從這種針對現狀提出正反評價的姿態來著眼,自由主義往往構成一種**異議式的論述**。

但是自由主義的針對性異議,需要有其理據:它需要設法指出,它的對立面在什麼意義上是錯的,應該加以譴責和改變。在

此，自由主義通常會指出，對方侵犯了他人並沒有資格染指的個
人的權利與自由。進一步，自由主義會將它維護個人自由的意
圖，在制度面上發展成具體的主張，以求更徹底、有效地達成維
護個人自由的目的。這方面最常見的設計，就是盡量鞏固各項個
人的自由與權利，包括了憲政、法治、民主等方面的構想和建
設。這個部分，往往構成自由主義作為一套政治論述的特點所
在。通常，一個人若是在這些問題上提出較為正面、完整的主
張，他就會被視作一個自由主義者。在這個層面上，自由主義構
成了一套與其他政治主張有所區別的、**關於制度的論述**。

　　為什麼上述兩個組成部分要分屬兩個層次？第一，很顯然，
它們是「反對」與「主張」的兩面關係：後者企圖取代或者防範
前者，也通常構成了取代或防止的理由所在。其次，很多時候，
對侵犯權利、自由者提出批評反對，所動用的理由不一定立足在
個人的權利與自由之上：保守主義可以以傳統體制的價值為理
由，反對政治權威的擴張；基督教可以反對政府壓迫宗教，但是
理由可能在於此舉剝奪了某些人蒙受救恩的機會，而不是有違個
人的信仰自由；更有人以效率為理由，主張市場具有重大功能，
但是並不理會市場對於個人自由（或者形成社會自發秩序）的貢
獻。由此可證，反對的論述與主張的論述，是應該有別的。

　　不過，自由主義還應該擁有第三個層面的關懷，旨在指出自
由主義這些制度上的主張，所追求、維護的核心價值究竟是什
麼。當它在第二個層面上提出有關人權、自由、民主等制度性的
設計的時候，我們可以追問：這些事物的理據何在？這裡問的，
並不是來源意義下的問題：權利、自由從何而來；而是理據的問
題：為什麼這些權利與自由**應該**獲得尊重與認可？權利與自由等
等制度的價值，似乎需要由它們所服務、所保障的某種東西的價

值來證明。自由主義需要針對這個東西的價值提出說明，形成**有關核心價值的論述**。

　　歷史上，自由主義的多數理論陳述，都包含著異議論述和制度論述的成分。在西方世界，從有關宗教與良知的寬容開始，到有關統治者權限的界定、到政府正當性的來源何在、個人自主的空間多大、社會管理規則的性質如何確定等等，自由主義一方面挑戰當時當地威脅個人自由的各種力量，同時也提出制度上的建議。這中間具體的主張和議題太過繁複，在此不論；不過它們構成了自由主義**政治論述**的主要內容，殆無疑義。

　　但是第三個層面的存在，也同樣難以否認。當然，有人會企圖顯示，個人的各項權利與自由自有其內在價值，而非只具有工具價值[2]。不過不難看出，各項自由與權利的重要性，具有明顯的高低軒輊：某些自由（例如在道路上如何行車）是可以打折扣甚至於受到嚴格管制的，而另外一些自由（例如言論自由、良心自由）則是完全不容外力染指的。要說明其間的差別何在，似乎必須涉及各項自由所擔負的功能。換言之，既然各項自由與權利所要服務或保護的對象不同，而由於這些對象的輕重有所差異，所以各種自由也有輕重的不同。這時候，自由所要服務、保護的東西究竟是什麼，就值得深究了。

2　需要強調，本文著眼於自由、權利的工具價值，完全不代表業已認定它們不可能具有本身的價值。世上很多事物都同時具有工具價值與本身的價值，知識、愛情、追求理想（隨手舉三個例子）皆是如此。至於這些自由、權利，乃至於自由作為一個一般的狀態（而不只是可以列舉的具體自由項目），在什麼意義上有其本身的價值，本文不能處理。相關的問題與區別，Ian Carter, *A Measure of Freedom*（Oxford: Oxford University Press, 1999）做過相當全面的討論。

　　歷史上，這個問題的答案，通常出之以兩種形式[3]。一種形式的答案，強調某種社會性的理想與自由制度的關聯，其中最為人所知的具體主張，就是強調社會的「進步」（progress）與自由有著極為密切的關係：自由有利於取得社會進步。19世紀的密爾[4]與20世紀的哈耶克[5]，都使用了這個論證路徑。這個傳統的影響力很大，對中國自由主義者──如後面要談到的殷海光與徐復觀──也有強弱不等的作用。不過，在此我們不擬討論它。

　　另一種形式的答案，則強調個人的道德地位、道德價值與自由的關係；這種道德價值，通常藉著自由主義關於「人」的基本認知來表達。簡單地說，在自由主義的一個重要理論傳統裡，諸項權利與制度，往往被視為乃是為了服務或者維護個人所具有的某種重要價值（而不是上述「進步」之類的社會理想）──並且這種價值有其絕對的、內在的關鍵意義──而需要的制度。不錯，自由主義必須楬櫫個人的自由與平等，否則無足以成其為自由主義。但是自由主義之所以追求各種實現自由與平等的制度，

3　見上引Carter書pp. 46-54。不過，我認為另外還有一種可能的論述方向，就是基於人性或者現實，強調自由的制度才是可行以及穩定的制度，壓制不僅成本過高、其成果也如同緣木求魚。這種傾向於現實考量的說法，本文不做討論。

4　論者多指出，密爾為自由提出了兩套論證。一套論證以個人的自我發展為論據，但又強調了自由帶來這種自我發展時，會對其他人、對社會帶來某些效益或者好處。本文認為，單從《論自由》一書的行文來看，自我發展乃是密爾的主要論證所在，效益論證則係針對「那些最需要說服的人」而發的輔助論證。見J.S. Mill, *On Liberty*, Gertrude Himmelfarb, ed.,（Hammondworth: Penguin, 1982）, p. 128.

5　在哈耶克的自由主義裡，個人價值與「進步」的緊張，以及這兩個概念各自的位置，請參見本書第九章〈演化論適合陳述自由主義嗎？──對哈耶克式論證的反思〉。

原因在於它們乃是服務或者維護個人身上這種道德特色的最合適
的工具。林毓生先生即是循這個方向理解自由主義的。本文的關
心所在，也即是這個理路[6]。

三、個人的尊嚴與價值：以康德和密爾為例

在這裡，一個重要的問題自然是：如何陳述自由主義直覺堅
持的「道德的個人」這個理念，既足以奠定個人的某種自足價
值，又可以開展、導引出自由主義所期望的各種制度？

在進入這個問題之前，需要先說明歷史上其實有過一種並不
從個人的道德地位出發的自由主義，那就是自然法傳統。但是由
於它的理論前提與現代性有所扞格，無法表達自由主義關於個人
的道德信念，遂逐漸喪失了理論上的意義[7]。

6　見諸林先生在理解自由主義以及儒家傳統時，賦予道德自主性這個概念的關
　　鍵地位。在稍早之前，林先生還撰寫專文，循這個模式探討康德道德哲學與
　　儒家人觀的對話，可見這個模式影響他理解自由主義的程度。見 Lin Yu-
　　sheng, "A Dialogue between Kant and Confucius (and Mencius) concerning
　　Human Rights" paper presented at the International Conference on Political
　　Philosophy, Beijing, 2001.

7　近代道德哲學（包括政治哲學）從自然法轉向「內在論」（internalism）（即
　　把規範之權威的來源從外在事物轉移到主體的內部），以及自然法與自由主
　　義的關係，本文的敘述參考了 Stephen Darwall, "Norm and Normativity," in
　　Knud Haakonssen, ed., *The Cambridge History of 18th Century Philosophy*. J.B.
　　Schneewind, *The Invention of Autonomy: A History of Modern Moral Philosophy*
　　(Cambridge: Cambridge University Press, 1998) 的相關章節；James Tully, "Locke
　　on Liberty," in Zbigniew Pelczynski and John Gray, eds., *Conceptions of Liberty in
　　Political Philosophy* (New York: St. Martin's Press, 1984), pp. 57-82，以及 Leo
　　Strauss, *Natural Right and History* (Chicago: University of Chicago Press, 1953).

　　近代初期政治思想所使用的自然權利說，由於其理論架構的特色使然，似乎完全避開了「道德人」這個問題。自然法的自由主義色彩，並不是來自直接肯定個人的地位，而是在於具有超越性、普遍性的自然法賦予了個人某些權利，這些自然權利先天地屬於個人，無待由政治權威與社會環境來賦予，反而對於實存的權威構成阻礙。契約論進一步從締結契約這項活動的一些特定條件，說明個人在「自然狀態」中已經是自由而平等的，制度只能補這種狀態的不足，不能違背原先已經擁有的權利。從這種思路出發，可以形成一種針對制度的、較為素樸的自由主義政治學說，洛克是經典的例子。所謂「素樸」意思是說，權利與自由乃是天理、神意所決定的事實，並不需要什麼關於「人」的理想來支撐。自然法體現一種超越的理性（斯多亞學派），或者來自創世神（基督教），表現了宇宙的秩序與人類正確行為的標準，本身即具有規範性，也指明了人類應該追求的目標。由於人類具有理性，或者由神所創造，具有當然的道德地位，因此自然法傳統並不需要再去認定、證明個人本身具有獨立的價值，更不會說自由制度的目的在於服務人本身所代表的這些價值。簡略言之，在自然法傳統中，價值是客觀存在的，無待於人的判斷與選擇。在洛克的思想中，自然法傳統所關注的反而是：如何防止個人藉著自由而誤用理性，或者違背了神的旨意，結果違背了自然法的要求。這時候，政府就派上用場了。

　　自然法傳統的這種思路，能不能導出關於個人以及道德價值的自由主義涵蘊，顯然高度依賴於它的形而上學的或者宗教的前提。一旦這些前提逐漸隱退或者崩潰，自然法並不能產生自由主義的結論。這個情況，經典的代表是霍布斯。他那種「祛魅」之後的自然法，變成了求自我保存的趨利避害規則。個人的判斷與

抉擇以私利為原則，並且這種私利決定了是非對錯好壞的分辨。個人本身乃是利益和價值的唯一決定者，並且他僅有義務去追求自己的利益與價值，不需要接受其他權威或者其他人的約束，直到為了消弭這種情況之下隱含的危險，自願接受一位絕對主權者的統治為止。這種祛魅之後的個人，仍具有一種很素樸的優位原則或者自主原則，可是其道德含意十分消極。在這套論述裡，個人雖然有權利與義務去判定——並且追求——自己的利益，但是這種利益並不具有規範意義；個人本身具有的唯一價值只是滿足自身的欲望與生存。換言之，霍布斯式的自然法，並不包含對於**個人價值**的肯定，更不會基於個人的價值去論證制度應該具備什麼特色。

　　從以上描繪的線索可以看出，自然法傳統本來用更高的權威去導出個人的尊嚴與價值，一旦這種權威破滅，自然法傳統便很難為自由主義提供積極的理據。於是在日益明顯的「現代」的條件之下，自由主義逐漸放棄了自然法論述，轉而回到個人本身，強調他的價值主體身分。

　　到了康德與密爾的自由主義，個人作為一項獨立的價值，甚至是最高的價值，終於得到明朗的陳述。他們以各自的方式展示，個人之所以取得這種地位，乃是因為就個人與他的利益以及價值認定之間的關係而言，個人乃是這類價值的**源頭**，而這種價值主體的身分，具有最高的道德價值[8]。論到明白以個人為核心價

8　拉莫爾稱這種想法為「個人主義」，他所舉的例子，正是康德與密爾：「對於任何關於美好生活的實質觀點，……我們的忠誠應該是有條件的，保持經過反思而修改的餘地。真正有價值的生活方式，一定是我們認為由自己從一種批判的超然立場所選擇的，或者會選擇的生活方式。價值的源頭，因此也就是最高的價值，正是表現在這種選擇的姿態中……。」查理斯‧拉莫爾著，

值的自由主義，當推康德和密爾為典範。

　　在康德的分析裡，人類這種獨特的特色，在於個人的道德自主性。自主性旨在排除外在權威以及內在情欲的指導驅迫，使得個人有能力成為自行立法的道德主體。可是在什麼意義之下，自主性算是一項內在的（intrinsic）——甚至於絕對的——價值？為什麼自主的個人具有無上的價值，需要社會、政治制度的保護？這是因為，所謂個人是自主的，意思必然是說，事物或者行為之所以有價值，其價值必須來自個人的自主**認定**：是個人自身的意志所具有的道德性格，讓他所選擇的作為取得了道德上的價值；而這些作為的道德價值，最後讓行為的結果取得道德價值。反過來說，如果行為的結果——即他所追求的某種事態——居然具有獨立的價值、也就是本身即具有內在價值，獨立於個人的認可與選擇，那麼行為便只可能具有工具價值；而我們的意志也需要參考該獨立價值、以該價值為理由，才能知道該做什麼。這就不再是自主，而是構成了他律，從而該行為便喪失了其道德性格[9]。換言之，只要承認個人具有道德的自主性，也就必須承認個人具有

劉擎、應奇譯，《現代性的教訓》（北京：東方出版社，2010），頁139；原文見 Charles Larmore, *The Morals of Modernity* (Cambridge: Cambridge University Press, 1996), p. 128. 在較早的 *Patterns of Moral Complexity* (Cambridge: Cambridge University Press, 1987) 一書裡，拉莫爾所用的字眼是 expressivism (p. 76)，所指雖然也是康德與密爾，不過著眼點並不相同。

9　參見 J.B. Schneewind, "Autonomy, Obligation, and Virtue: An Overview of Kant's Moral Philosophy," in *The Cambridge Companion to Kant* (Cambridge: Cambridge University Press, 1992), pp. 316-317. 此處對康德的理解也受益於 Christine M. Korsgaard, *Creating the Kingdom of Ends* (Cambridge: Cambridge University Press, 1996), ch. 8. 必須說明，由於康德的觀點極為複雜，本文直接借用了上述兩位學者詮釋重建的結論，並沒有自行分析康德的敘述和論證。

絕對的價值,先於一切價值,並且唯因為如此方能夠成為一切道德價值的**來源**。

上面的陳述,似乎在「價值」與「道德價值」之間有所游移,這是因為在康德對道德的理解中,在肯定道德人的道德價值的時候,也必須肯定道德價值的地位高於其他意義之下的價值。個人意志取得道德價值的途徑,端視它能不能「出於義務」行事,不以任何特定目的或者動機作為行動的理由。這就是康德所謂的「善的意志」(the good will);而如康德所言,這是唯一「絕對善」的事物。相形之下,其他一切非道德性質的價值,由於都相對於特定的目的、需求才稱得上具有價值,便都只具備相對的(工具)價值。因此,只要個人具備了善的意志,也就具備了絕對的價值。或許我們可以這樣解釋康德的論旨:所謂個人的決定能力是自主的(其意志和理由屬於自身),意味著世上的事物沒有比這種能力更有價值的。在這個意義上,康德證明了個人的自主性具有最高的絕對價值,也因此,它需要受到自由主義各種制度的維護。

這種從個人與價值認定的關係著眼,論證個人的價值的做法,不只為康德採用,密爾也是一個經典的例子[10]。不過密爾所著眼的人的道德特色,不同於康德。個人不僅應該按照自己的「性向與判斷」生活,追求個人獨特的個體性即獨特的人格;並且唯有在追求個體性的過程裡,個人方可望發展自身的能力與性格。

---

10 本文有關密爾的說法,忽略了他的效益主義措辭,完全視他為一個以個體發展為最高價值的人文主義式的自由主義者。這種詮釋,見 Isaiah Berlin, "John Stuart Mill and the Ends of Life," (1959), in Isaiah Berlin, *Four Essays on Liberty* (Oxford: Oxford University Press, 1969). 在中文裡,相關的爭議可參考江宜樺,《自由民主的理路》(台北:聯經出版公司,2001),第六章。

換言之，**個體性**的發展與**個人**的發展，構成一種有機的關係：在追求個人的信念與生活方式的過程中，當事人需要使用和鍛鍊他的各種官能，從而讓這些「人類特有的稟賦」[11]（122）獲得發展。密爾強調，「自我發展」與「個體性」其實是一體的兩面（128）。但他又申明，在兩者之間，個體性固然乃是個人幸福的一個主要成分，也是個人與社會進步的首要成素（120），不過，個人「盡性」將自己發展到可能的最高程度，才是最高的價值，不僅使得這樣圓滿的生命形式對於當事人自己來說更有價值，也對其他人更有價值（127-8）。密爾關於人類價值的看法，接近一種「至善主義」（perfectionism），即是認定個人各種能力的盡「性」發展（其中包含著個人的獨特性），乃是最高的價值。

我們不得不問，為什麼自我的發展構成了最高的價值？密爾提供了肯定的答案，卻沒有直接明白地提供理由。單純的至善主義自然可以直接回答這個問題，不過它設定了自己一套固定明確的價值觀，不一定含有特定的自由主義成分。或許我們還是要從「個體性」這個概念本身找答案：所謂自我發展成獨特的個體，即是說發展出特屬於自我的獨特能力、性向、品味、判斷，而這些性向與判斷的獨特性之所以具有價值與正當性，正是因為個人去做出獨特、屬於自我的價值判斷，不僅屬於必要、同時也是權利。這個說法不啻是認定，價值的來源在於個人的獨特判斷；價值並不是某種客觀獨立存在的事實，而是需要由個人去認定、去實現的。這當然原本即是密爾談個體性的用意所在。在這個意義上，個人的獨特、盡性的發展，乃是最高的價值。任何價值皆須

11　以下文中括弧裡的數字，指J.S. Mill, *On Liberty*, Gertrude Himmelfarb, ed.,（Hammondworth: Penguin, 1982）的頁碼。

從發展了的個人來產生；個人的發展，並不能以某種客觀、定型的價值為在先的模範。

康德與密爾在哲學上的立場與取徑，堪稱南轅北轍。他們論證個人的主體地位的途徑，也完全不同。不過，關於個人在什麼意義上取得最高的道德地位、成為一項絕對的價值，他們都強調了**個人作為價值來源——由個人來認定外在事物的價值、賦予價值，而不僅是追求、遵從客觀價值**——這項基本預設。不承認這項預設，個人的自主性即成泡影。承認了這項預設，則個人的價值與尊嚴即可以成立。為了維護這項地位與價值，自由的制度與平等的地位殆為必須，自由主義的制度性主張，尤其是個人的權利與自由，也就得到了正當性[12]。

四、個人的尊嚴與價值：以殷海光和徐復觀為例

如果說，早期中國自由主義對於個人的絕對價值缺乏自覺的重視，那麼相當有意義的是，在較晚的中國自由主義者身上，卻可以見到與康德或密爾比較接近的思路。如前面所言，自由主義旨在維護一個具有獨立價值的「道德人」理念，康德與密爾便是明確的例證。那麼倘使如林毓生先生所言，近代中國早期的自由主義論述，缺乏這樣一個理論的和道德的層面，將是相當嚴重的缺陷。不過，下文想要指出，到了稍晚的一輩，至少殷海光與徐

---

12 在康德與密爾的哲學中，個人的價值認定不同於霍布斯式的價值判斷，並不是由主觀的欲望或者偏好來決定，而是具有客觀的對錯標準，因此他們也會承認個人的選擇有可能出錯。這個極為關鍵但時常被誤解的問題，本文未能討論，但在以下幾章多有觸及，請讀者參考。

復觀兩位先生，已經開始有了改變。他們確實意識到了這裡有一個關鍵的問題，也就是如何設法肯定個人的內在的、獨立的價值，作為自由主義其他主張的源頭。

我們讀殷海光與徐復觀的著作，很容易注意到，論思想動力，他們的實踐取向似乎遠遠超過了純粹知識性的興趣。不錯，他們都奮力撰寫理論性的、學術性的著作，不過這些著作似乎都受到更根本的一些關懷所鼓動。但是這種實踐關懷，又不像大家所熟知的其他思想家一般，著重於啟蒙或者救亡、科學與民主，或者其他某些特屬於社會理想性質的訴求，而是一種悲憫之情，對於個人在時代以及世變中所遭受的侮辱和壓迫、扭曲、「抑壓委頓」，感到深刻的同情和不平。換言之，殷、徐兩位對於時代與世變，是透過個人生命的遭遇和委屈來理解，而不是透過較為抽象的思想範疇、社會範疇來理解。因應這種悲憫的情懷，他們對於個人應該擁有什麼樣的心靈生活、社會人格、政治地位，有著相當強烈積極的想法。這種捨外在理想而回歸人身遭遇的視野，在此前（以及以後）的中國自由主義者身上，是比較難見到的。筆者認為這種感情的貫注，多少開啟了他們心目裡對於「道德人」的意識和重視。

可是這樣子理解的個人尊嚴，要如何加以陳述？要賦予個人什麼樣的道德地位或者特質，才能充分表達他們所理解的人的「尊嚴」，進而成為要求自由制度的理由？殷、徐二位的說法，作為理論而言誠然仍屬簡陋單薄，但是他們的信念與思想方向是明朗而又動人的。

殷海光對人的道德地位具有強烈的個人感受，論者通常歸諸殷氏個人的性格特色，從而疏忽了這種感受在理論上的意義。要突出這種理論意義，一個簡單的方法就是指出，他的思想與密爾

有一些呼應之處[13]。他關於個人的理解，或許可以用他常用的「人本主義」一詞總括：「人本主義強調個人的特殊品質，強調文化的多采多姿……。在生物演化的歷程中，個人是最高的成品。我們要肯定個人，拿個人做真實的最初起點，逐步向外延伸。一個人除了為團體盡義務之外，他可以較充分地發揮他自己的能量來**自我實現**。……人本主義的架構是對個人生存權利的肯定，對個人尊嚴的肯定，對道德價值的肯定，對自由的肯定，以及因此對開放的心靈和開放的社會之趨近。」[14]

這種「人本主義」的個人觀，在殷海光所描繪的個人圖像裡，須憑強烈的意志去克服外在的限制、追求個人發展，方克實現。但是這並不是某種縱情式的唯意志論。殷海光相信，這個過程裡，最艱難的部分在於克服外在的限制，而只有經過「理性」鍛鍊、認可的意志，才有足夠的鼓舞力量去面對外在的挑戰與限制。換言之，理性不只是一種紀律，更具有鍛鍊與檢驗的效用；經過它考驗之後，個人能夠更成功地去反抗和發展。

殷海光關於外在壓迫力量的討論，要多過有關個人追求之內容的說明。外在的限制當然形形色色，隨歷史條件而不同，例如

13　這種呼應源自何處？除了殷氏本人的時代感受之外，是閱讀密爾《論自由》而得？抑或是受到了19世紀英國新自由主義對中國知識分子的一般性影響？──將個人的成長視為自由主義的核心價值，在19世紀20世紀之交的英國思想界，並不出奇。如當時一位代表性的人物霍布浩斯（L.T. Hobhouse）所言：「自由的基礎在於成長這個理念。」（"The foundation of liberty is the idea of growth."），引自 Gerald F. Gaus, *Political Concepts and Political Theories* (Boulder, Colorado: Westview, 2000), p. 62.

14　殷海光，《中國文化的展望》（1966）（《全集》8，710。以下引殷海光著作，均以林正弘主編，《殷海光全集》[台北：桂冠圖書公司，1990]為本，簡寫為《全集》，後列卷數以及頁碼）。

暴力、經濟、神話都有可能妨礙個人的發展。但是讀者會意外地發現，殷海光認為，到了近代，「個體之貶值」的元兇乃是「科學技術與工業」，將人的價值從「基本價值」貶為「工具價值」。「這一種世變，是最可怕的基本世變。」[15]（321-322）這場悲劇，一旦加上權力的利用，則演成近代的極權統治，對於個人造成最大的傷害。這個主題，從1950年代的最初期開始，到他生命最後的一刻，在他的思想裡始終居於很突出的位置[16]。

　　可是殷海光本人，在著作裡並沒有正面探討「科學技術與工業」造成的「個體之貶值」的詳情。他的主要抨擊，集中在政治權力——無論左派或者右派——造成的「個體之貶值」。他有意識地以自由主義者自許，動力也即在此。但是須要強調，維護個人的「自主與自動」[17]、發展自我人格、實現自我理想，始終是他的核心價值。侵犯這個核心價值，即構成了對於個體之貶抑。反抗個體所受到的貶抑，自由主義當然是一個主要的途徑，但是人格的提振乃至於文化的途徑一樣重要。

　　確實，殷海光將人格的提振放在很高的位置：如何正視精神

---

15 殷海光，〈自由人底反省與再建〉（1952）（《全集》13，162-163）。

16 1968年5月9號致林毓生的信（《全集》10，128-129）。殷海光對於現代科技乃至於整個現代文明（尤其是他所認識到的美國文明）的批判與厭惡，似乎尚未見到後人提出分析。他在許多人心目中主張「西化」、「現代化」、「科學主義」的形象，與他對「現代性」的這種反感構成強烈對比，是一個值得深究的問題：他究竟是站在什麼樣的——前現代的，抑或某種較為辯證的現代的——立場上抗拒「現代」的？如果他有機會接觸到西方近代有關現代性的反思（而不只是他在生命末期注意到的存在主義、中國文化，或者基督教），他的思想會產生什麼變化，都是值得繼續發展的問題。

17 殷海光，〈自由主義的蘊涵〉（1950）（《全集》11，192）；又見上引〈自由人底反省與再建〉（1952），頁178。

的解體與墮落，追求精神的超拔和振作，他在著作裡始終強調不
已。在人類歷史上，自主與自動的精神首先表現在與自然搏鬥，
接著轉向到「對專制政體與暴君的搏鬥」[18]。這種反抗，又在很大
程度上仰賴精神性的力量。精神性的力量之陷溺，一個重要原因
在於「大家心目中的現實主義」[19]。在著作裡，他時常鼓勵個人在
心態上要求振作，「鞏固自己，振奮精神」[20]，視個人心理上的振
作、堅毅為維繫個體價值、反抗外在壓迫的關鍵，甚至於可以通
貫於孔仁孟義、對真善美的嚮往甚至殉身[21]。這是一種以人格內在
力量對抗外在橫逆的典型想法；殷海光似乎並未意識到，人類的
人格是否也具有什麼內在的缺陷幽暗，有可能表現為外在的魔性
破壞力量。

　　由於這樣一種道德人的概念，殷海光關於自由主義的了解，
在內容上比較寬廣。1959年他指出，只要某種訴求是「人之為
人」所必要的，自由主義都會去為它努力，他舉出了思想解放、
人權自由、經濟平等，以及民族獨立四個例證。他指出：「相對

18　上引〈自由人底反省與再建〉（1952），頁178。

19　上引〈自由人底反省與再建〉（1952），頁172。

20　上引〈自由人底反省與再建〉（1952），頁182。

21　在〈自由的倫理基礎〉（1965）（《全集》15，1139-1199）一文中，殷海光大
　　體上旨在闡發哈耶克 *The Constitution of Liberty* 第一部分的若干論點，可是很
　　突兀地，他談到「內在力量的培養」，並且多所發揮。其實，哈耶克在該節
　　所談的乃是 degrees of coercion，僅在行文時帶到了內在力量（inner strength）
　　會影響「鎮制」對於個人的作用程度（見 F.A. Hayek, *The Constitution of
　　Liberty* [Chicago: University of Chicago Press, 1960], p. 138.），並沒有將「內
　　在力量」看作「個人超生物的力量實體的核心」，會使「任何鎮制手段都失
　　效」（頁1190-1191）。不過，由此倒是可以見出，殷海光對於個人人格力量
　　的重視。

於不同的時代和不同的環境，自由主義各有其不同的主張內容。
可是，他們卻有共同的特色，就是為了人類任何種類底解放而與
任何形式的既成權威抗爭，在這抗爭的過程裡，自由主義者總是
表現著積極前進的精神。」[22] 換言之，他心目中自由主義的制度性
要求，乃是基於「人之為人」的要求推衍出來的，並不局限於某
些特定的自由或者人權項目。後來，殷海光開始對一些制度訴求
發生懷疑，特別是經濟平等。不過他那種從核心價值到制度訴求
的推導方式，並未見到改變。

　　徐復觀先生是「〔殷海〕光提到時常所厭惡的人物，但亦為
光心靈深處所激賞的人物之一。」[23] 他與殷海光的價值意識、學術
背景和思考方向均稱迥異。可是他的個人觀與自由觀，卻與殷海
光出奇地接近。根據他對於儒家思想的重建，徐氏提出了一個道
德人的圖像，他稱之為「道德性的人文主義」[24]。這種想法之為人
文主義，是因為其中不假上帝或者外在權威頒布道德上的目標，
而是要由個人自行設定這種目標。如何設定？靠的是「道德內在
說」，亦即人有內在的能力去認識和實踐道德的善，不過這種能
力有待提撕和培養，並且要在人倫日用之間實踐方克實現[25]。徐復

22　殷海光，〈論自由主義者及其任務〉（1959）（《全集》12，765-766）。

23　殷海光1969年8月24日致徐復觀信，《全集》18，81-82。徐復觀論殷海光，
　　除了見此處所引〈痛悼吾敵，痛悼吾友〉（亦收在下舉書頁158-164）一文之
　　外，〈對殷海光先生的憶念〉（1970）深沉有加，更值得參考。收在《徐復觀
　　雜文：憶往事》（台北：時報出版公司，1980），頁168-179。

24　徐復觀，〈儒家精神之基本性格及其限定與新生〉（1952），見《儒家政治思
　　想與民主自由人權》（台北：八十年代出版社，1979），頁61；〈釋論語的
　　「仁」〉（1955），見《學術與政治之間》（台北：臺灣學生書局，1985），頁
　　311-312。

25　見上引《儒家政治思想與民主自由人權》，頁59，66-67。這裡（以及下引

觀的意思是，在儒家的觀點中，個人可以憑藉本身的人性資質
——在適當的條件與努力之下——成全道德的要求，成為「善」
人：每個人都有條件靠自己的努力取得道德成就。這個想法，更
一般地來說，即是個人有可能——並且有道德的義務——自行尋
找該做的事、該追求的目標，以求實現道德能力，作為成德之
路。徐復觀常用「自本自根」一詞來形容這個狀態。

　　徐復觀發展這個道德人的概念，目的本是為了說明「儒家精
神的基本性格」，其實也就是對儒家思想做整體的理解。因此，
這套道德人的概念的各種涵蘊，可能須要放回儒家的論述體系
裡，才能充分掌握。這也是徐復觀多數著作的主要用心所在。不
過，在徐復觀談自由主義的時候，道德人這個概念的意思可以獨
立於儒家思想來看[26]。道德人本有成德之質在內心，一旦「一個人
面對自己而要求自己能真正成為一個人」[27]，也就是開始「自覺自
反」，他會產生「我的自覺」或者「自作主宰」的追求。這條
路，即是個人追求成人成仁的道路。由於它是一條實現個人屬於
人的道德稟賦的道路，徐復觀心目裡的道德人，也是一種需要培
育、教導、保護以求發展、實現的主體。

　　從這樣一個道德性的主體，徐復觀認為可以推導出明確的政

　　「內在價值論」）所用的「內在」一詞，意思其實並不太清楚。它似乎同時指
　　相對於「工具」一詞的固有內在（"intrinsic"），也指相對於「後天獲得」一
　　詞的天生內在（"innate"），這時候的部分意思應該還涉及相對於「實現」一
　　詞的「潛能」。本文傾向於後面兩種理解，但是假定前一種意思已經包含在
　　內。至於這些意思有沒有可能整合成一個融貫的概念，請見下註28。

26　徐復觀提出了一個深刻的認識：「以社會中各個人的立場來爭取自由權利，
　　其本身即一絕大之文化價值，而不須以另一文化活動為其價值。」〈從現實
　　中守住人類平等自由的理想〉（1953），見《學術與政治之間》，頁273。

27　〈釋論語的「仁」〉，前引書頁311。

治和制度含意。一方面，「凡在思想上立足於價值內在論者的，即絕不承認外在的權威。」[28]他相信西方民主的基礎在此。另一方面，他也有理由說，「我的自覺」或者「自作主宰」，「即是自由主義」，或者即是「自由主義的生活底精神狀態」。進一步言，由於這樣的道德人有所需求，所以人格的完成既必需人權的樹立[29]，也需要自己獨立自主的生存權利[30]、需要民主的政治制度。尤有進者，在制度方面，人格的完成需要經濟[31]、社會、政治等方面的條件，則更不待言。

---

28 〈儒家精神之基本性格及其限定與新生〉，前引書頁66。這裡所謂的價值內在論，當然不同於素樸目的論「橡樹內在於橡實」的簡單圖像，而是將價值的實現視作一個「一方面努力於實現，另一方面檢討實現的成果，藉逐步的摸索、修改、落實價值而調整、發現、釐清自己所欲實現的價值究竟是什麼」的複雜過程，因此有失敗、扭曲、修改初衷的可能，其成果不僅呈現多種樣態，並且在分歧之間，有時候有高下之分、有時候則全無比較的可能。我猜想，徐復觀的價值內在論，與 Charles Taylor, *Hegel* (Cambridge: Cambridge University Press, 1975), pp. 13ff. 所談的黑格爾式的「表現論」（expressivism）不無一些呼應之處——即人的活動及生命，要用「表現」這個獨特範疇來類比和理解，而不能用機械的、生物的，或者行為主義的模式理解。不過，這個問題牽涉到了對於整個儒家人觀的理解，非我所能置喙，此處我並不準備做太多的比附。徐復觀，《中國人性論史：先秦篇》（台北：臺灣商務印書館，1977）的討論值得參考，不過在一些關鍵的問題上（例如個體性如何與普遍人性調和、自由的可能性繫於什麼樣的人格結構、歧異如何處理），徐氏的分析架構實在太過簡略，恐怕很難如他所願，發展成一套完整的「道德人文主義」理論。請讀者參見本書第十一章對道德內在說的檢討。

29 徐復觀，〈為生民立命〉（1954），見《學術與政治之間》，頁280。

30 徐復觀，〈儒家政治思想的構造及其轉進〉（1951），見《學術與政治之間》，頁53。

31 徐復觀主張「相當的計畫經濟」，理由是「要以經濟的相對平等，來維護人類的民主自由」，〈從現實中守住人類平等自由的理想〉，前引書頁277。

殷海光與徐復觀有關個人價值的認定，尚有不少需要釐清的地方。一方面，他們都深信個人具有至高的價值。但是個人的這種道德地位，需要奠定在一種有關價值如何由個人來自主地賦予、認定的理論上。然而他們並沒有完整地發展這種理論，僅提出了一些方向性的提示。另一方面，「自主與自動」，或者「自本自根」的人，最後會實現什麼樣的人格價值，或者為什麼注定會體現「科學的人本主義」[32]或者儒家的人格理想（而不是其他的人格理想），他們也沒有深入追究。至於所謂「實現人格」究竟是怎樣的一個過程，牽涉到什麼樣的人性能力，他們顯然缺乏必要的概念工具去作答。不過，無論是殷海光的「自主與自動」，抑或徐復觀的「自本自根」，所呈現的個人人格理想，都足以與密爾心目中所謂培瑞克里斯式的人格對比並論[33]，而與稍早幾輩中文自由主義者關於人的靜態、簡單、平面的圖像大異其趣。他們兩位的著作，對於後人始終有著一定的吸引力，部分原因或許即在此。

五、從個人尊嚴與價值到制度的要求：羅爾斯

以上簡略敘述的四位思想家，都本著自己的哲學前提或者傾向，肯定了個人自有的尊嚴和價值，奠定了自由主義的道德基礎。他們也都以自己的方式，或多或少地發展了一些關於自由主義制度的原則。但是關於制度原則與核心價值之間的關係，他們並沒有明確地當作一個問題來面對。相比之下，羅爾斯明確地掌

32　殷海光，《中國文化的展望》，《全集》8，707。

33　Jonathan Riley, *Mill on Liberty* (London: Routledge, 1998), p. 82.

握住了這中間的關聯。如前面所言，他這種問題意識乃是一套完整的自由主義論述不可或缺的，值得我們重視。

「自由而平等的個人在公平的條件之下進行社會合作」，乃是羅爾斯正義理論的根本主題兼核心理想。關鍵之處在於，羅爾斯論個人的自由與平等，是藉著所謂「道德人」的兩項「道德能力」來陳述的；自由與平等並不是靜態的規範性理想，而是兩種能力的運作狀態。這兩項能力（powers/capacities）分別指正義感（能夠理解、運用和遵行正義原則的要求）和價值觀（能夠形成、修改和追求一套一己生命的目標）。尤其值得注意的是，與傳統自由主義的論證方式迥異，羅爾斯認為個人具有這兩項能力，並不是建立在某種道德哲學或者人性論的分析（遑論信念）上，而是**民主社會**裡**公民**進行**公平合作**這三項概念的**預設**：所謂民主的公民，一方面有能力參與和利用社會合作，也就是有能力與他人一起設計、認可，並且力行正義的規則，另一方面則有能力在相互有利的前提下，理性地經營自己的生活，也就是根據自己構作的理想，實現自己的理想生活。個人之成為社會的完整、平等成員，這兩項能力乃是充分兼必要的條件。自由與平等是藉著這兩項能力來界定的：個人的自由，指人們有機會運用這兩種能力；個人的平等，則指每個人都在起碼的程度上擁有這兩種能力。

既然人們為自己所設定的價值觀多種多樣，社會合作所亟需的公共正義觀——也就是社會合作的公平條件——如何可能？羅爾斯強調，為了找到合作的條件，並不需要先設定一套普遍的理性價值觀作為依據；只要確認某種所有公民都能肯定的局部利益，即可以導出所需要的正義原則。他認為，對道德人、也就是願意在社會合作中實現相互好處的公民來說，「發展和運

用」上述兩種道德能力，乃是「最高層級的利益」（highest-order interests），因為這兩項能力乃是他們達成社會生活目的的充分兼必要條件。可是不遑多言，這種利益的增進，也就是這兩種道德能力更好的實現，有一些制度和資源乃屬於必要條件，羅爾斯稱之為「基本資源」（primary goods），包括了各種基本權利和自由、基本的所得和財富，以及「自尊的社會基礎」[34]。羅爾斯強調，根據這種最高層級的利益，以及人類社會生活的一般條件，人們在所謂的原初情境中締約，尋找社會基本結構的正義原則的時候，會考慮什麼原則最能夠為每個人確保這類基本資源。締約者決定社會基本結構的規範性原則的時候，不僅指出了什麼基本資源必須確保，也知道它們之間的優先次序[35]。

　　羅爾斯這種進路，具有三個特色。第一，它用兩種道德能力來陳述個人的自由與平等，根據社會合作這個概念的涵蘊，為自

---

[34] 羅爾斯心目中基本資源的具體項目，請見他的正義兩項原則。「基本資源」通常譯作「基本善」，恐怕並不妥當。需要指出，對於締結正義契約**之前**所需要的條件，羅爾斯也有所論列，請見下註35。

[35] 羅爾斯的相關構思至為複雜，以上的匆促敘述，當然不免簡化與粗疏之弊，也不及提供相關的引文和參照資訊。眾所周知，羅爾斯推導出基本資源的途徑，前後期有一些很重要的變化，在此也不贅。不過需要說明，本文的敘述，特意完全根據 "Social Unity and Primary Goods"（1982）一文裡的陳述；他後期成書著作裡的說法，大體均依循該文。該文現在收入 John Rawls, *Collected Papers*, Samuel Freeman, ed.（Cambridge, MA: Harvard University Press, 2001）作為第十七章，特別見 pp. 365-367。值得注意的是，羅爾斯曾經提過，在正義第一原則之前，可以加上一個更優先的原則，要求人們的基本需求獲得滿足──如果這類需由乃是理解和使用基本權利的必要條件。這類事物──我推測應該包括基本的教育、健康、溫飽、居所、人身安全等──應該也列入基本資源之列。見 John Rawls, *Political Liberalism*（New York: Columbia University Press, 1993）, p. 7.

由與平等提供了明確並且可以分析的內容。這種為自由與平等尋找依據的方式，似乎可以避免傳統方式的一些爭議與模糊。羅爾斯自己認為，他的做法躲開了康德自主性以及密爾個體性兩套哲學學說的爭議性格。根據同樣的考慮，殷海光與徐復觀關於個人道德特質的想法，受累於他們的哲學立場與模糊之處尤多，我們有理由參考羅爾斯的做法來加以修正。第二，從道德人或者民主公民的兩種道德能力，推出實現它們所需要的各項基本資源，不僅幫助我們指認自由主義在制度面上應該要求什麼，並且也為這種要求提供了很具體的理由。對比之下，前述四位思想家，所構思的道德人的特色均高度抽象，或者模糊，或者訴諸某種特定的人格理念，不僅注定引起無解的爭論，對於制度層面上的問題，也只能提出一般性的建議。第三、這樣推出的基本資源分配原則，由於屬於所有公民都可以認可的一套政治正義觀，具有完整的公共性，故不僅具備客觀的標準，並且藉著這種公共性，構成明確的指標，有助於解決多元社會中思考分配原則時的人際比較問題[36]。

　　這些特色顯示，羅爾斯關於社會制度的主張，確實係以維護、發展個人（的道德能力）為宗旨。換言之，他延續著自由主義傳統的思路，一方面申論自由主義賦予個人的核心價值地位，另一方面則推導這種價值要透過什麼樣的制度來維護和落實。

36　如上註所言，羅爾斯賦予基本資源的理論意義，涉及相當複雜的議題，與本文主題較無直接關聯，在此只能簡單地敘述。

六、結語

本文旨在呈現自由主義一個很根本的問題，即如何陳述它所珍惜的核心價值，以及如何從這種價值推導出妥當的原則，以規範社會基本制度。在上文中，我們先用康德、密爾作為典型的例子，說明他們如何建立個人的優先地位。接著，我們又以殷海光、徐復觀兩位中國思想家為例，說明他們如何設法得到同樣的結論。最後，我們用當代的羅爾斯為例，指他可能較完整地、也最有意識地面對了我們所關心的基本問題。跟前述四位思想家比起來，羅爾斯的討論，可以說是上述自由主義基本問題的典範陳述。

本文開始時，我們提到林毓生先生曾批評中國早期的自由主義者，未能認清自由主義應該堅持的核心價值。本文的論點顯示，林先生的批評在兩個意義上是成立的。第一、中國自由主義者，大體上未能發展出一套「道德人」的理念；即使在殷、徐兩位的思想裡，這套想法也局限在一種特定的哲學、文化傳統裡，未能成為獨立的政治理論。其次，如何從核心價值推導出制度的原則，中國自由主義者通常只能提出素樸的建議，缺乏完整的理論建構。

第二章

自由主義的價值意識與
社會想像[*]

一、前言

　　自由主義究竟是一套「厚」的還是「薄」的學說？它能處理基本政治制度以外的問題嗎？對於文明、歷史、社會的眾多議題，它能提出一套系統的立場來發表意見、爭論長短嗎？或者它應該謹守本位，正視世界上各種價值立場的多元，為了讓多元之間在公平的條件之下達成穩定共存，僅以政治性的共識為已足？這裡所追求的「共識」，是不是只能具備最起碼（或者說貧瘠）的內容？

　　當代中國自由主義正面臨著這種「政治自由主義」所引發的疑問。筆者認為，政治自由主義並不「薄」。它所提出的政治原

---

* 這篇文章源自2007年6月浙江大學外國哲學研究所在杭州舉辦的一次座談會。我的發言稿在會後寫成文章，先在《思想》第8期（台北：聯經出版公司，2008）發表，稍後又收入「知識分子論叢」第七輯《現代性的多元反思》（南京：江蘇人民出版社，2008）；兩次發表時的題目稍有不同。

則其實具有相當強韌的**價值意識**，對於人類的社會生活應該具備
的面貌有自己一套**價值判斷**。這樣的一種判斷，除了如羅爾斯所
言構成了一個社會的「公共政治文化」，同時更應該理解為一種
泰勒所謂的「道德秩序」，塑造著我們的社會想像。自由主義其
實是有著自身的社會想像的，應該把這種想像變成公共討論的主
題。一旦如此，自由主義會發現自身其實並不貧瘠。

二、自由主義的當前處境

從上世紀末到本世紀初，自由主義的思想論述，在中文世界
顯得居於守勢。所謂「守勢」，意思並不是說它的主張與視野在
客觀現實中不再構成有意義的社會與政治選項，而是說另有一些
在價值觀與政治判斷上迥異於自由主義的思想取向，開始直接對
它提出質疑，而這些質疑在人們眼裡構成了忽視它、拒絕它的充
分理由。跟上個世紀末它在中國大陸（以及更早一些時候的台
灣）的處境相比，自由主義似乎進入了一個必須反躬內省的時
期，無法再將自己的主張視為當然，只要指出環境中的各類壓
迫、壟斷與歧視作為對照，即足以證明本身的妥當，無須對話和
辯論；現在它需要面對其他思路的挑戰，整理自己的立場與理
據。這個發展，對自由主義的生命力[1]毋寧是有利的，也有助於中
文政治思想界建立理論論辯的習慣。

台灣的情況論者已多，在此不贅。就中國大陸而言，對自由

1　學說教義要靠挑戰才能保持「生命力」，見密爾《論自由》（程崇華中譯）第
　　二章；他說：「一到戰場上已無敵人的時候，教者也好，學者也好，就都在
　　他們的崗位上去睡覺了。」

主義的思想挑戰來自多個方面，其中又以下列三者較為常見而突出：

第一，自由主義的現代性糾葛：無論是出於前現代、後現代，乃至於後殖民現代性、「另類現代性」的理由，也無論這些理由本身是否成立，在當前的知識氛圍中，懷疑和挑戰西方現代性的確已經蔚然成風。因此，中國一部分知識分子對於自由主義自許為現代性的政治形式，也有所懷疑和挑戰。他們認為，如果（西方啟蒙的）現代性有其嚴重的缺陷和限制，那麼自由主義也一樣是有缺陷和限制的；至少，自由主義並沒有能力去反省和彌補現代性的缺陷。至於這種反（西方）現代性的思路會採取什麼立場，則不一而足，西方式的後現代主義、保守主義、新保守主義，或者各種古典主義、儒學社會主義、國學熱，都已經先後出現。

第二，自由主義的資本主義糾葛：另一類流行的看法認為，由於自由主義與資本主義、自由市場有著緊密的關係（甚至根本就是同一件事物的不同面向），歷史上也常常充當資本主義的政治形式與法律形式，那麼自由主義一定支持資本主義、市場體制，以至於沒有能力批判和節制資本主義與市場機能的缺陷與限制；或者必須吞嚥、維護資本主義的各種後果。於是左翼人士反對自由主義，因為它太貼近資本主義；右翼則盡量抹除資本主義與自由主義之間的分野，不惜開除各種非「古典自由主義」的同胞（各類強調平等正義的自由主義，如19世紀的新自由主義[2]、福

2　在今天的中文世界，似乎只知作為Neoliberalism的「新自由主義」，完全忘卻了作為New Liberalism的「新自由主義」。其實，這一支從19世紀到20世紀英國的主要政治思想傳統，包含了自由主義對於資本主義的許多檢討與反省，奠定了福利國家的道德哲學基礎，影響不可謂之不大，我們不應該遺忘。

利國家、社會民主，乃至於美國從新政以降的自由主義，均在排擠之列）。

　　第三，自由主義的中國糾葛：上述自由主義與「現代性」，與資本主義的緊密關係，在它身上還留下了「西方／美國」的烙印。但由於「西方」與種族主義、帝國主義、殖民主義有著不解的歷史淵源，而中國近代史的動力所在卻是反帝、建立現代國家、形成「中國特色的社會主義」，中國與西方世界的緊張關係，自然會株連到自由主義。晚近隨著中國的「崛起」態勢，更出現了一種相應的大國意識，強調中國與西方世界的差異與抗衡關係，強調「中華性」的特殊、正當與價值，對於西方的自由主義政治經濟傳統高度提防，反對普世價值與普世性的規範與秩序。另一方面，大國意識強調國家的主權尊嚴與行事的自主，國家主義和權力現實主義的思路與價值，也就自然會壓倒自由主義與個人主義以權利為本的思路與價值觀。

　　這三種挑戰究竟有多少內容耐得住推敲、是不是足以對自由主義構成實質的威脅，在整理分析相關的論點文本之前，不必武斷地先下判斷。不過，自由主義與其說是輪廓分明的一套理論，不如說是一個源遠流長的思想—政治傳統；既然是傳統，就不免由於其流變的曖昧複雜而變成稻草人：無論批評者還是贊同者，都不難各取所需，為自由主義定罪或者敘功。相對於此，本文則想要回頭反省自由主義本身的價值觀與關於社會生活的想像。這可以分兩方面談。第一，自由主義與其急於反駁上述三種批評，不如回頭整理本身的價值理念，看看在這個時代，它是否仍然能經營出值得追求的社會理想。這無異是說，自由主義在一個新的思想環境中，面對現代性的顛躓、社會的不公平，尤其各類「特殊主義」的崛起，有必要重新整理一己的核心價值，回應這些質

疑。其次，本文還想相應地扭轉當代自由主義過度收縮到「政治自由主義」的趨勢，強調自由主義的核心價值觀點，應該看作一種關於廣泛社會生活（而非僅公民政治生活）之理想面貌的理解，事實上乃是當前多種「社會想像」的雛形，滲透到各項基本制度。這套觀點是不是還有活力、是不是必須被其他觀點所取代，才是自由主義梳理上述三種糾葛的關鍵所在。

三、政治自由主義

　　在正面描述自由主義的價值理念之前，有必要先檢討自由主義政治哲學當前的一個趨向。面對價值多元的難局，西方學院自由主義推許「中立」，提出了兩種常見的回應（分別從**道德**的或者**利害**的理由出發），均著眼在自由主義必須自我設限或者消極地走向「政治化」，認為自由主義應該只是一種狹義的「政治學說」（而不是關於社會、文化、價值的全面主張），其目的不在於解決爭訟不休的實質價值議題，而是尋找一個各方均有理由（**道德的理由**或者**利害的理由**）接受的架構，讓大家即使想法迥異甚至於衝突，仍能夠經營共同生活。在這兩種（重道德或者重利害）回應方式看來，如何評價現代性、資本主義，乃至於鼓吹某一種文化或文明的地位，並不是自由主義的課題所在。簡單地說，自由主義只是要提供一套政治與法律的框架，讓關於這些問題（以及許多更棘手的問題）的各種立場能夠在公平的條件之下展開爭論與進行社會合作即可。這個態度、這種對於自由主義的理解，泛稱為「政治自由主義」。

　　政治自由主義的出發點，在於大家耳熟能詳的「價值多元論」。價值多元論指出，人們所持有的信念和所追求的終極價值

（其中不免包括對於現代性、資本主義，以及一己的文化、民族、身分認同的評價）不僅不一樣，通常還會枘鑿衝突，並且這個情況並不是可能改善或者用說理來解決的。既然如此，社會共同生活要依據什麼樣的共通原則呢？面對這個問題，自由主義當然要從自由與平等兩項根本價值出發。因為重視平等，所以必須承認每個人都有等值的權利去做判斷與抉擇；因為重視自由，所以必須承認每個人的抉擇會各行其是。由此，價值多元論在自由主義的視野裡取得了無可動搖的前提地位。但在此必須強調，自由主義肯定價值多元論，並不是基於懷疑論（人類無法判斷不同價值的高下好壞）或者相對論（所有的價值都是一樣的高下好壞）；更不是因為價值多元這件「事實」本身有什麼內在的價值[3]；而是因為自由主義肯定了個人的平等與自由，而價值多元乃是平等與自由狀態無法避免的結果。

在價值多元論的限制之下，一個社會的基本政治制度，如果還要尊重平等與自由兩項根本價值，顯然就不能再取某一種特定價值觀點作為理據。制度的這種根據只能是「政治性」的，也就是不訴諸特定的信念與價值，不以文化、經濟、社會，或者知識性的立場為根據，而是以某些由「公民」身分的平等與自由所衍

3　羅爾斯一貫使用「價值多元論的事實」一詞；拉莫爾也清楚分辨「價值多元論」（相對於價值一元論）與「合理的分歧」（相對於一致看法）是不同的概念，指出前者是一套關於世界或者價值之本性的理論，後者則只是人類處境的一項現實，本身並沒有理論地位。當然，由於價值多元的狀態，讓人們擁有更多的選擇可能，故作為一種資源還是其有重大價值的。拉莫爾著力分辨政治自由主義的「合理的分歧」與與韋伯、伯林式的「價值多元論」，見查理斯・拉莫爾著，劉擎、應奇譯，《現代性的教訓》，第七章；原文見Charles Larmore, *The Morals of Modernity*（Cambridge: Cambridge University Press, 1996）.

生的價值為根據。

　　當代英語系的自由主義哲學家，多數接受了政治自由主義的這個基本取向。他們之間的差別，僅在於如何理解所謂的「政治價值」。例如，晚期的羅爾斯與拉莫爾都用「政治自由主義」一詞來表達自己的觀點，雖然他們所標舉的政治價值，由於涉及「對所有人平等的尊重」或者「道德人的自由與平等」，仍然具有強烈的道德性格。但也有如葛雷的「共存自由主義」則更為徹底，深信價值多元業已侵蝕了任何道德原則或關於道德人的共識可能，自由主義不必妄想取得任何理性的共識，從而只能以和平共存──因為和平共存有利於自己──作為理由，接受共同生活的原則[4]。這樣的政治價值，更接近霍布斯式的利害考慮。

　　價值多元論所逼出來的這類政治自由主義，針對價值提出了三個想法：一、信念與價值觀不能作為政治原則的根據，因此本身並不具有直接的政治意義，對於政治生活也並無直接的貢獻；二、有關「人」的看法，足以涵蘊某種特定價值觀，也同樣不具有政治意義，無法作為自由主義的核心價值；三、政治領域與其他涉及價值考慮的「倫理」領域，因此需要截然劃分。羅爾斯、拉莫爾、葛雷以及其他一些人，都接受了這種政治與倫理領域「斷裂」或者「不接續」（德沃金語）的想法。

　　我們應該如何看待這三個想法？大略言之，這些想法一方面有助於清理自由主義的價值意識，但另一方面也對其價值意識形成很大的局限。一方面，歷史上，自由主義出於現實所誘或者所迫，確實喜歡訴諸一些繫於特定信念的目標，例如說自由主義有

4　約翰‧葛雷著，蔡英文譯，《自由主義的兩種面貌》（英文版2000）（台北：巨流圖書公司，2002）。

助於追求真理、發展文明、解放個性、推動社會進步等等。政治
自由主義認為這類價值不應當，也無法構成政治制度、政治原則
的理據，是很有道理的。但另一方面，歷史上，自由主義基於其
個人主義的出發點，須視個人為終極價值。為了說明個人如何具
有這種終極的價值地位，思想家提出過一些確有見地的人格理
論，其中最著名的就是康德的自主個人觀，以及密爾的個性個人
觀。可是政治自由主義，從羅爾斯到拉莫爾到葛雷，都明確並且
不嫌詞費地排除了這兩種有關個人價值地位的說明。拉莫爾直率
表示：自由主義是一套「關於政治的哲學」，而不是一套「關於
人的哲學」[5]，充分表達了他們的看法。但是這個看法卻需要分梳商
榷。

　　這種想法，將「倫理人」從政治哲學移出去、只保留形式意
義下的「道德人」或者公民意義下的「政治人」，或者更極端地
將政治合作建立在和平共存的利害考慮上，是有其理論兼現實意
義的。現實中，為了在具體的衝突情境中求取共存甚至合作，政
治自由主義提供了一種有原則（而非只計算利害）的解決之道；
理論上，國家的中立原則奉「對所有的人公平」為圭臬，既非相
對主義，也不會允許國家自行其是，當然值得肯定。但是，自由
主義的視野不會局限在政治性價值；社會生活的本質也不會賦予
政治領域完整的自主。那麼，在價值多元的節制之下，自由主義
的視野應該如何開展？

　　要回答這個問題，價值多元論便不宜喧賓奪主。在自由主義
的視野中，「主」是什麼？如上面所言，自由主義的主旨並不是

5　Charles E. Larmore, *Patterns of Moral Complexity* (Cambridge: Cambridge
　　University Press, 1987), p. 25.

維護價值多元論，而是在於維護那使得價值多元成為「事實」的個人的平等與自由。那麼進一步追問，為什麼平等與自由攸關如此重大？那當然不是因為如此方克實現價值多元，而是因為平等與自由維護、助長了某種事關個人的關鍵利益。可是一旦追問這種利益是什麼，就不能如政治自由主義一樣，僅強調個人須要是公民、需要在制度上保障其自由與平等，而是要問：「個人」的根本利益何在。顯而易見，這是一個「關於人的哲學」的問題，終究會涉及現代性、社會正義，以及普世主義等等棘手的議題。

四、更強韌的價值意識

如前所言，政治自由主義所關切的首要任務，是在價值多元的事實前提之下，協助公民找到進行社會合作──或者和平共存──的條件。本文的論點是，這個任務固然很重要，可是追問得還不夠徹底：為什麼這件工作如此重要？顯然是因為，自由主義的制度構想牽涉到了攸關重大的個人利益。說得戲劇化（也簡化）一些，自由主義本身（以及價值多元論本身）並沒有內在的實質價值；它的價值來自於它所維護、助益，以及**構成**[6]的某種地

6　自由主義本身並沒有實質的內在價值，但是我們不要因此誤以為它只有工具價值；畢竟，在內在價值與工具價值之外，還有「構成價值」這個類別。下面會說到，自由的選擇一件事物，**構成**了該事物之所以有價值的部分原因，因此我必須強調自由主義對於價值的「構成」（constitutive）功能。在涉及信念、終極價值觀的問題上，當事人的自主認可與接受，確實是該信念或者價值觀構成他的美好生活的一部分原因。在這個意義上，我們不能說自由主義所要求的制度等等只有工具作用，彷彿自由選擇與所選擇的價值彼此完全獨立。

位更高的個人利益。政治自由主義堅持，對這種個人利益只能做限於政治層面的解讀，從而得出公民身分之下的合作條件，即是這種利益在政治領域最具體的表現。但是如果要說明個人本身的這種最高的利益，似乎不能不先提出一套超乎政治的人格理論。問題是：這有可能嗎？

如本書前一章所陳述，在自由主義傳統中，一旦追問到這種終極價值的問題，邏輯上會轉變成一套有關「自我」相對於周遭環境作為「價值之源」的分析，目的在於證明個人這種主體具有終極價值。不過，既然關於「個人」價值的兩種最雄辯的理論──康德的自主性理論與密爾的個體性理論──均已由於自主與個體性兩項價值並不是能夠普遍獲得接受的價值（不論其背後的理論又是如何爭訟不休），而遭到當代政治自由主義者的普遍謝絕，那麼還有其他可能，說明自由主義所要維護的重大價值是什麼嗎？

針對這個問題，當代自由主義者德沃金和金里卡開啟了一條思路。由於追問自我需要具有什麼樣的內在結構（康德）或者生活態度（密爾），方足以成為「一切價值之源」，需要提供繁複的形上學、人性論論證，確實事倍功半，我們不如改弦易轍，從概念的分析上追問：個人的最高層級的利益[7]是什麼？德沃金的答案是：追求理想的人生。既然個人最高層級的利益在於追求一己的理想人生，那麼顯然就有必要追問**「追求美好的人生」這件事**，

7　德沃金把這個概念歸於羅爾斯。我們用「最高層級的利益」去檢驗、選擇其他的利益，判斷這些利益是不是我們所要的；它們是我們對生活中各種內容作評價與選擇的指標。見Ronald Dworkin, "Comment on Narveson: In Defense of Equality," *Social Philosophy and Policy*, vol. 1, issue 1（1983）, pp. 530-546.

究竟是什麼樣的一回事？德沃金這個概念分析性質的問題貌似抽象，實際上涵蘊著具體的內容：一旦開始追問什麼叫做「追求美好的人生」或者「價值的選擇」，就能逐步看出，個人的最高層次的利益，並不只是單純地選擇、認定一項理想安頓生命，更在於檢查和測試個人**當下**所認定、追求的理想，**是不是**值得追求的理想。因此，所謂「去追求美好的人生」，完全不等於對於特定的「理想的人生」的抉擇與認定；它並不是一個靜態的接受過程，而是一種動態的在追尋中塑造的過程。這裡所關注的是一種批判、反思的活動，而不是一種狀態或結論。在這條思路之下，我們可以提出三項觀察：

　　一、一個人永遠無法確定他**當下**認定或者追求中的理想人生，是否即是**真正**的理想人生。原因在於，理想人生所牽涉到的價值，並不是根據當事人此刻事實上擁有什麼願望所能判定的，而是要牽涉到評價，牽涉到超乎願望與偏好而涉及各種可能價值的判斷。這種判斷不僅參照「我是什麼樣的人」、「我希望成為什麼樣的人」，更要參照「我應該成為什麼樣的人」，因此永遠有**懷疑**、**修改**的餘地和必要。

　　二、但是當事人自己不能確定的問題，當然更不是其他人（包括政府以及宗教導師）能夠替他來判斷的。理由在於，理想的人生或其他價值觀，一定需要經由當事人自己來認定，才真正具有價值。世界上存在著許多美好的事物以及理想，但是它們要構成某人理想人生的一個組成部分，必須要由當事人先來**認可**其美好與價值。當事人的認可，因此乃是美好人生的一個**構成**部分。

　　三、由於當事人的認可，同時是一種對於自我的界定；而這種認可，又是一種高度評價性的活動，我們就必須認真面對一個

問題：自我界定以及評價兩種活動，都需要大量的文化與社會的資源，絕對不是政治性層面的資源、權利與機會所能窮盡的。換言之，追求最高層級的利益，並不是公民身分所能完全照顧的事，而是需要更廣泛的社群、歷史、文化，以及制度面上的資源與條件[8]。

在這三點思考的引導之下，我們回到前述自由主義的問題：自由主義需要提供什麼制度性的條件，方足以按照這三項要求，庇護和協助個人追尋美好的人生？簡單言之，首先需要各類的自由，讓個人有追尋與推敲、懷疑的空間；其次需要各類權利，讓個人能夠擺脫既有的價值觀與身分角色的局限、社群關係的羈絆、政治權威的支配與強制；第三需要文化、知識上多種選項的開放與多樣，讓個人有條件選擇與經營不同的價值觀；最後，當然還需要各類物質性與社會性的資源（包括人身安全、健康、溫飽、教育、社會地位等起碼的資源），讓上述的各類權利、自由、空間、資源具有實質的意義，而不僅是形式性的妝點。這些條件，多數都是自由主義所設想的公民身分所能涵蓋的。但是，公民還必須從事高度評價性的活動，詮釋並且找到理由去認同這套公共生活。這時候，自由主義當然不得不注意在經濟、社會、文化，乃至於性別、生活方式上的各類制度的意義，但這類意義通常並不是「中立」的理由能夠指點過問的，反而需要強大的人

8　這裡所列的三項想法，係根據德沃金、金里卡的著作，按照筆者自己的理解與思路整理而成。請參見德沃金著，馮克利譯，《至上的美德：平等的理論與實踐》（南京：江蘇人民出版社，2003），第六章，以及金里卡的兩本著作：劉莘譯，《當代政治哲學導論》（台北：聯經出版公司，2003），應奇、葛水林譯，《自由主義、社群與文化》（上海：上海譯文出版社，2005）。德沃金的觀點架構十分複雜，此處的敘述高度簡化。

性理念來支持與監督，更需要針對現代性、資本主義，乃至於國族特性與普世價值有深入的論辯。總而言之，自由主義不能以「政治性」或公民概念自限，不承認這些價值議題在詮釋——以及**改造**——公共領域時的關鍵角色[9]。

筆者認為，這條思路為自由主義開拓了一個比較堅實的發展方向。比起不過問價值觀問題、束手面對價值多元景況，僅以「政治」自限的政治自由主義，**它由於進一步追問「價值觀的抉擇」是怎樣一回事**，立足點似乎更寬廣扎實、立論也要來得更強韌而積極：它可以導出更多的維護個人所需的資源與條件；它有可能根據各種價值觀究竟是不是正視了個人的最高層級利益，而在其間有所評比軒輊，不至於墜入「一切皆可」的相對主義；它也對於個人提出了高度的挑戰，以一種非形上的自主觀要求反思的生活，讓自由主義成為一套更彰顯人文價值的政治思想。這樣的自由主義，不但不會迴避有關現代性、資本主義，甚至於文化認同的議題，反而樂於介入相關的爭論，提出一己的明確主張。

五、自由主義的道德秩序與社會想像

不過，這套思路之所以豐富，還有一個更重要的原因，也是關鍵所在。不同於晚近自由主義將個人的價值觀視為自明，不再追問所謂選擇一種價值觀率涉和預設了什麼，上述這條思路同時還意識到，所謂的價值抉擇、生命的安排，並不是單純的個人

9　政治自由主義與「整全」自由主義最大的不同，即在於「中立的理由」是否足以構成詮釋與接受公共制度的充分依據。筆者認為，這兩者均屬於極端；自由主義其實走在兩者之間的第三條路上。

「偏好」之挑挑撿撿；任何一種關於個人與價值之間關係的設想，都涉及了對於社會生活方式的理解與評價，以及自我的身分如何界定，也就是會牽涉到一套關於社會的想像，以及一種關於自我在其中的位置、自我與他人的關係的敘事，自由主義並不例外。換言之，如果採取這條思路，我們就需要找出一種陳述自由主義核心價值的方式，不能停留在純粹概念層面進行分析，而要進一步指出這些分析所揭露的自由主義核心價值，如何構成了自由主義的社會觀與歷史經驗的一部分。一旦建立了這種聯繫，前述自由主義在中文語境裡所面對的挑戰，其實乃是自由主義論述需要照顧的一個主要部分。

　　有趣的是，即使政治自由主義者如羅爾斯，也並沒有忽視自由主義所應該關照的這種廣泛面向。常聽到有人批評，羅爾斯這類哲學家陷在抽象概念的分析之中，所論根本無涉於現實。他曾辯解謂，之所以要從抽象層次極高的基本概念談起，乃是因為現實中間的多元分裂蔓延深遠。但他更再三致意，他的出發點其實並不是抽象概念，而是提煉「公共政治文化」，將社會生活設想為「自由而平等的個人在公平的條件之下進行社會合作」，然後追問探討「這樣的社會如何可能」。我要強調，羅爾斯用「公共政治文化」作為出發點，正是因為他要突出一個常遭政治哲學專業所忽視的思想史、社會史的事實：人們對於社會生活不僅有一套基本的想像，並且這類想像作為制度慣習，尤其是有意識的詮釋傳統，已經凝聚沉澱在該社會的「公共政治文化」中。當然，一個社會的公共文化不免是曖昧混濁眾說紛紜的，並且這種文化中所包含的社會想像不一定與自由主義同調。譬如到了今天，無論在一般民情輿論中，還是在學院的論述裡，所謂社會生活乃是叢林式的弱肉強食、所謂社會生活乃是一部大機器的運轉、所謂

社會生活繫於博愛互助，或者依靠某種自發性的秩序，甚至於某一種歷史選民（「先進生產力的代表」）的專政，都還是很有作用的社會想像。又譬如一套從1840年起算的中國革命史論述，或者四百年「台灣民族的歷史發展以及台灣人意識的形成過程」[10]，也仍然影響著海峽兩岸社會的集體自我意識，塑造其公共政治文化。但這些想像，誰具有更明確的道德規範含意與價值意識、誰能更有說服力地將社會生活的各個方面統合成為整體、誰更能說明歷史的動向與社會制度的正當性？羅爾斯認為西方歷史已經解決了這些問題，剩下的工作就是由政治哲學家從中提煉「綱舉目張的根本理念」，顯然過於樂觀；但他引歷史為證，強烈推薦一種關於社會生活的特定理解，也並非閉門造車。他所選擇的社會想像是「自由而平等的個人在公平的條件之下進行社會合作」。他認為，不從這裡出發，才會墜入抽象的邏輯推演。但是從這裡出發，問題就變成：這個想像是不是真能掌握現代社會生活的主要面向？

借用另一位哲學家泰勒的字眼，我認為羅爾斯之所以要從「公共政治文化」出發，正是因為其中沉澱著今天多數人心目中社會生活所體現的「道德秩序」[11]。自由主義要重視「公共政治文化」，是因為在這裡自由主義所設想的個人之核心價值會影響我們的社會想像，進而影響社會的基本制度與基本價值觀。

泰勒用道德秩序這個概念，指一套關於社會生活的基本面貌

---

10 毛澤東，〈新民主主義論〉；史明，《台灣人四百年史》（台北：草根文化公司，1988），日文版序。

11 Charles Taylor, *Modern Social Imaginaries*（Durham: Duke University Press, 2004).

與性質的想法。他舉的例子包括前現代東西方均流行過──也是
中國人很熟悉──的秩序宇宙觀，即世間萬物構成一個上下隸屬
的層級秩序，其間的自然秩序與人間秩序之間具有某種類比或者
感應的關係。但到了現代，由格老秀司及洛克所發展的自然法理
論，則認為社會乃是「平等的個人在互利原則下追求安全與富裕
的工具」[12]。泰勒強調，這類對於道德秩序的看法，不僅提出了一套
價值與規範，並且還呈現了相關的脈絡，足以說明這些價值與規
範的意義，以及其正當性何所據。

　　我用泰勒的「道德秩序觀」概念，補充羅爾斯的「公共文化
觀」，是想要顯示，政治自由主義的哲學家出於專業習慣，容易
將這類道德秩序觀抽離孤立，僅視為一套哲學前提（如羅爾斯視
為建立正義觀時所用的「綱舉目張的根本理念」），從而忽視了道
德秩序觀作為一種關於社會生活的直觀想法，會藉著移轉、滲
透、蛻變等過程，影響與轉化「社會實務」，在社會生活的各個
領域，發展出不同的**社會自我理解**。社會的這種自我界定方式，
泰勒稱為「社會想像」，例如歐洲現代有關市場經濟、公共領
域，以及民主自治的圖像，即構築了現代社會成員的自我理解、
生活背景，以及相互的期待。泰勒認為，從上述格老秀司與洛克
所陳述的自然法道德秩序觀（平等的個人根據權利借助於社會生
活追求現實的利益），衍生成西方現代性的各類社會想像（市場
經濟、公共領域、民主自治），構成了歐洲現代性的歷史。

　　這套從道德秩序到社會想像的分析架構，幫助我們看出，自
由主義並不只是一套概念層面的倫理─政治原則，從外面指導

---

12 這個陳述，泰勒分為四點（個人主義、社會作為滿足日常需求與利益的工
　　具、個人的權利與自由，以及平等）加以說明，見上引書 pp. 19-22。

（或者無力指導）社會制度；相反，它包含著一種基本的社會觀、某種關於社會基本面貌與性格的圖像，進一步在各個社會領域中構築恰當的社會想像，讓一己的面貌變得更明晰，同時又不得不有所蛻變；至於由它所催生的社會想像，也必須相應於外在條件以及當下的道德秩序觀的內容，逐漸調整、衍生自己的內容和制度型態。

從這樣的角度來看，自由主義與現代性，與資本主義，乃至於與非西方社會，其實並沒有已經定型了的一種相合或者相斥的關係。歷史留下了一些遺產，我們稱之為中國自由主義的歷史。可是這頁歷史，即使不論其內容的貧乏，原則上也不會告訴我們，自由主義在今天的中文世界能扮演什麼角色。相反，今天的中文世界，彷彿處在一個遲到的格老秀司—洛克時期，在傳統解體之後，人們仍在尋覓這個文明的基本社會觀、它的道德秩序觀、追問社會生活的基本目的與一己的責任究竟為何、對於社會又有什麼期待。經過三百年的反思與實踐，西方的道德秩序觀已經從洛克蛻變到了羅爾斯與德沃金，從「平等互利」蛻變成「公平條件下的社會合作」，從資產階級家父長共同體蛻變為擠進了各類人等族群乃至於動物和生態系統的「混合共同體」。相對而言，中國則經歷了皇權宗法社會的崩潰、西方現代性的入侵、建立現代國家，以及社會主義的動員與實驗（如果不說幻滅）。中國知識分子必須追問，這些歷史，凝聚出了什麼道德秩序觀、什麼社會想像？各位反現代性、反資本主義、追求「中華性」共同體的思想家們，準備提出什麼不同於自由主義的道德秩序觀（亦即非「自由而平等的個人在公平條件下進行社會合作」）？在各種內外現實條件之下，這種道德秩序觀又可能蛻變、衍生出什麼樣的社會想像（亦即非「平等主義的自由主義」的社會制度）？

「自由而平等的個人在公平的條件之下進行社會合作」，與中國革命史所追求的道德秩序觀以及社會想像（「具有中國特色的社會主義」），相類相異又何在？我想，中文世界中不論是自由主義的批評者或者辯解者，都應該要面對這些問題。

六、結語

　　本文在開始時，舉出了自由主義在當前中國的環境裡面對的幾個糾結：自由主義對於現代性、資本主義，以及中國的特殊性，是不是能提出完整的說法、評價與回應？本文認為，自由主義認定個人的最高層級利益在於追求美好的生活，已經帶出來了一種道德秩序觀；為了將這種道德秩序觀發展成完整的社會想像，自由主義正應該針對現代性、資本主義，以及中國如何適用普世價值等問題發展自己的論述，反對自由主義的人也應該提出相對的價值觀、秩序觀，以及社會想像。

　　筆者想要強調，自由主義的價值意識雖然預設最少的特定價值立場，設法以「政治價值」的形式為已足，但它其實是很豐富強韌的，足以對於上述幾個議題提出意見與判斷。自由主義的價值意識沒有「厚」到排他或者壓抑他者的程度，但是它並不「薄」；它足以發展成一套完整的社會想像。

第三章

道德平等與待遇平等：

試探平等概念的二元結構[*]

一、前言

　　一般認為，在各種政治價值之列，「平等」屬於左派的政治主張，並不特別受到自由主義的青睞。但是筆者的看法相反。傳統的左右之分混淆了制度論述與基本價值之分，造成了很大誤解，並不妥當：自由主義不僅跨越了用平等或者自由的優先地位劃分左右的傳統窠臼，並且平等乃是自由主義所設定的最根本的**政治價值**。自由主義認為個人的最高層級的利益在於「追求一己的美好人生」，這是它的核心**倫理價值**；因此，自由主義所認定的核心**道德原則**自然即是尊重個人的這項利益，包括尊重追求這項利益時所需的各項條件與資源。既然如此，自由主義的核心**政**

* 本文第一稿係「公民社會基本政治社會觀念研究計畫」第二次研討會（2002年10月25-26日）的論文，會後曾做過較大幅度的修訂、增補。今稿係因應《政治與社會哲學評論》的兩位匿名評審人的意見進一步修訂而成，作者要對他們的批評與建議表示感謝。

治道德，便在於認定每個人的這項利益是平等的；政治共同體、政治權威對每個人的這項利益必須付出**平等的關懷與尊重**。在這個意義上，筆者曾經根據德沃金的說法，強調自由主義所認定的根本政治價值乃是平等[1]。在此，為了釐清相關問題，進一步說明當代自由主義對於平等概念的理解，我將試著針對平等這個概念的歷史與結構，撰寫一章簡短的鳥瞰。

在西方政治思想的傳統裡，平等是一個相當古老、也相當基礎性的議題。古典政治哲學和基督教傳統，均注意過與平等相關的許多問題，也根據各自的內在邏輯，對平等概念的意思有所發揮、對平等的價值有所肯定（或者否定）。不過，要到近代，尤其是18世紀以後的西歐，平等才真正成為一項獨立而強大的核心政治價值，有關它的討論也益發興盛。

但是平等概念究竟應該如何了解？它的訴求究竟是什麼？平等又牽涉到什麼問題？歷來的討論，在這幾方面的說法有如亂麻，並不容易理出頭緒。有見於平等概念的內在複雜程度，往往干擾到今人對於它的認知與評價，在深入它的內容細節之前，先對它的結構加以整理，是有理論與實踐兩方面的意義的。

本文的主旨並不在於枚舉排比有關平等的各類觀點，而在於整理出平等概念的一項或可歸於結構性的特色。本文企圖顯示，平等的主張，必然呈現一種二元的結構：一方面，主張平等，需要肯定所有適用者的**道德**平等；另一方面，主張平等，還需要根據這種道德層面的狀態，判斷在實際社會生活裡，人應該受到什

1　見錢永祥，《縱欲與虛無之上：現代情境裡的政治倫理》（台北：聯經出版公司，2001）。

麼樣的**待遇**，才算滿足了道德平等的要求[2]。作為一項道德價值，平等業已獲得了相當普遍的認可，雖然其理由還常見爭論；但是由於道德平等這個概念本身無法決定在待遇層面需要獲得平等的是什麼，平等的實質要求始終會是聚訟的焦點。

平等概念的歷史面向與發展歷程，一定程度上可以透過這個二元特色來整理和敘述。本文擬首先就它在西方思想史中的發展，略做簡要的探索與綜合。這個二元結構在歷史上的出現與轉化過程，尤其是道德平等如何克服自然與社會的等級身分而終告成形、它又如何經由公民身分構成待遇平等的動力，值得我們有所了解[3]。

其次，在概念層次，這種二元結構的內容，需要加以說明。平等問題所涉及的面向很廣，可以從不同的應用範圍來設法理解；例如法律的平等、經濟的平等、社會的平等、政治的平等，所要求的並不是同樣的東西。它與其他政治價值——例如自由、

2　這個區分，羅爾斯嘗指明為「有關某些財貨（goods）的分配」的平等，與「人們無論社會位置應該享有的尊重」之平等。見 John Rawls, *A Theory of Justice* (Cambridge, Mass.: Harvard University Press, 1971/1999), p. 447.「待遇」當然涵蓋極廣的範圍，既包括了各類不容剝奪，並且其分配不容程度之分的事物，例如權利、自由、法律身分，也可以僅適用於資源如金錢、教育、醫療等等。在本文中，「待遇」指的主要是後面這一類。

3　一些學術性參考書裡有關平等的條目，通常會簡略介紹平等概念的歷史發展，例如 Stanley I. Benn, "Equality, Moral and Social," in Paul Edwards, ed., *The Encyclopedia of Philosophy* (New York: Macmillan, 1967), vol. 3, pp. 38-42; R.R. Palmer, "Equality," in Philip P. Wiener, ed., *Dictionary of the History of Ideas* (New York: Charles Scribner's Sons, 1973), vol. II, pp. 138-148，但是較完整、系統的專題思想史著作似乎不多見。本文以下所交代的簡史，參考 Henry Phelps Brown, *Egalitarianism and the Generation of Inequality* (Oxford: Clarendon Press, 1988), part I頗多。

正義、公共利益、效率等等——的關係也至為複雜，不能下簡單
的定論。不過，這些問題與本文的主旨無關。在本文中，筆者擬
參考當代英語政治哲學的一些文獻，集中討論平等這個概念所涉
及的幾個概念性問題，以資說明道德的平等與待遇平等的分辨為
什麼有其理論上的必要；以及根據這些理據，待遇平等的問題結
構，如何逐漸將「平等」問題轉化成「公平」的問題。

二、平等概念的思想史

我們常有一種印象，認為平等乃是一項特屬於現代世界的價
值；在前現代的社會裡，由於族群、性別、等級或者身分範疇對
於個人的地位往往具有決定性的意義，其間差異表現為懸殊的差
別待遇，是很普遍的現象。這個印象不算完全準確，不過也並不
失真。前現代的世界觀，比較重視個人身上的某些屬於自然或者
社會的屬性，常常根據這類屬性在人與人之間有所區辨，給予不
同範疇的人們差異懸殊的待遇。但是在前現代的思維中，並不是
沒有普遍性的訴求，以及因此取得的普遍身分、普遍人性的想
法。從差異和特殊性向普遍性的移動，影響平等概念的發展甚
巨，值得作為以下論述的架構。

1. 古典思維　在前現代時期的西方，平等並不是一個獲得廣
泛認可的價值。亞里斯多德的公式「一樣的東西一樣對待，不一
樣的東西不一樣對待」（*Politics*, III, ix, 1280a），是古典時期的基本
態度；這個說法不是不可能具有平等主義的涵蘊，但在古典世
界，由於各類人等明顯並不是「一樣」的東西，人身上的某些差
別往往被賦予絕對的意義，所以自然不能受到「一樣」的對待。
古典思想對於人的差別性了解，大致上以人性本質上的差別為

本。例如柏拉圖說到人性中有貴賤不同金屬的成分，決定了每個人的適宜職位（*Republic*, III, 415）；例如亞里斯多德提到男與女、自由人與奴隸、人與動物，各自都有其本性的差異（*Politics*, I, v, 1254b），從而涵蘊著不同種類、不同程度的德性，也就涵蘊著地位不同、待遇不同的必要。

不過這類觀點的存在，並不代表希臘人沒有平等的概念。至少在兩個意義上，希臘人肯定平等：一是法律之前的平等、一是公民地位的平等。雖然後者局限於身為雅典人、男性家長的少數人，前者卻具備高度的普遍性，保留住了平等概念的立足之地。後面我們會見到，這兩個意義下的平等概念，即使仍受制於某些特殊性，已經呈現了二元結構的雛形，對於後代平等概念的發達影響相當大。

2. 斯多亞學派 亞里斯多德身後，希臘的城邦時代結束。隨著馬其頓、羅馬等新勢力先後橫掃整個希臘世界，一種超越城邦的普遍人性與普遍秩序的觀念逐漸浮現，斯多亞學派是這種新世界觀的代表。斯多亞學派有關理性的自然法，以及人類均具備內在理性、可以認識自然法等等想法，將人類帶到一個以普遍性為突出特徵的層面上，從而人「在一種作為人的意義上是平等的」的想法，逐漸成形，擺脫了原先以生物（性別）、社會、階級、地域等因素為主的特殊身分決定論。**這項發展，對西方世界平等概念的發展具有劃時代的意義，可以說是在道德上肯定人皆平等的濫觴**，此後各家裡論，多少皆是以自己的概念架構設法詮釋「人在一種作為人的意義上是平等的」的基礎想法。不過它並沒有自行直接提出制度平等的要求。由於斯多亞學派的整套思路是「內向」的，強調這種平等屬於人的內在人格，相對貶抑外在身分、地位，與財富的道德意義，所以制度上的平等與否顯得並不

重要。但是斯多亞學派的普世主義平等觀，間接在羅馬法傳統中獲得了表現，對於後世影響可觀。值得注意的是，後代一些肯定道德平等的論述，往往會將道德平等局限在某一種抽離的人格或者地位上，結果並不以為某些明顯的制度性歧視牴觸了道德平等的要求。平等似乎一定只能就人身上某一種或者幾種抽離的面向來談；而這種抽離，一定會使某些差別、某些待遇的差異遭到忽視。斯多亞學派的平等觀，表現了平等概念的這種無可避免的選擇傾向。

3. **基督教**　論者常指出，平等觀念的興起與在西方世界的傳播，基督教居功厥偉。基督教強調個人與神的直接關係，又強調所有人等在神裡面的團契合一，因此它的社會觀以「絕對的個人主義」和「絕對的普世主義」[4]為特色，自然會發展出明確的平等思想。不過也有論者指出，由於基督教思想以神為中心的取向使然，它所認識的平等觀念，「完全是在上帝面前和在上帝裡面的平等」。由於基督教平等的參考點是神，所以不同於斯多亞學派，這種平等並不是一種所有的人「自然」擁有的權利。嚴格說來，它先是一種所有人與神疏離的有罪狀態，是消極的平等；而積極意義下的平等，也就是分享救恩的平等，卻不是每一個人都能保證擁有的。這種平等觀，雖然確定了救恩所帶來的終極價值（救贖）是平等發配的，但是救恩本身的發配，以及從救恩到終極救贖的過程中間所涉及的遭遇與因素，是否也是平等的呢？基

4　這兩個名詞，見特爾慈著，戴盛虞、趙振嵩編譯，《基督教社會思想史》（香港：基督教文藝出版社，1960），頁32。原文見 Ernst Troeltsch, *Die Soziallehren der christlichen Kirchen und Gruppen*（1911）；英譯見 Ernst Troeltsch, *The Social Teaching of the Christian Churches*, English Translation by Olive Wyon（1931）（Chicago: The University of Chicago Press, 1976）.

督教神的超越性與「他者」性，根本排除了這個問題的存在。於
是，人在有罪，以及享受到的救恩兩方面雖是平等的，但是救恩
並沒有保證，人是不是具有平等的條件追求救恩則是一個不相干
的問題。

由於這種思路的作用，基督教視人在神的面前一律平等的想
法，雖然對於後世影響極大，可是主流基督教對於現世政治、社
會制度的不平等，並未提出積極的取消或變革要求。相反，世間
的不平等，被視為人類原罪的結果；人類的墮落狀態，足以證明
世間的等級與差別待遇是有理由的。從這個角度來看，基督教的
平等思想初起，即已體現了道德平等與待遇平等的分歧。這類屬
於塵世的不平等，或許被視為不在宗教領域之內，不是平等概念
所需關切的問題；又或許被視為神意的表現，乃是神針對人的墮
落狀態自有其用意的安排[5]。在後面這個思路之下，不平等甚至可
以取得正面的含意，認為各種社會位置的差異與分化，反映了神
意對於一個有機複雜社會和多層次宇宙的構想，涉及了秩序的形
成與維護，其中自有深意。這種有機的、等級的模型，乃是中世
紀世界觀的一個重要組成部分[6]。

　　4. 中世紀與近代初期　　進入中世紀以後，興起了所謂的有機
秩序觀和等級秩序觀[7]，便均無須費詞於人的天生平等或者不平

5　有關基督教的平等觀，筆者係參考特爾慈上引書，特別見第一部第二章。

6　見上引特爾慈書第二部第十章。

7　這兩種有關宇宙／政治秩序的觀點，有機論請見Antony Black, *Political Thought in Europe 1250-1450*（Cambridge: Cambridge University Press, 1992），pp. 15-18；等級論請見Robert Eccleshall, *Order and Reason in Politics: Theories of Absolute and Limited Monarchy in Early Modern England*（Oxford: Oxford University Press, 1978）。

等，依然可以遂行肯定不平等的社會制度。即便指出個人身上的任何普遍特色，也無礙於得出不平等的結論。有機秩序觀將社會視為一個完整的有機體，各類人等在其中發揮不同的功能，完成整個有機體的健全運作，一如人體四肢與各類器官各司其職，保障整個身體的健康與活動。例如一個常見的說法認為，教士有如靈魂、國君有如頭腦、法官有如眼耳舌頭、官吏和軍人有如手、農民則有如腳。這種功能的分化，自然涵蘊著各項職能之間在地位上與待遇上的不平等。

等級秩序觀則應用「萬有之大序列」（the great chain of being）的學說，將宇宙秩序（其中包含社會秩序）劃分為眾多等級，而各個由等級所組成的系統，彼此之間又對稱呼應。天上有著由神與各級天使組成的等級系統、空中有著由太陽與各級星球組成的等級系統、自然界有著由獅子為首的動物等級系統、人間也有著由國君以下各級身分人等所組成的等級系統。等級系統的維持，保證了系統本身的穩定和諧。這種等級制度，同樣涵蘊著不平等的身分、地位與待遇，也說明了這種不平等在什麼意義上是合理的。

　　5. **自然法思維**　不過，隨著社會組織方式的轉變，個人身分逐漸從固定的等級身分抽離，進一步個人主義化，這類關於社會的有機體論、整體主義觀點逐漸失勢。文藝復興運動中的人文主義，恢復了人在基督教取得支配地位之前的自主與尊嚴地位；宗教改革則著力強調所有的信徒在神的面前是平等的；自然法理論宣揚自然狀態中人的平等和善良；新興的機械原子科學觀，也有助於個人地位的抽離。這幾方面的思潮與運動，共同促成了個人地位的優先、獨特與平等，相對也就降低了由社會關係、社會位置決定個人身分與地位的程度。這整套發展，最後演變成相當完

整的個人「道德」上平等的理論。

但是這種關於個人平等的論述，由於明確突出了個人在進入社會之前、純粹人格意義上的平等，也就必須明確地指認道德人／道德平等與社會人／社會（不）平等之間的截然二元性格。在當時，這種二元性表現在平等論述均局限在人的「自然」平等，以及「自然權利」的平等，其他政治、經濟、社會方面的（不）平等，往往被視為體制正當性的一個附屬部分，並不是思想家討論的主要焦點。換言之，從道德或者自然平等推導出來的實質平等，涵蓋的範圍還極為有限。

霍布斯、洛克都是這種觀點的典型代表。霍布斯強調人在自然狀態中間的事實平等——傷害他人的能力的平等，以及欲望的平等——以及從這種事實平等所導出的自然權利的平等（*Leviathan*, xii 1-3）。由這種事實上和權利上的平等，自然法要求所有的人都以平等相互對待（xv 21）。但到了建立政治秩序之後，由於各類經濟、社會生活可以平順進行，地位、財富等方面出現了不平等，不過既然所有的權利都讓渡給了主權者，任何不平等都可以說是由主權者所容許的，因此在主權者眼裡不平等本身是沒有意義的。在主權者眼裡，也就是在法律面前，所有的人都是平等的、一樣地沒有權利的。換言之，霍布斯肯定了人的天生平等與政治屬民身分的平等，但是其他方面的（不）平等並沒有進入他的視野。

到了洛克，一方面，他肯定所有人的天生平等（*Second Treatise*, §4），但是他也明確將這種平等局限於政治關係，即他所謂的「彼此的管轄與支配權力都是平等的」，卻在能力、德性、社會地位和財產等方面容許不平等（§54）。在這中間，洛克不認為有矛盾之處。那是因為在洛克否定他人對自己的「管轄和支

配」權利之背後，另有一套「人是自己的擁有者」或「自我所有論」（self-ownership）的個體觀：每個人都擁有「自己」，尤其是對於自己的勞動力及其果實，有主動的使用、支配與處理的權利，不容他人干涉。每個人在這方面的權利，天生（自然）是一樣的。可是後天在社會裡的生活，由於這種「擁有權」使用的優劣高下，經由貨幣制度形成積累效果，遂造成了財產的不平等。另外，有些人並不具備或者放棄了獨立處置自己的權利，遂連政治權利也無法行使，例如家庭裡的婦女、僕傭。兒童尚未具備這種自我擁有的能力，自然也就難以避免家長權的約束。在這些情況裡，甚至政治權利——參與政治的機會——也不是普遍的，當日英國社會的實際狀況正是如此。

6. 18世紀　18世紀開始，平等不再只是哲學家筆下的論述，更逐漸成為針對大眾的訴求。兩份當時的革命文件——美國的《獨立宣言》和法國的《人權宣言》——再度複製了上述關於平等的二元論述，既包括名義平等的要求，也包括對於實質不平等的寬容。兩份宣言具有劃時代的地位，都開宗明義地宣示人的「生來平等」，也都在相當程度上賦予公民在法律與政治地位、權利上的平等（女性、非白人例外）。不過，關於人們在財產、社會地位上的不平等，兩份文件保持緘默。當時的人普遍認為，財富的不平均，不僅構成了嚴重的社會問題，也有害於政治共同體的凝聚與穩定。但是另一方面，他們對於人與人之間能力的差異、對於由此導致的社會等級差異，又高度的堅持，視為社會秩序的基礎[8]。

8　見 Henry Phelps Brown, *Egalitarianism and the Generation of Inequality*, ch. 3. 晚近 Lynn Hunt, *Inventing Human Right: A History*（New York: Norton, 2007），對於18世紀所開啟的平等意識，從「閱讀」角度提出了有趣的觀點。

　　盧梭的思想，為平等的這種歧義提供了經典的陳述。在1755年出版的《不平等起源論》中，他謳歌原始狀態中人的自然平等，痛詆冶金技術與農業的發展帶來分工制度與私有制，形成貧富懸殊，進而造成強者倨傲與弱者卑賤的對比，荼毒人性尊嚴。文明的這種發展，最後藉著欺騙性的契約，形成專制的政治制度，供強者、富有者保護一己利益之用。不過對這種欺騙性的契約的揭發，似乎只屬於盧梭的社會分析。到了他進行政治分析的時候，卻又寄望於真正的社會契約。於是在1762年出版的《社會契約論》中，他一改前說，樂觀地認為，儘管人與人之間會因為體力、心智等方面的不同而造成自然的不平等，但只要經過真正的社會契約過程，依然可以取得道德上與法律上的平等。這種由契約與法律所建立的平等，要求「人人都有一些東西，沒有人擁有過多的東西」（*Social Contract*, I, 9）。換言之，到了《社會契約論》的階段，盧梭嚴格地區分開人的自然身分與公民身分，遂使他一改前說，相信道德／政治意義的平等與自然／社會意義的不平等，並沒有衝突，前者甚至於對於後者仍會形成某種程度的制約。公民的政治平等，有可能糾正社會生活裡的不平等趨勢：「恰恰因為事物的力量總是傾向於摧毀平等，所以立法的力量就應該總是傾向於維持平等。」（*Social Contract*, II, 11）

　　盧梭這種對於道德／政治平等的重視與期待，在18世紀另外兩位彼此涇渭分明、但都極具啟後之功的思想家身上，可以明白地看出。康德的本務論與邊沁的效益主義，本來屬於兩極對立的道德學說，卻都視「普遍性」為道德思考的界定性特徵。這種普遍性的平等含意相當明確：消極而言否定人與人之間的具體差異具有道德意義，積極而言則認定了個人本身在道德意義上的平等。在康德，這種平等表現在個人被視為目的自身，其理性的自

主性必須受到尊重。至於這種個人道德地位的平等，以及所衍生的平等尊重，會要求什麼樣的對待方式，由於平等概念的適用對象局限在只是作為道德主體的抽象個人，康德並沒有提出明確的論述。在邊沁，這種道德平等表現在每個個體的快樂／痛苦都列入考量、並且同樣的快樂就具有同樣的計算分量，「每個個體都算做一個，沒有任何個體當作超過一個計算」。不過他所列入考慮的完全是痛苦與快樂，每個人所承受的苦樂雖然等量齊觀，個體本身卻似乎毫無價值，結果跨個體的苦樂加總，會帶來犧牲某些個體的結果，事實上並沒有平等地對待所有的人。康德與邊沁這類關於平等的理解，無論訴諸一個超經驗的人格，或者訴諸個體最具體當下的快樂／痛苦，表面上都假定人與人之間的差異喪失了意義，一種「人作為人」皆平等的想法，取得了主導地位。但是由於它們忽視了具體的個體生活需要，它們都沒有充分正視待遇平等的問題。

7. 民族主義與公民身分　18世紀以降，民族主義的勃興與公民身分的發達，構成了強大的動力，原先道德／政治平等理念的主導地位，終於開始在制度、社會層面逐漸取得完整、具體的形貌。首先，民族主義認為民族成員的身分相對於其他身分是優先的。由於民族身分屬於卡爾洪所謂的範疇身分（categorical identity），無所謂量或者質的差異，因此民族主義視所有成員為同樣的個人，用民族身分幫助其成員取得了某種平等的地位，並且這種平等身分足以與其他不平等的身分相頡頏，甚至於壓倒其他身分的不平等[9]。其次，民族主義將整個民族高舉到最高的（主

9　Craig Calhoun, *Nationalism* (Minneapolis: University of Minnesota Press, 1997), pp. 42-47. Calhoun所用的字眼是「等值的個人」（equivalent individuals），並

權）地位，不僅突出了民族成員的政治地位，也賦予他們某種平
等的政治權利[10]。在地位與權利這兩方面，道德／政治平等的普遍
性與優先性，藉著民族主義獲得了穩固的地位，由「國民」這個
概念來加以制度化。

「公民」的意義似乎與國民相同，不過它更著重個人身上屬於
個體（相對於族群、社會關係）的一面、著重可以加以制度化的
權利與義務。公民身分由個人所擁有的權利與義務所組成，並且
這些權利與義務乃是平等的。18世紀以降，公民身分先後以市民
權利、政治權利、社會權利的形式，一方面在內容上逐漸豐富，
另一方面在範圍上逐漸伸展。公民身分的發展與擴張，意味著一
系列平等的權利，不僅在內容上涵蓋愈來愈多的方面，也擴充延
伸到愈來愈多的個人身上[11]。這是一個將平等的訴求普遍化、具體
項目化的龐大過程。它以市民權所保障的個人自由為起點，雖然
著眼僅在於個人的道德／政治平等，卻以政治權與社會權所保障
的政治參與、社會福利為終點，追求經濟、政治、文化的平等。

屆此，我們可以說，平等概念的發展已經成熟；平等的二元
性，在充分肯定道德／政治平等之後，開始追問這種平等涵蘊著
什麼實質的平等待遇。原先分歧的二元，即將開始一個以結合為
一作為目標的發展過程。這個要求，構成了今天在政治哲學領域
經營平等概念的主要課題。

沒有直接稱民族的成員為「平等」。

10 這方面的討論見 Liah Greenfield, *Nationalism: Five Roads to Modernity*
（Cambridge, Mass.: Harvard University Press, 1992）.

11 T.H. Marshall, "Citizenship and Social Class," in Robert E. Goodin and Philip
Pettit, eds., *Contemporary Political Philosophy: An Anthology*（Oxford:
Blackwell, 1997）, pp. 291-319. 此文原發表於 1949 年。

三、平等概念的哲學分析

以下，我們依循政治哲學中較為常見的討論方式，將有關平
等的概念性問題，分為三個方面來整理和陳述。第一，直覺的平
等概念，也是最接近現代人基本政治預設的一種平等概念，以普
遍和抽象為其特色，試圖說明什麼叫做「個人在一種作為人的意
義上是平等的」。這種平等概念的具體表現即為道德／政治的平
等。第二，分配的平等問題，主要指經濟資源的分配如何算是平
等。這個問題不僅現實意義重大，也可以顯示平等概念的內部架
構相當複雜。第三，身分的平等，也就是晚近正開始受到矚目之
有關身分認同的平等問題。選擇這三個議題，原因之一在於，關
於人作為人的道德平等，雖然咸信具有自明的妥當性，其意義卻
仍然相當模糊，值得加以澄清。其次一個原因在於，今天的人對
於法律、政治、社會的平等，至少在理解上有較大的共識，而
「公民」身分──也就是個人的法律、政治、社會權利──的高
度制度化與普及，也促使這幾方面的平等具有相對而言夠穩定的
內容。相形之下，關於經濟分配的平等，以及身分認同的平等，
引起的理論問題相當棘手，適足以顯示道德平等涵蘊著什麼樣的
經濟、社會、文化等方面的平等，仍然有待釐清。從而**道德平等
的概念對於分析待遇平等究竟有什麼含意**，也仍然晦隱。盡量拂
去此間晦隱，有助於我們看出平等這個觀念與自由主義以及正義
問題的密切關係。

1. **平等概念的「方面」邏輯**　乍見之下，平等所描述、要求
的狀態似乎很明確：所謂要求甲和乙平等，意思就是宣稱甲和乙
具有一樣的權利或者地位，或者要求兩個人所受到的待遇應該一
樣。可是什麼情況之下可以要求（或者宣稱）甲和乙平等？甲和

乙「受到一樣的待遇」又是什麼意思？這些問題包含著相當複雜棘手的糾纏，需要進一步分析。

　　不過，有一個最基本的概念問題，值得先做澄清。毋庸置疑，任何兩個個人，都在無數方面有大大小小的差別。可是當我們說甲和乙平等，意思卻正好是說，即使有眾多差別的存在，他們在某個方面仍然是相同的。易言之，說兩個人相同，邏輯上預設了一個做比較用的尺度，按照這個尺度，我們才能知道他們是相同的，即使在其他各個方面他們極為相異。談平等，似乎不能不先確定這個尺度是什麼，然後才能有意義地主張、要求平等。而所謂尺度，當然是指忽略其他、只針對某個特定**方面**做衡量與比較。基於這個概念性的考慮，不少哲學家強調，「平等」永遠是指「某個方面的平等」，而不能當作一種一般、抽象的狀態來理解：所謂「平等這回事本身」（equality as such），其實是一個沒有意義的概念。即使是最激進的平等主義，所要求的平等往往也只是——當事者所重視的——某個具體、特定的方面的平等，而不可能是所有方面，或者並無特定方面可言的泛泛平等。

　　古希臘人開始談平等的時候，就注意到了平等概念的這個邏輯特色。當時並沒有人人皆平等的概念；歷史家修昔底德和希羅多德所描述的「法律之前的平等」（isonomia），就是在承認了人的多方面不一樣之後，所提煉出來一種最普遍的平等概念。可是即使這種普遍性，也具有明確的脈絡，那就是在法庭中地位的平等——無論個人的身分、特色、地位、德性相去多麼遠，在受審席上都是平等的——而不是一種無分場合與議題的平等狀態[12]。

12　Janet Coleman, *A History of Political Thought: From Ancient Greece to Early Christianity* (Oxford: Blackwell, 2000), pp. 28-29.

平等概念的「方面」邏輯，涵蘊著一個極其重要的認識：既然平等永遠是指個體的某一個方面，或者分配某一種事物的平等，那麼該一方面的平等，或者該一事物分配上的平等，通常會伴隨著其他方面、其他事物之分配的不平等。兩個人法律地位的平等，並不排除經濟地位的不平等；所得的平等，一般會造成快樂程度的不平等。這個平等與不平等必然並存的事實，進一步說明了平等概念的使用，在邏輯上必須附麗在某種關於人生之中什麼事物，或者什麼方面具有特殊意義的判斷上。根據這種判斷，才能說明為什麼就該一事物，或者該一方面追求平等是如此重要的一項價值，以及為什麼可以忽視其他事物或者方面的不平等[13]。

2. 人作為人的平等　不過，如前文所示，近代世界對於平等的訴求，往往出之以一種單純的普遍形式，強調所有的人作為「人」的平等，並沒有指出人在哪一個方面被賦予這種平等。近代平等概念的這個形式，難道犯了什麼邏輯錯誤嗎？美國《獨立宣言》說「人生而平等」，卻沒有指明在什麼方面平等，難道因此是不可能有意義的嗎？其實，這類「泛」平等主義的陳述，有其很重大的意義，不能輕易拋棄，因為「所有人的平等」，乃是近代人的一項基本道德直覺，其否定所帶來的後果很難想像[14]。你

---

13 Amartya Sen, *Inequality Reexamined* (Cambridge, Mass.: Harvard University Press, 1992), pp. 23-25.

14 德沃金（以及沈恩）認為，所有當代的政治理論——包括諾齊克式的放任自由主義也主張名分權利的平等——都承認了基本的平等訴求（即道德平等），雖然如何才算滿足平等的訴求（即本文所謂的待遇的平等），各家看法涇渭分明。依此說，當代政治哲學，整體處在一種「平等主義的平台」（egalitarian plateau）上。見 Ronald Dworkin, "In Defense of Equality," *Social Philosophy and Policy* (1983), p. 25; Will Kymlicka, *An Introduction to Contemporary Political Philosophy*, rev. ed., (Oxford: Oxford University Press,

可以盡量逐一指出人與人之間的無窮差異，你也可以盡量反駁特定的平等要求，你甚至於無妨主張盡其放任而不平等的經濟體制，但你還是會肯定所有「人」的平等。這樣一種看來極為抽象，但是其否定又有全盤的嚴重涵蘊的平等概念，應該如何理解？

其實，這個關於平等的想法，並沒有違背平等概念的「方面」邏輯。它的意思可以這樣了解：在某個仍待指明確定的方面，人需要被視為平等，並且由於**這個方面極為根本、對人之所以成為「人」極度重要**，人在這方面的平等不僅不依靠身上的各類經驗性特色（無論先天或者後天），並且根本與你可能加以客觀指認的特色及差異無關。論者會說，這樣的平等主張，當然不是容易證明的。它好像是說，我們並不需要先找到什麼明確的指標或尺度，就可以斷言所有人的平等。這種似乎先驗、可是又不待形上證明的信念，該如何理解？

前面的思想史敘述已經提到，歷史上有過幾類說法，試圖指出人「作為人」所具有的某一種本質性的特色或者地位，具備毋庸置疑的普遍性。不難想像，這種特色不可能屬於經驗領域，因為任何經驗特質，必定涵蘊著偶然性所造成的差異與不同，不可能具備所要求的普遍性。於是，思想家試著在超乎經驗層面的方面，舉出過許多屬於定義性的特色：人乃是神按照自己形象所創造的成品，或者人具有理性、自我意識、自然權利等等，作為人類普遍平等的根據。不過，這些特色——至少就它們作為可能客觀指認的特色而言——在今天似乎愈來愈難以置信。

2002), pp. 3-4持此說最力，構成該書的論證架構；Amartya Sen, *Inequality Reexamined*, pp. 12-13.

　　解決之道，在於正視上述「人之所以為人」的面向究竟該如何理解。一個關鍵的想法是：人之所以為人，正在於他不能被任何「方面」所支配與窮盡，反而可以對自己各個方面的特色有所認知、詮釋、評價，甚至於改變。一方面，他在現實中生活，身上各式各樣的身分、特色與經驗由他人或者社會賦予含意；由於這些身分、特色與經驗不可能是一樣的，社會所賦予的含意也就經常不是平等的。要求平等，正是試圖打破社會成見、習俗與制度強加給當事人身上各種特色的各種不平等的含意。但是另一方面，個人又是在「過」這生活的主體，對於自己是誰、對於自己在做的事情，會根據自己的意圖與目的，持有自己的理解（認知、詮釋、評價、創造），不會等同於這些外加的標籤，也不會等於這些標籤的總和，甚至於根本不願意認同這些標籤。在一個不平等的社會環境裡，個人身上的標籤帶給他不平等的身分。如何排除這種社會環境的影響，讓當事人**自己的觀點與詮釋**能夠成立、彰顯，正是追求平等的一個主要考慮所在。

　　從個人的這種雙面特色來看，「作為人的平等」來自於人的主體身分即他的**主體觀點**受到平等的尊重。這包括（1）尊重個人的主體觀點，尊重他對自身身分、特色、經驗的描述與評價，尊重他的意圖、目的、感受，拒絕用他人或者社會的標籤去界定他；拒絕施加這種尊重，無異於宣稱這個個體只是一個由外力來界定的對象，卻不是一個具有主體觀點的人；以及（2）這種尊重原則上應該是平等的，因為任何折扣或者限定都必須指出為什麼在這裡我們可以壓抑當事人的主體觀點，但這種壓抑的理由往往只是反映了社會的成見或者權力關係。這種對於主體觀點的平等尊重，即構成了「道德平等」，因為這種平等所根據的只是「不要把人當作被界定的對象」這個道德原則，而不是任何形

上、宗教，或者現實的利害考慮[15]。

人的平等，意指這種作為主體的身分獲得平等的尊重。一旦在這個意義上承認了人的平等，他們身上與這種身分相干的特質，也就取得了同樣的道德意義，成為考量如何對待他們時的參考項目。換言之，因為他們具有主體身分，他們身上被視為與此身分相干的特質，便需要和其他人身上的同樣特質，受到同樣分量的尊重與考量[16]。

以上這套關於人之平等繫於他們的主體身分獲得尊重的想法，用今天自由主義的語言來表達，便是主張所有的人應獲得必要的保護與協助，能夠**從自己的角度**來選擇與進行她認為有價值

---

15 以上的關於「人的平等」的理解來自 Bernard Williams, "On the Idea of Equality," in Peter Laslett and W.G. Runciman, eds., *Philosophy, Politics and Society*, 2nd series（Oxford: Basil Blackwell, 1962），pp. 110-131，特別見 pp. 116-120。如威廉斯所言，這個想法來自康德的「尊重個人作為目的，而不是將人視作手段」的啟發。所謂視個人為目的，一部分的意思正是說，將個人視作會自行決定、界定、經驗與詮釋其一己行為與生命的主體（agent），而不是一個由外界社會或他人眼光來界定的客觀的身分、職業、角色。威廉斯所謂的「當事者如何理解自己」涵蓋其實很廣，包括了個人生活的整體，也就包括了選擇、安排、修正、感受、遭遇等等，用「理解」這個高度認知性的字眼，反映了威廉斯本人的視野比較狹窄，其實是會引起誤解的。此文也收在前引 Goodin and Pettit 所編的文集中。

16 將個人視作自己生命的主體這套說法，顯然傾向於自由主義的基本立場。一旦認為平等所指的乃是每個人有平等的權利取得這種主體身分，接著就會認定平等乃是自由主義的核心價值。進一步言，在這種觀點之下，各類平等主義（例如社會主義）與自由主義的關係，就不可能如一般所想的屬於一種原則上、道德上的對立，或者取代的關係，反而屬於政策判斷的歧異。自由主義中的平等主義成分，與平等主義（包括社會主義）中的自由主義成分，幾乎未曾受到各個立場的人士真正面對過，卻是亟待探索的問題，在此必須略過。

的生活。這個意義上的平等，應該稱為「道德的平等」，因為它凸顯了主體之地位對於個人作為人的道德意義：它使個人的選擇成為可能，從而個人能夠安排一己的生活，也才說得上有責任可言。關鍵在於，只有先承認了個人的平等，個人才取得真正的權利與機會，去自行抉擇、修改、追求他的理想生活——所謂「真正」，意思是說他自己的選擇與修改、追求的機會和結果會受到尊重，而若是外力使得他無法進行這種選擇與追求，或是其結果造到壓抑，他便可以算是受到了傷害與侵犯，需要協助或彌補。換言之，賦予人們平等的地位，目的在於保障個人「自行安排生活」這項最高利益。「畢竟，設法讓生活活得盡可能美好，並且是真正地美好（而不只是自以為美好而實際是錯誤的），正是每個人的最高層級的利益所在。」[17]。

　　這樣子來看，人並不是因為有了理性、天賦權利、自主性等等特質，才取得平等的地位，而是要先被視為平等的主體，這些特質或能力才「算數」、才能成長、發揮。而擁有了主體的地位之後，當事人才能意識到，追求理想的生活是她的終極利益所在、這種最基本的利益才有機會實現。其實，否定一個人和其他人平等，通常並不是因為他真的缺少了某種上述的特質，或是身上有什麼不同的特質，而只是因為否定者（通常為了自己的利益）將他們視為被界定的對象，不願意他們取得按照己意「過出自己人生」的機會、實現他們最重要的利益。這種否定，只是意在剝奪。

　　3. 視為平等的人　以上的討論，基本上僅回答了一個問題：

17　由於維護與實現這項利益還需要自由，因此，自由與平等的關係，根本不必如一般所想，以為是截然對立或者衝突的兩種價值。

為什麼要肯定和追求平等（why equality）？在一個基礎的意義上，上文說明了平等概念為什麼對所有的人——乃至於其他對自己的生命內容有所意識、因而**在意**其好壞利害的生物——都適用，以及為什麼所有的人都有權利要求這種意義下的平等[18]。不過，從這個理由出發，平等概念的應用也應該會受到某些限定。如果視人為平等，是為了尊重人的主體地位、讓這樣的主體能夠從自己的角度追求和實現理想的生活，這種平等概念還極為模糊，有必要進一步限定和排除。我們還要問，在這個前提之下，視人皆平等究竟涵蘊著什麼樣的對待方式？在進入更實際的考量之前，我們根據德沃金的說法，先對「平等對待」這個概念稍作分辨[19]。

德沃金嚴格區分開「平等對待」（equal treatment）與「把人看作平等的人對待」（treating as equals）。常有人認為，平等涵蘊著「一樣」的待遇：給所有的人同樣分量的某種東西（或者各種東西），就構成了平等。這個說法，也是反對平等的人最喜歡奚落、攻擊的稻草人[20]。可是這種平等觀，顯然並不符合上述對道德

---

18 以上所述威廉斯的分析其實可以延伸到動物。畢竟，多數動物都是「一場生活的主體」，對自己的生活有意識，在乎其好壞，並不能完全被視作由人類來界定的「物」。相關論證，請見 Tom Regan, *The Case for Animal Rights* (Berkeley and LA: University of California Press, 1983), pp. 243-248.

19 Ronald Dworkin, *A Matter of Principle* (Cambridge, Mass.: Harvard University Press, 1985), pp. 191-192.

20 這種意見，或許應該稱為平均主義，以與平等主義有所區別。歷史上，將平等主義推展到絕對平均主義的典型代表，應該推巴貝夫（Francois Noel Babeuf, 1760-1797）；他堅信人的基本需要是一樣的，見他的名言「胃都是平等的」。在此需要強調，與一般的誤解相反，大多數的社會主義／共產主義者，都不認同平均主義。馬克思在描述社會主義社會裡的分配方式時，也反

平等的分析。尊重人的主體性會有兩方面的結果。第一，每個個人所追求的生活是由自己選擇的；但是每個人心目中的理想生活並不一樣，因此，平等所要求的對待方式必須考慮到如何面對這中間的差別，尤其是各種理想生活在道德質量上（例如有些理想生活方式在道德上是錯誤的）也有可能的差別。第二，做出選擇之後，為了追求自己所認定的理想生活，由於每個人的條件、處境不同，對於資源的需求不一樣，現狀中已經遭受到的剝奪也不會一樣。這中間的差別該如何面對，同樣需要列入考慮。這種情況之下，提供**同樣**的待遇，由於忽視了這兩方面的可能差別，顯然並不算把人看作平等的主體。

　　與「同樣待遇」意義之下的平等對待不同，所謂「把人看作平等的人對待」，則要求從平等地對待每個人「設法過她認為有價值的生活」這項最高層級的利益著眼。可是要如何平等對待這項利益？德沃金的答案是「平等的關懷與尊重」（equal concern and respect）[21]。這裡所謂**關懷**，是指我們承認一個人的利益以及其可能受到的傷害是有意義、有分量的，考量對待方式的時候必須列入考慮；所謂**尊重**，指的是承認個人並不是他人達成一己目的時的工具，而是持有自己的目的、有權利去自行尋找與選擇理想的生活方式的主體，考量其對待方式的時候要保護這種權利的施展。這樣子產生的對待方式，由於尊重人的主體性，也就會重視上述兩種差別的各種不同狀況。換言之，這種「視個人為平等」

　　對這種削平式分配的「弊病」。見他的《哥達綱領批判》（1875）。畢竟，無論共產主義階段裡的「各取所需」，還是社會主義階段下的「按勞分配」，都明顯不是平均主義的主張。（參見本書第十二章）

21　Ronald Dworkin, *Taking Rights Seriously*（Cambridge, Mass.: Harvard University Press, 1977/1978）, pp. 272-273.

的對待方式，著眼點不在於平等的待遇，而是在於平等對待當事人本身的選擇以及其成本、條件。這個著眼點足以說明，妥當的平等概念（相對於直覺的平均主義平等觀），其實乃是一個在自由主義架構裡成形的概念。可是更具體來說，怎樣才算做到了「平等對待每個個人的選擇」？一種最流行的看法，就是「機會的平等」。

4. 機會的平等　機會平等這個概念素來帶有極為強大的說服力：如果平等這個要求的適用對象應該是自主的個人，那麼要追求公平的——也就是不在各個人的選擇之間有軒輊待遇的——平等，最明顯的一種取徑，應該就是盡可能排除妨礙自主的各種（外在）因素的限制、影響，同時盡可能尊重（內在於）個人本身的條件、選擇、努力所造成的差異結果。「機會」的平等，意思不外就是讓每個人都站在同樣的出發點（立足點），去善用與施展他作為主體所擁有的能力、努力、資源，達成他所中意的目標。做到了這種情況，任何不平等的結果，都可以歸因於當事人己身的因素（能力不足、努力不夠、目標不當），其得意與失敗，因此都是當事人自己所「應得」的。

不過，機會平等算不算「看作平等的人來對待」，端視「機會」一詞的涵蓋範圍有多廣。維持「形式」的機會平等，例如不得設立歧視性的排除條款，「前程對一切人才開放」，的確可以消除很多不平等的障礙。可是「人才」的形成，既取決於個人的天生稟賦、也取決於社會條件是否讓稟賦得以發展與施展。機會平等的原則，是不是應該將這些勢必會影響到機會之分布的天生因素與社會條件，也列入「機會」的範圍、列為要求平等的對象？根據什麼樣的「應得」的定義，機會平等觀所允許的在出發點上的各種差異，可以說是當事人所應得的？針對這類問題，羅爾斯

提議，形式的機會平等，應該設限增強為「公平的機會平等」（fair equality of opportunity）；這種體制，設法降低社會因素給當事人施加的不應得的障礙（例如貧窮、各類歧視，或者教育機會的不公平），他稱為「自由主義的平等」（liberal equality）。至於天生自然因素的優劣高下差異，雖然同樣不是當事人所應得的，但由於我們無法改變自然因素，所以只能由後天的補償著手，提供特別的協助，庶幾實現機會的真正平等，羅爾斯稱此為「民主的平等」（democratic equality）[22]。

　　這些關於機會平等概念的修補與討論，由於牽涉到人類社會生活的多個面向，並不容易得到一個最後定論，但關於這個原則的相關思考具備了一種結構，對於平等概念的釐清，卻有啟發的功能。如上面所示，它在「人」本身（person）與「條件／環境」（circumstances）之間做分別，基於對「人」的尊重，認為因人作為主體本身而起的差異因素（例如因為自己的選擇），不應該求其平等，但是基於對「人」的關懷，因為環境因素而產生的差異，則應該設法求其平等。這個區分，是極有意義的。這套分析方式，突出了「條件／環境」（circumstances）和「選擇」（choice）這兩個有別的面向，彰顯了從道德平等前提出發而建構的平等概念，明顯地是一種自由主義式的思路[23]。機會平等的誘人之處在

22　見 Rawls, *A Theory of Justice*, ch. 2. 羅爾斯的整個觀點要來得更複雜，在此不細論。

23　這個說法，不免引起爭議。我的意思是：關於平等的理解與分析，可以按照從環境／條件一極到選擇一極的輕重兼顧程度，分出各種政治立場。原則上，自由主義兼顧兩方面的因素。如果只著重環境／條件一極，忽略了選擇這個因素的影響，會變成某種素樸的平均主義或者以福利為主的社會主義；而若是只著重選擇一極，忽視了環境／條件的平等，則會流為某種形式的放

於，它似乎排除了**環境**所造成的「不應得」因素的影響，保留下來**選擇**這種「應得」因素的影響。這樣的平等（以及不平等），似乎是可以接受的。但是關鍵所在，是「責任」的概念進入了平等的判斷。要求平等，除了需要將相對的剝奪盡量列入考量，同時也需要將當事者應該負擔的責任列入考量。這當然會使得問題更形複雜，但也很合理。不過，流行的機會平等說法，在這個問題上所考慮的並不周全。通常，機會平等論對於環境因素會做最狹義的解釋，只有完全外在於個人生命史的事物，甚至於只有來自他人的有意干涉，才算環境因素，至於家庭背景、生長環境、天生稟賦等等，都劃入「人」本身的範圍；但對責任因素則會做最廣義的解釋，認為其間差異即使造成命運的天淵之別，也不算違背了機會平等原則[24]。

　　如何詮釋「環境」以及「選擇」的涵蓋範圍才算合理，在此我們不再討論。不過，只要「環境／選擇」這個分析架構，指出了在某個方面的確有要求平等的理由，自然就牽涉到了「**什麼的平等**」（equality of what?）的問題：針對什麼東西該要求平等，

任自由主義（libertarianism）。這不啻是說，當代幾種主要政治哲學的差異，其實繫於關於平等概念的分析。參見上註14所引的資料。

24 需要說明，「環境／選擇」這個分析架構引領風騷多年之後，晚近受到了一些挑戰。論者指出，由於這種分析假定了平等所關切的乃是屬於機運所影響的各類外在條件，主動選擇所造成的差異則沒有不平等可言，故這個分析架構只能發展出一種「機運平等主義」（luck egalitarianism），誤解了平等此一要求所針對的乃是社會的壓迫，而不是接受一切所謂「自由選擇」的結果。限於篇幅及時間，本文未能涉及這場新的爭論。請讀者見 Elizabeth S. Anderson, "What is the Point of Equality?" *Ethics* 109（1999）, pp. 287-337，其中針對「學院平等主義」──幾乎包括了本文所涉及的所有哲學家──的一般批判，尤其值得重視。

才是「視人為平等」所涵蘊的分配原則？由於「環境／選擇」的
大架構已經決定了平等概念的自由主義色彩，以下的幾類回答，
基本上也都必然屬於廣義的自由主義取向。

5. **平等分配什麼** 最符合直覺、影響最廣的分配平等概念，
應該是效益主義（utilitarianism）的說法[25]。效益主義認為，道德
考量的最基本著眼點是效益（utility），而效益則可以廣義地界定
為偏好（preference）的滿足。所謂將人視作平等的人對待，意思
就是賦予每個人的效益同樣的道德分量、每個人的偏好之滿足獲
得平等的考量。效益主義以效益作為平等的著眼點，啟發了所謂
的福利論（welfarism）。這種關於平等對待的想法，因此被稱為
「福利的平等」（equality of welfare）。換成日常說法，福利的平等
就是要求每個人所得到的偏好之滿足——無論來自什麼源頭——
應該設法求其平等。這也是一種比較素樸、流行的平等觀念。

當代有關平等的哲學討論，幾乎都集中在對於效益主義這種
基本想法的批評上，也發展出了幾種替代的理論[26]。

對於效益主義的批評，主要集中在「偏好」這個概念所面對
的問題上：各種偏好顯然不會具有同樣的道德分量，因此其滿足
並不應該獲得同樣的考量。一種偏好若是會傷害他人——例如
以歧視他人為樂——當然不應該取得平等考量的地位。又例如

---

25 論到「什麼的平等」，一個最常見的想法似乎是從「需求」（needs）著眼：
　 每個人基本需求的事物，應該獲得同樣的供應。不過，由於這個想法所能涵
　 蓋的層面並不明確（例如需求只能包括生物、生理層面的需要嗎？精神層面
　 的需要算是需求嗎？），比較難以見到理論層面的經營，在此我們略過不論。

26 有關的文獻數量可觀，可以參見Jonathan Wolff, "Economic Justice," in Hugh
　 LaFollette, ed., *The Oxford Handbook of Practical Ethics*（Oxford: Oxford
　 University Press, 2005）, pp. 433-458 條目所附的書目。

昂貴的偏好相對於簡樸的偏好——例如某人對於魚子醬的偏好
與另一人對於花生醬的偏好——是不是應該受到同樣分量的考
量？還有一種情況，就是偏好有所謂自行調適的傾向（adaptive
preference），處境愈不利的人，她所形成的偏好，往往也是期待
較低、較容易滿足的；這時候，難道她的偏好與處境優渥的人的
偏好應該一視同仁？因此，在偏好能夠成為平等待遇的著眼點之
前，應該先找到過濾的判準。這種判準，卻不是在效益主義與福
利主義的架構之內所能提供的。換言之，平等所要求的，不應該
是讓每個人得到同樣的偏好滿足。用上述「環境／選擇」的架構
來看，力求平等地滿足偏好，不僅忽視了各個人條件與環境的差
異，也忽視了當事人的選擇是否合理。

　　其次一種看法，提出「資源」（resources）作為平等的主
題。資源之所以需要平等，背後所考慮的正是前述「環境／選
擇」的二分對比。上面對於福利論所預設的偏好概念之批評，一
部分著眼點即在於，這種偏好概念，沒有在環境條件與主動選擇
之間做應有的區分。可是這個區分是很重要的：一個人的命運之
中，由可以選擇的因素來決定的部分，應該容許不平等；但是另
外由條件與環境因素來決定的部分，則應該力求其平等[27]。這個想

27　用德沃金的字眼來說，平等會有背道而馳的兩方面的要求：資源的分配必須
隨每個人志向與努力的不同而有差別（ambition-sensitive），也就是說，資源
分配須要反映個人所作的選擇帶給他人的代價或者利益，但又必須**不隨每個
人資源稟賦的差別而有差異**（endowment-insensitive），也就是說，資源的分
配不能受到個人能力差別的影響（德沃金另用保險來處理天生殘障所帶來的
不平等）。見Ronald Dworkin, "What is Equality? Part 2: Equality of Resources,"
Philosophy and Public Affairs, 10（1981）, p. 311. 此文也收入Ronald Dworkin,
Sovereign Virtue: The Theory and Practice of Equality（Cambridge, Mass.:
Harvard University Press, 2000）, 見p. 89。

法，基於「人」與其環境的區分，認為來自人本身的選擇而導致
的得失乃是當事者應得的，因此並沒有理由要求平等；但起自環
境因素的得失，則不是應得的，應該要求其平等。這個說法看起
來跟機會平等論有些相近，不過其間有一項重大的差異。對於資
源平等論者來說，環境因素包括甚廣，基本上，凡是非本人所能
控制——因此非本人所應負責——的因素，都可以歸諸於環境。
準此，天生的健康、才能條件，社會所形成的各類族群、階級、
性別、地域性的差別，都屬於環境與條件因素。而個人的志願目
標、努力程度、如何安排自己所享有的生活和資源，則屬於選擇
的範疇。

　　當代哲學家羅爾斯與德沃金，各自提出了一種以資源為對象
的平等規劃。羅爾斯主張，平等適用的對象是「基本資源」
（primary goods），包括了人類為了安排、追求一己生活而需要的
基本保護、資源與機會，諸如各項基本自由、權利、機會、所
得、自尊的基礎等等（社會性的基本資源），以及健康、智能、
體能、才能等等（天生的基本資源）。他的正義原則，對於這些
基本資源的分配，提出了一套以平等為基準的規範。羅爾斯的理
論，取「環境」和「選擇」作為分析平等概念的軸線，堪稱開風
氣之先，影響極大。不過，在考慮基本資源的平等要求時，他仍
然忽視了對於選擇的應有限制，也忽視了環境條件的不利需要什
麼樣的補償。換言之，他的基本資源平等的想法，仍然較為特定
具體，沒有隨著選擇與環境的多樣組合作彈性的反應。德沃金則
改用泛稱的「資源」一詞，強調資源這個概念乃是相對於環境條
件與選擇而言的，並用拍賣、保險等設計，企圖維持住一種分配
的結果，讓資源的分配不會因為當事人的條件、環境因素而造成

不同的命運，但會因為當事人的選擇不同而有所差異[28]。

　　第三種關於平等對象的理論，見諸沈恩（Amartya Sen）的「能力」（capabilities）平等論。如果說福利論只注意到理想生活的達成（achievement），資源論只注意到達成這種生活所需要的工具（means of achievement），那麼沈恩現在要求我們注意，達成理想生活所需要的自由（freedom to achieve），才是平等主義者應該關切的焦點。「自由」在此的意思不僅是「沒有強制」；它指的是實現個人所追求的事物的「真實機會」（real opportunity）。沈恩的考慮是，僅要求工具或資源的平等，不啻忽略了不同的人將等量的工具——無論是基本資源還是其他資源——「轉化」成理想生活的機會與能力並不一樣。提出這個「轉化」（conversion）的問題，代表對於人的環境、條件因素，做了更進一步的考量。基於這種考慮，沈恩提議將人的生活狀態視作各種「運作」（functionings）——包括「狀態」與「活動」，例如營養的狀況、健康狀態、自尊的有無、是否參與社會生活，等等——的組合；也就是說，一個人是不是擁有在種類上與程度上均適度的運作，決定了一個人的生活品質是不是「好」。而一個人能不能取得或達成某一項運作，或者某個程度的運作，取決於他所擁有的機會、資源、本事，其總稱即為「能力」（capabilities）。兩個人能力的不同，會影響到同樣資源在他們身上所發揮的效果（運作狀況的良窳）並不一樣。沈恩認為，平等所關注的對象，應該是能力的平等。

28　德沃金的整套構想至為複雜，讀者可以參考謝世民，〈論德我肯的資源平等觀〉，中央研究院中山人文社會科學研究所《人文社會科學集刊》11卷1期，1999。

　　以上幾種取向的短長優劣，目前還在爭議之中，無法形成定論[29]。不過，平等這個概念一旦分梳為環境／選擇兩條軸線，平等問題會逐漸轉化為正義（justice）的問題，乃是很明確的、必然的發展。我們終於認定，追求平等的時候，需要面對的問題並不在於如何才算是「一樣」的分配，而是什麼才算是「公平」的分配。這種旨在公平的要求，起源在於道德平等令我們不得不追問待遇平等：對於在道德與政治上平等的人，如何才算做到了平等的待遇。這種以公平界定平等的趨勢，在晚近所謂「差異平等」的新主張裡，也有清楚的表現。

　　6. 經由差異到達平等　傳統的平等概念，無論是政治、社會、法律、資源的平等，都以普遍性為基本前提及動力。主張平等的人，當然也會承認差異的存在，但是從亞里斯多德所陳述的平等主義要求──「一樣的東西一樣對待，不一樣的東西不一樣對待（除非有相干的理由）」──開始，平等的要求其實也就是普遍主義的要求。面對人類之間無所不在的鉅細差異，平等主義的態度大抵分為三類：在考慮如何對待人，才算是視人為平等的主體之時，（1）或者基於該項差異不相干或者不重要，忽視該項差異；（2）或者因為該差異所造成的不平等有失公平，而要求彌補或者剷除該項差異；（3）或者因為該差異是有道理的──例如屬於當事人需要負責任的，故必須接受該一差異所產生的不平等。換言之，從平等的角度來看，特定的差異或者應該忽視，或者應該消弭，或者根本不是平等原則所應該過問的。

　　不過晚近有另外一個方向的思考出現，在女性主義、多元文化主義，以及各類身分政治（politics of identity）的論述裡頻繁地

29　請見上註26。

見到，強調只有透過差異要求平等，才算是真正的平等。這路思考認為，誠然有許多差異與平等並不相干，但是有一類差異，由於涉及當事人關於自我的認知、詮釋、評價，不僅不容忽略或者消弭，並且需要獲得「承認」，承認該項差異的正當地位與正面價值。必須在承認了差異的基礎上獲得平等，當事人才算是被視為平等的人對待。忽略或者消弭這種差異，等於貶抑、否定了當事人之「正身」（identity）中一個富有意義的部分，從而也就是貶抑、否定了當事人對於一己生命的看法。進一步言，由於這類差異——性別、族群、文化、信仰、性偏好——在實踐中往往會需要差別的待遇，結果在政治、法律、社會方面，一種齊一的公民身分不免受到了挑戰。近年來盛行一時的多元文化主義，便是這種主張藉「承認差異」達成平等的典型例子。由特定文化或者身分所界定的特定團體，會堅持他們的某些特色受到尊重；而尊重之道，往往在於他們受到某種特殊的待遇，或者容許他們的團體按照另外一套規則運作（例如豁免於某種普遍的法律，或者有權利從主流社會隔離，或者有機會進行獨立的文化傳承工作等等），而在其他方面，這樣的團體與其他團體仍然享有完全一樣的地位與權益。

　　從前述人皆平等的基本原則來看，這種透過差異達到平等的思路，有其真實的見地，可是也有其盲點。平等的基本意思是說，個別個人賦予自己生命的理解、評價、期待，具有道德上的平等分量。基於此，若是某一項文化或者身分的特色，對於當事人的生命具有相當的意義，甚至於是她作為完整的主體的一個構成因素，那麼平等原則必須要求該一特色受到尊重與承認，即使這種承認涵蘊著當事人必須受到另外一套與眾不同的待遇（畢竟，如上面致意再三者，公平的平等並不會要求一樣的待遇）。

忽略、抹煞該一特色，不啻是對於當事人的壓抑或者剝奪，當然違反了平等的基本要求。在這個意義上，廣義的多元文化主義，其實在文化、身分的問題上，拓寬了平等主義的視野，也給人作為人的道德平等原則，開啟了又一個面向。

但是我們也要注意，人皆平等的抽象原則，反過來也對各類文化、身分的特色，構成了一個檢驗的標準。某些文化與身分的特定慣習，即便屬於該文化或者身分的核心價值，但由於妨礙了某些個人──甚至於其他形態的生命──對於一己生活的完整權利，便不是平等主義所能認可的。戀童、纏足、奴隸制、特別是歧視女性，與殘害動物等等，即是明顯的例子。這類違反個人的平等主體原則的文化特色該如何認定與評估，往往會引起棘手、激烈的爭議。不過在原則上，這種檢驗、反思、批評的可能性與必要，卻絕對不容否定。多元文化主義等等強調差異權利的主張，一個最大的缺陷，即在於它們本身並沒有──甚至於不可能──提供這種檢驗與批評的判準[30]。

四、結語

本文開始之時，假定了透過公民身分的界定和保障，近代世界裡的平等概念，至少在政治、法律、社會等方面，是較為穩定而少爭議的。關於平等的問題，主要出在經濟資源的分配，以及

---

30 關於差異的平等，兩本集中於平等議題、而對差異政治批判性較為明確的著作，見 Anne Phillips, *Which Equalities Matter* (Cambridge: Polity Press, 1999)，以及 Brian M. Barry, *Culture and Equality: An Egalitarian Critique of Multiculturalism* (Cambridge: Polity Press, 2001)。本書第七章與第八章，對於「差異」的問題，討論得比較深入，筆者也提出了自己的看法，請讀者參考。

文化身分之維持差異但又求平等的要求。

　　經過本文針對道德平等與待遇平等的搭配分析，似乎可以得出如下的結論。

　　1. 平等的正當性，須要在道德平等的層次上取得確認；而這種正當性，立足於確認個人的主體地位（即個人對於一己的生活內容有自己的理解與界定），以及進一步對這種地位提供保護和支援。

　　2. 由於道德平等對於「待遇平等」的意思有所規範，強調須要在資源與選擇之間分為兩條軸線進行分析，它具有一定的自由主義涵蘊。

　　3. 在這種自由主義涵蘊的影響之下，當代有關分配平等的分析均依循環境／選擇之雙軸線的座標而發展，終於使得待遇平等的問題，逐漸演變成為正義或公平的問題。

　　在這些結論之外，就平等這項價值而言，現代世界有一個明確的歷史趨勢，特別需要理論上的自覺與說明，或可作為本文所期望於未來者。回顧有關平等理想的歷史，我們會見到，平等這項要求所適用、包容的範圍，一直在擴大。從早先的身分制度下的等級制社會，人類逐漸進入了個人主義式的平等社會。在這種個人主義的社會裡，原先存在著很嚴格的重重分類，例如財產、教育、性別、宗教、膚色、民族等等「差別」，都曾經構成在人類之間劃界線分等級的理由，以便對人們施加不平等的待遇。可是另一方面，我們可以見到一個逐漸抹消界線的趨勢也在運作。逐步地，宗教信仰、財產、教育程度、性別、膚色與種族、性偏好等等界線，逐一喪失了它們的正當性，不再成為對人施加不同待遇的理由。最新的發展，已經開始挑戰在人類與動物之間的不平等待遇。

這種被稱為「不斷擴張的圈子」(the expanding circle)[31]的趨勢，對於平等概念最後會造成什麼樣的刺激與改造，目前尚難預料。不過這個趨勢充分說明，平等作為一項政治價值，其涵蘊與意義，將是政治思想必須面對的一個常青議題。

---

31 這個概念來自19世紀英國思想家勒基："The question of morals must always be a question of proportion or of degree. At one time the benevolent affections embrace merely the family, soon the circle expanding includes first a class, then a nation, then a coalition of nations, then all humanity, and finally, its influence is felt in the dealings of man with the animal world." ，見 William Edward Hartpole Lecky, *History of European Morals: From Augustus to Charlemagne*, vol. I (New York and London: D. Appleton and Co., 1917), p. 100 (原書初版出版於1869年)。在當代，辛格用這個概念說明道德思考的本質（「普遍化」），見Peter Singer, *The Expanding Circle: Ethics, Evolution, and Moral Progress* (Princetion, NJ: Princeton University, 1981/2011).

第二部

公共說理

第四章

羅爾斯論公共性：

公共理性或公共論述[*]

一、前言

「公共理性」這個概念，雖然不是由羅爾斯所創造，不過晚近政治哲學之所以極為重視這個觀念，主要的啟發殆為羅爾斯所提供[1]。公共理性作為一個議題，係以多元論的「事實」，以及這個事實對實踐理性所構成的一項特殊挑戰為其背景。既然社會上關於各類價值與世界觀的看法眾多，那麼社會合作的原則與制

---

[*] 這篇文章最先在「哲學的傳承與創新：慶祝林正弘教授榮退學術研討會」（2003年12月13-14日）上發表，後來收入林從一編，《哲學分析與視域交融》（台北：臺灣大學出版中心，2010），頁255-271。這次收入本書前，做了一些文字上的修訂。

[1] 霍布斯可能是最早發展政治權威與公共理性之間關聯的哲學家，詳見錢永祥，〈偉大的界定者：霍布斯絕對主權論的一個新解釋〉，《人文與社會科學集刊》5卷1期（1992），頁87-127。但是霍布斯的「公共」理性指的是主權者的理性，相對於個別個人的「私有」理性。在霍布斯的系統中，主權者獲得了眾人的「授權」，成為眾人的「代表」，將眾人摶成一個集體人格；唯有主權者方具有公共性，因此他的理性構成了公共理性。

度，乃至於特定的法律與公共政策，如何取得持有不同價值觀、
世界觀（羅爾斯的術語為「全面性學說」）的人們認可，顯然是
一個棘手的問題。而多元論之所以成為事實，一個基本的原因，
殆為一般意義下的理性，不僅不會產生一個放諸四海皆準的結
論，其「自由運用」反而注定形成觀點的多元與差異[2]。在一個以
憲政民主為運作特色的社會裡，既然不同的全面性學說均有其存
在的權利，不能壓制消滅，但是它們通常又均可以稱作理性的產
物，對法律、制度設計，以及公共政策等各有不同的想像與看
法，那麼如果要使它們都能認可這套體制，就得在一般意義下的
理性觀（無論科學的、道德的，或者其他意義的理性）之外，另
外尋找某種特殊的理性、某種共通的說理基礎。這個共通的基
礎，即公共理性（以及它所包含的政治性的價值）。

　　羅爾斯對於公共理性的構思相當複雜，本文將先整理他的基
本觀點，特別強調他對公共理性所施加的幾層限制。接下來我將
指出，羅爾斯的公共理性觀建立在「相互性」這項道德要求之
上，可是他給公共理性施加的限制，卻可能不當地限制了相互性
原則的適用範圍。最後，我希望指出，相互性原則所要求的不只
是尋求一個獨立的（free-standing）「公共證明的基礎」，還要求
公民們在彼此的全面性學說之間尋找共識，甚至有可能需要改變
自己所篤信的全面性學說。這就會將公共理性帶向**公共論述**的方
向。羅爾斯本人的確舉步向審議式民主的方向移動[3]，不過他並不

2　理性的自由使用會導致「共識」還是「分歧」，在自由主義傳統裡是一個很
　　根本的詭論：它似乎同時肯定兩者，然後企圖處理這兩種態度之間的不相
　　容。見 Gerald F. Gaus, *Contemporary Theories of Liberalism*（London: Sage
　　Publications, 2003）, ch. 1.

3　John Rawls, *The Law of Peoples*（Cambridge, MA: Harvard University Press,

是一位純粹的民主論者，他對審議民主的認同也是有其限度的。
這跟他有關公共性、有關公民相待義務的理解有關。本文目的不
在於證明他應該／不應該成為審議民主論者，而只是企圖檢討他
的這種理解。

二、羅爾斯的公共理性觀

　　羅爾斯指出，公共理性旨在說明憲政民主社會裡的「政治關
係」──政府與公民的關係，以及公民之間的關係──應該如何
了解。（IPRR, 132）這種政治關係，有兩項特色：一是無所擺脫，
二是在這個關係之中，自由且平等的公民要以集體之名設置並且
運用強制性的制度、法律、政策。換言之，在這種政治關係裡，
個人既無所選擇和逃避，又要以集體之名對個人施加強制。這就
引起了一個問題：共享這項權力的公民們，是根據什麼原則或者
理念施展這項權力，方足以向彼此證明自己的作為是正當的？
（PL, xlv-xlvi）
　　羅爾斯指出，「相互性判準」就是這種政治關係之下所需要
的道德理念[4]。這項判準在政治權力的各類運作之間做出分辨：
「我們運用政治權力，只有當我們真心相信，我們為自己的政治
行動所提供的理由，其他公民會合理地當作這些行動的證成理由
而接受的時候，這種運用才是恰當的。」（PL, xlvi）最簡略地說，

　　1999），本文引此書皆指指其中"The Idea of Public Reason Revisited"一文，簡寫
　　為 IPRR。另外引 John Rawls, *Political Liberalism*（New York: Columbia
　　University Press, 1993/1996）則簡寫為 PL。
4　羅爾斯承認，他並沒有給這項道德理念──以及它所涵蘊的道德義務──提
　　出論證。見 PL, xlvi, n. 14.

相互性判準要求公民們——以及政府——用**其他人能夠接受的理由**來證明政治制度或法律的妥當。一旦確認了這項判準，我們可以跟著確認「自由主義的正當性原則」，也就是用相互性判準來判斷政治上的正當性問題。此外，從這個判準的角度來說，憲政民主體制裡公民之間的政治關係也獲得確定：羅爾斯稱這種關係是一種「公民的友誼」（civic friendship）。善盡這項判準的要求，羅爾斯則稱為「公民相待之道的義務」（duty of civility）。他強調，這種義務是道德義務，而不是法律義務，因為這項義務其實對於個人的言論施加了限制，若是法律義務就違反了言論自由的原則（*IPRR*, 136）。但**公民相待之道之所以涉及言論自由**，正是因為相互性判準對於政治爭議中所能動用的理由——以及理由所根據的理性——有所限制[5]。

那麼，在多元論的環境下，什麼樣的**理由**能夠滿足相互性判準的要求？羅爾斯謂：「這裡需要的，乃是一種獨立的政治觀，其本身內在的（道德）政治理念已由相互性判準所表達。」（*PL*, xlvii）易言之，這種理由要由一套政治性的正義觀來提供，這套正義觀獨立於各種全面性學說，但它所依據的價值又是他人可望認可的價值。「政治觀」——或者「政治性的正義觀」——是一個複雜的概念，羅爾斯說明它有三項特色：適用對象是社會的基本結構；具有本身的道德理想，可以獨立於全面學說；以及來源上是「從一套憲政體制之公共政治文化所包含的基本觀念導出」

5　羅爾斯不僅容許「市民社會」不適用公共理性（以及相互性判準），他還明言媒體也不受這項限制。他的理由可能與言論自由（以及「背景文化」能不能豐富發展）有關（*IPRR*, 134）。羅爾斯公共理性的限制性格於此可見一斑。而他擔心各種全面性學說之間的溝通與共識會造成趨同，苦心孤詣也值得正視。

（*IPRR*, 143）。羅爾斯的意思是說，這類政治觀不必受到全面性學說的干擾，不會干涉基本結構之外豐富多樣的社會生活、個人生活，但是其中所包含的價值，由於來自公共生活中積累而成的傳統，又可以獲得自由、平等的公民認可，它所提供的理由，自然可以滿足相互性判準。羅爾斯曾強調，這種政治觀並不是在各個全面性學說之間設法相抵、平均，或者妥協，而是具有獨立地位的價值理想（*PL*, xlvii）。羅爾斯本人的「公平作為正義」，即是這種政治正義觀的一例。它們之所以為「政治」，正是因於它們獨立於全面性學說，又適用於基本制度，而且表達了政治性的價值。

綜合以上所言，公共理性這個概念的構成，在羅爾斯心目中有三個成分：

一、在憲政民主的制度下以及多元的環境裡，公民之間的政治關係，需要滿足相互性判準。在相互性判準的要求之下，公民們相互有著公民相待之道的義務，亦即運用大家都能接受的理由證明制度或者政策的正當性。

二、要滿足相互性判準，需要找到一類政治價值，作為其他人能夠接受的理由，以資證明自己的政治主張是合理的。這類政治價值，只能由政治正義觀來提供。

三、由於政治正義觀來自一個民主社會的公共文化，適用對象又是社會的基本結構，並且其成立完全不倚賴全面性的學說，公共理性也繼承了這些限制。

這三個成分中，顯然又以相互性判準為最根本。我們可以這樣說：**相互性判準，乃是羅爾斯對於時代環境之下公民政治關係的道德陳述，而公共理性則是這個道德陳述在政治上所獲得的結論。**

這些關於公共理性此一概念的理解,羅爾斯曾經從五個側面加以說明(*IPRR*, 133ff.):

一、公共理性所適用的根本政治議題:羅爾斯明確指出,公共理性只有在處理憲政要件與涉及基本正義的事體時才適用。所謂憲政要件,包括了政治結構與政治過程,以及公民的基本權利與自由。而所謂基本正義的議題,則指「就自由而平等的公民而言恰當的社會、經濟正義之基本結構」。

二、公共理性適用的角色或者職位:它只適用於法官(特別是最高法院的法官,因為他們的職責是違憲審查,必須檢查民主的多數意見是否符合相互性判準)、公職人員(包括行政與立法部門,因為他們使用的是公共權力),以及公職候選人。它對於民間社會/背景文化的領域不適用,對媒體也不適用。但一般公民可以設想自己是立法者,進行公共理性的思考。

三、公共理性的內容,由一組「合理的政治正義觀」(其中包括了「公平即正義」)所構成。

四、在民主社會裡,強制性的法律要具有正當性,必須經過在這類正義觀指導下進行的公共討論與公共論述。

五、公民們必須確定,從自己所持的正義觀導出來的原則,符合相互性原則。

這五項說明的含意,在此我們不再說明。我們只想指出,羅爾斯的公共理性概念,受到了兩方面的限制。這些限制均來自公共理性的特質,我們將在下一節加以檢討。

三、公共理性的限制

公共理性的使用所受到的限制,主要在兩方面:它的**適用對**

象，以及它的**內容**（針對適用對象可以提供的理據）。而適用對
象之所以受到限制，主因在於它的內容已經被圈定在合理的政治
正義觀的範圍之內。

關於公共理性的適用對象，羅爾斯有很明確的規定。這些規
定，與上述公共理性的概念有密切的聯繫[6]。

首先，羅爾斯賦予公共理性的責任，就是鋪陳「公民自治」
——自行立法並且相互證明這種法是正當的——這個理想（*PL*,
232）。因此，公共理性需要確立一些羅爾斯所謂的（A）「憲政要
件」（constitutional essentials）。羅爾斯將憲政要件分為兩個部
分，分別涉及（A1）政治結構與政治過程（也就是通稱的政府組
織或構造），以及（A2）公民的基本權利和自由。這些要件一方
面（A1）表達了民主公民自治的政治理想，另一方面（A2）也
規定了民主的意志必須經由什麼程序（在公民的自由與獨立條件
下）成形表達。無論如何，這些要件等於是根據正義第一原則所
產生的憲法內容，表達了正義原則所標明的政治價值；它們成為
公共理性的適用對象，殆無疑義。

主權公民在構想社會基本結構的時候，還必須考慮有關社會
經濟的基本結構如何滿足正義的要求。政治的正義觀，在這個問
題上，以正義第二原則的形式提供了答案。換言之，公共理性包
含了有關社會經濟分配的一些政治價值。根據這些價值，公共理
性可以處理羅爾斯稱為有關（B）「基本正義」（basic justice）的

6　關於以下A、B、C三類議題的區別，以及羅爾斯根據憲法屬性和公共理性的
　　適用與否賦予它們的分類，請參見Frank Michelman所製作的表格，見
　　Samuel Freeman, ed., *The Cambridge Companion to Rawls*（Cambridge:
　　Cambridge University Press, 2003），p. 401.

事體。羅爾斯解釋道，這類議題，涉及了「就自由且平等的公民而言恰當的社會經濟正義之背景制度」（*PL*, 229）。不過，羅爾斯雖然視（A）和（B）共同構成了他所謂的「基本結構」，也就是社會的基本政治經濟結構，他卻強調（B）與（A）不同，不能列入憲法。所以，有一類議題，雖然屬於基本結構、也可以根據共享的政治價值來討論，卻不能進入憲法。

除了（A）和（B）之外，其他的公共議題（C），在羅爾斯的分類之中，既不屬於憲政要件，也不屬於公共理性的適用對象。

現在，我們來看看羅爾斯提出這套區分的考慮何在。

關於（A）與（B）的分別，以及為什麼後者不宜於列為憲政要件，羅爾斯做了比較詳細的說明（*PL*, 230）。他的考慮，簡單言之不外乎三項：即屬於（A）的議題，比較迫切需要解決；比較容易判斷是否落實；也比較容易獲得共識[7]。

關於（A）與（B）和另一方面的（C），為什麼要分屬於公共理性和非公共理性，羅爾斯只做了最簡單的說明。他兩度表示（*PL*, 215, 397 n. 34），這個問題太複雜，一時之間無法做完整的交

7　一個議題是否適於納入憲法，**終極**取決於相互性原則與「公民們的相處之道」是否容許公民們在該一議題上持有分歧意見，但在終極之前，有很廣闊的灰色地帶。在羅爾斯看來，我們沒有理由剝奪或者減少任何人的各項基本自由，但是在基本正義問題上（社會經濟的不平等），公民們持有不同的想法是合理的，因此基本正義的問題應該交由民主的立法程序來處理，不適於納入憲法。不過需要注意，羅爾斯認為一種正義觀如果連社會最低生活所需（social minimum）都不接受（例如放任自由主義），也就是不願意為公民們提供基本生活資源，來發展他們**作為社會成員的基本能力**，那麼它便不是一種合理的正義觀，在公共討論中並不構成一種合理的異議理由。見 Samuel Freeman, *Rawls* (London and New York: Routledge, 2007), pp. 393-396。

代，但是他也說：「如果公共理性的要求在這裡（即（Ａ）與
（Ｂ））無法貫徹，在其他議題上也無法貫徹。若是它們在這裡成
立，則我們可以逐漸移進到其他議題上。無論如何，我承認，援
引政治理性的價值解決政治議題，通常是可欲的。不過也有例
外。」[8]

這些說明似乎顯示，在判斷公共理性適用於什麼議題，而又
不適用於什麼議題，以及什麼議題應該進入憲法，什麼問題不宜
進入憲法的時候，技術的、務實的（prudential）的理由居主。面
對一個公共議題，羅爾斯並沒有舉出什麼原則性的理由，逼迫我
們一定不能要求循公共理性討論和解決爭議。

這個說法，忽略了羅爾斯對公共理性之「內容」所做的嚴格
限定。由於公共理性乃是以政治的正義觀為內容，它所能動用的
理由，也局限在政治的正義觀所提供的政治價值與原則。但是我
們知道，政治的正義觀原本即僅僅關注／適用於社會的基本結

8　T.M. Scanlon 和 Charles Larmore 都設法幫助說明羅爾斯的可能理由，見上引
　　Companion, pp. 162-3, 380-1。他們指出，可能有一些議題，若要作為／成為
　　有意義的公共議題，不僅不應該設法劃歸公共理性的範圍，反而**應該讓**全面
　　性學說介入。我個人覺得，這個方向的思考值得進一步推進。不過同樣值得
　　注意的是，羅爾斯本人確實盼望見到公共理性的適用範圍逐漸擴大。此外，
　　他明白容許全面性學說進入原來屬於公共理性的範圍，特別是在「非完好建
　　構」的社會。他指出，要不要援引全面性學說，應該看這樣做長遠而言是不
　　是有利於實現正義的原則。他也表示，在光明的時代（good times），應該較
　　為嚴格地採取公共理性，而在較不光明的時代，就無妨援引全面性的學說。
　　當年的反奴隸運動與後來的金恩均訴諸基督教學說即為一例（*PL*, 250-1）。
　　到了1996年，《政治性的自由主義》平裝版的導言將標準再度放寬：我們可
　　以引進全面性學說支持某種理想，只要「時機成熟時」可以證明該理想有足
　　夠的公共理由支持即可（pp. li-lii）。

構，因此它可能根本沒有資源去處理這個範圍之外的議題。很多
議題，可能根本找不到適當的政治性價值以資解決爭議。這種議
題，自然不可能成為公共理性的適用對象。這個想法，我們並不
陌生：我們知道，很多問題不應該由政治角度處理，一個重要的
原因即在於，這類問題牽涉到它們各自的獨特性格（文化、宗
教、科學知識、人類感情等等），並不是政治領域的獨特價值或
者原則所能解決的。

　　這套區分與說法如果都成立，顯然公共理性適用的範圍相當明
確，並且這個範圍相當程度上是由「政治的正義觀」所規定的。

　　下面，我將從三個方面檢討這個說法。最後，我將用「公民
身分」這個概念在歷史中的發展，設法補充羅爾斯的看法。我相
信，「公共理性」的概念，應該用「公共論述」來理解，才能充
分表達羅爾斯提出公共理性概念的初衷。

四、從公共領域到公共論述

　　首先，我們應該注意到，公共理性本身的使用**條件**，並不容
許將它局限在一個特定的範圍裡。由於公共理性包括了兩個方
面：一個或者一組政治的正義觀，以及根據這套政治正義觀去確
定憲政體制以及立法的原則；因此它的使用條件，就是指確定這
些政治正義觀，以及根據它們對憲政體制和涉及基本結構的議題
立法。羅爾斯用所謂的「四階段」論，描述一般公民在市民社會
裡落實「正義即是公平」這個理想的時候所使用的「思考架構」
（framework of thought）（*PL*, 397）。可是，這個思考架構固然預設
了一套政治正義觀，卻又是產生政治正義觀的必經途徑：政治正
義觀本身便是理性的公共運作的產物。

在哈貝瑪斯與我們頗類似的追問之下，羅爾斯清楚表明，運用公共理性，其實就是參考這個架構，「不斷地討論政治原則與社會政策」（*PL*, 400）。換言之，羅爾斯深知，不同於原初情境的「呈現」（representation），在現實歷史裡，無論是政治正義觀本身、憲政要件、基本正義事項，還是其他政治議題，其實都是在每天的社會生活裡發生、反思、進行爭議、尋求解決的問題。這時候，確定政治正義觀本身，乃至於確定什麼議題屬於社會基本結構，都應該是問題而不是結論。這些問題的面貌和意義，往往會隨著偶然的因素，或者社會意見的變化，而呈現不同的特色，歸屬於不同的範疇。這種情況之下，公共理性所能援引的政治價值，以及它們的運用，必然處身在一個漂浮不定的意義脈絡裡，而不是如理論上的原初情境那樣，容許公民進入一個無差別的狀態，清楚決定這些價值的明確的意義。既然如此，公共理性的使用，就需要一個將價值明確化、聯繫到具體議題的過程。特別就公共理性的適用對象來說，也要經過這樣的過程，各類議題在分類上的歸屬，才可望建立。那麼，這個過程，會是什麼樣的一種運作呢？

提倡審議式民主的學者，對這個問題提供了多樣的答案[9]。綜合而言，他們批評羅爾斯，認為他有關公共理性的想法，乃屬於「憲政主義」的民主理論，過分強調正義原則優先於民主的審議過程。結果，政治價值在各個脈絡裡意義與效力的確定，什麼議

---

9 兩個有代表性的例子，見 Amy Gutmann and Dennis Thompson, *Democracy and Disagreement* (Cambridge, MA: Harvard University Press, 1996), pp. 33-39; Seyla Benhabib, "Deliberative Rationality and Models of Democratic Legitimacy," *Constellations*, 1(1994), pp. 35-39.

題適用公共理性來求取共識，以及進行公共討論時如何設法擴大
這種討論的格局與範圍，在羅爾斯較為狹窄、固定的公共理性概
念之下，均難以成為公共討論的用力之處。之所以如此，一個原
因在於，為了在多元社會裡尋求共識，羅爾斯傾向於「躲避的方
法」（the method of avoidance）：他希望藉著避開價值衝突，尋找
最基本的、能獲得明確共識的政治價值；他比較不相信，用相衝
突的價值為素材，可以提煉出某種公共價值。

　　其實，公共理性的原本理想──正當的政治制度以及政策，
需要盡量讓每個人都有理由同意，或者至少不能合理地拒絕──
確實是一個很高的要求，莫怪乎羅爾斯認為它的適用範圍是很有
限的（雖然這個範圍裡的議題，也是極度重要而根本的）。就法
官以及所謂的公職人員來說，應該謹守這個範圍，一個重要原因
是，在民主憲政體制裡面，他們的「公」身分是由憲政體制已經
規定、保證在先的，帶有法律義務的成分，只允許他們就這個範
圍的公共價值發言，尋求理據[10]。可是就公民們而言，使用公共理
性的必要，主要來自羅爾斯所謂的「公民相待之道的義務」這項
道德要求。公民誠然也是一種「公」身分，因此需要尊重以主權
民主公民的自由與平等為首要的基本政治價值，但是一旦公民轉
移到羅爾斯所謂的市民社會，或者在探討上述的（C）類議題的
時候，基於相互之間尊重對方的平等與自由的理由，為什麼不能
延伸「公民相待之道的義務」呢？在這類情況中，為什麼公民們
不能遵照這項義務的要求，提供「有理由期待其他公民可以合理

10　法官（尤其是最高法院法官）與其他公職人員的「公身分」，與一般人民的
　　「公身分」，所帶來的義務不會屬於同一性質，但是羅爾斯並未加以區分和討
　　論。

地認可的價值」（*PL*, 236），而這類價值竟然不局限在某一種政治正義觀所列出的價值？

　　當然，問題在於，在這個價值多元的環境裡，除了政治正義觀所提供的政治價值之外，我們很難找到什麼其他價值——尤其是非政治性的價值——能夠獲得其他公民在自由與平等的情況之下普遍認可。這個考慮，正是羅爾斯提出公共理性概念所要解決的原始問題所在。可是，公民相待之道的義務，是否本身即含有一個要求：「**尋找**所有的人都合理地可望認可的公共價值」？換言之，這項責任不只是要求公民們局限於運用現有的政治正義觀與公共理性，也進一步要求他們相互面對，尋找與開拓其他可以納入公共理性的價值，即使必須超出任何政治正義觀的範圍。原則上，這種尋找並不會注定徒勞。除非我們已經假定全面性的價值觀都是僵固封閉的，不可能變化、混雜，接受它們的人不可能修改心意；價值多元論這件「事實」，並不構成放棄這種尋找更多公共價值的絕對理由（*IPRR*, 138-40）。

　　以上的想法，目的並不是回應羅爾斯在後期著作裡主要關心的一個問題：什麼情況之下，全面性的學說可以介入公共討論；而是要針對羅爾斯關於公共理性的限制，在上述關於公共理性的使用條件之外，提出**第二**方面的檢討。上文指出，「相互性判準」乃是羅爾斯公共理性概念最基本的成素，「公民相待之道的義務」乃是從它導出來的。上文也指出，唯有政治正義觀才能滿足相互性判準。因此，在公民相互的對待中，盡量援引政治正義觀，殆為一項不移的道德義務。可是這並不表示，在無法援引——或者不適用——政治正義觀的地方，公民相待之道的義務就驟然宣告作廢。如果公民相待之道即是「以對方可望接受的理由證明自己的主張」，那麼民主的公民在尊重彼此自由與平等身分的前提之

下，遇到意見相左而又必須尋找合作途徑的場合，除了盡量善盡
這項義務之外，豈有其他的選擇[11]？換言之，這項義務的適用並
不止於政治正義觀的範圍，而應該延伸到非屬於基本結構的其他
議題上。

　　一旦公民相待之道的義務，被視作建立公共理性、尋找公共
價值的出發點，被視為比任何政治正義觀都更為基本的原則，我
們可以預期出現兩種結果。一方面，根據這項義務，遇到爭議的
時候，我們並不需要像最高法院的法官，從一開始即回到政治正
義觀，援引由它所界定的（由判例與法理所提供的）公共性的政
治價值，來求取共識；而是應該先盡量從對方能夠接受的己方理
由出發，設法尋求價值的趨近、意見的分享與輻輳。這個過程，
固然衝破了政治正義觀與基本結構的內在結合，卻仍然應該看成
是對於公共價值的**追求**，也是建立公共理性的**努力**，所以它並不
與羅爾斯的思考架構衝突。可是，相對於羅爾斯用**躲避法**追求共
識，這裡所提出的想法則建議用**對話**的方式追求共識。並且無論
在憲政要件的層次，抑或在基本正義，以及其他公共議題上，這
個方式都是有必要的、也是可能的。

　　這個理解公共理性與審議民主關係的角度，與羅爾斯的想法
其實是很接近的。在他給《政治性的自由主義》平裝版所寫的導
讀裡，便強調了這個思路。例如他指出，公共理性並不是由單獨

11　在這裡。筆者做了不當的跳躍。想法分歧的公民們追求合作，除了「交換理
　　由」之外，當然還有其他幾種可能的選擇。例如Gutmann & Thompson前引
　　書中p. 53ff. 所言的講價（bargaining）與演證（demonstration）。又如John
　　Elster, *Deliberative Democracy* (Cambridge: Cambridge University Press, 1998),
　　p. 5所提到的講價（bargaining）與投票（voting）。我在此行文的假定是：這
　　些可能的選擇，尊重與實現對方的自由與平等的程度均不及相互性。

一種政治正義觀來確定的；它的內容要由一組政治正義觀來確定，但是這些正義觀彼此之間也會有衝突，需要相互爭辯以求修正（*PL*, 402）。社會變遷所帶出來的新的政治問題，也會要求對現有的政治正義觀展開挑戰與辯論。「公共理性的內容不是固定不變的，一如它不會完全由某一種政治正義觀所界定。」（*PL*, liii）他接著指出，公共理性是不是能夠解決所有（有關憲政要件以及基本正義的）政治議題，是不是能完全避免各造僵持不下的結局，並沒有先天的答案，而是要在實際的個案中，看相干的政治價值如何陳述，等公共理性開始進行實際辯論之後，才能知道答案。換言之，羅爾斯有關公共理性與政治價值的想法，在於肯定公民們追求公共價值的**責任**，有**義務**堅持使用公共理性解決政治議題，而不在於設定這些價值的先驗存在，要求公民們原樣現成接受下來，當作公共性的理由套用。因此，他完全接受了哈貝瑪斯的字眼，願意稱憲政體制為「一項未完成的事業」（*PL*, 401）。

可是值得注意，這個經由對話追求公共價值的過程，對於個人所持的全面性學說，會有一定的挑戰甚至轉化效果。這裡，羅爾斯對公共理性觀所施加的限制，格外見其狹窄。這是我們要提出的**第三方面**的檢討，也是將公民相待之道的義務普遍化所帶來的另一種結果。在羅爾斯眼中，政治正義觀與個人所持的全面學說，似乎只有機械性、外在的關聯。他稱前者為可以套進眾多後者的「組件」（module）；前者與後者衝突的時候，適足以證明後者屬於「不合理」；後者可以依自己的理由認可前者，形成重疊共識，不過前者的合理與價值自成一局，並不仰仗這種認可。簡言之，羅爾斯對於全面性學說的關切，大概只涉及背景文化的是否豐富蓬勃；至於全面性學說本身是否也應該／可以成為共識的素材，他持相當消極的態度。

　　在這個問題上，審議民主論者有著較為積極的態度。公民們善盡彼此相待之道的義務之時，若是既不迴避彼此的全面性學說之分歧，但是在不堅持自己的全面性學說之餘，仍然願意**學習**，設法用對方能夠接受的理由試圖證明自己的立場，同時也慎重考量對方針對自己所提出來的理據，這些全面性學說會出現什麼變化？它們（更應該說是篤信它們的人）有無可能有所修正、調整、接近、轉化，或者放棄（原先的信念）？羅爾斯不願意過問全面性學說在公共對話過程裡會有什麼變化，是有很好的理由的：因為那代表私領域／社會領域遭侵入、他人開始窺伺甚至挑戰個人或者民間團體的內部信仰。可是在羅爾斯賦予個人的道德能力之列，不是正包括了「形成、修正，和理性地追求一套價值觀」的可能嗎？審議民主理論自許的一項長處正是，審議過程有助於迫使對話者學到更多的真相與資訊，也被迫針對自己的立場進行澄清與修正，從而在共識所帶來的「正當性」之外，藉著攻錯過程而提高共識本身的「合理性」的成分。這個可能性不僅有助於公共合作的品質，也有助於個人修正自己的價值觀，羅爾斯沒有理由不正視。

　　在筆者看來，近代公民身分的概念的發展歷史，以及相應的權利範圍的擴大，正是政治性價值在公共生活中變化、擴展的一個經典例證，值得重視。若依此說，那麼即便在自由主義的大傳統之內，「公民」這項政治性的核心價值。從17世紀到19、20世紀，便至少已經經歷過**市民權、政治權**，與**社會權**三個階段的發展，呈現三種逐漸深廣化的詮釋。這時候，「視個人為自由平等的主權公民」要求什麼，自然也明確地呈現了巨大的演變[12]。政治

12　有關公民權變遷的這種歷史理解，見 T.H. Marshall, "Citizenship and Social

性的正義觀，當然必須——並且事實上也——隨著這種演變而調整、豐富。試著用上述三種公民觀分解羅爾斯的「正義即公平」政治觀，我們一方面會發現他是如何地綜合了三種觀點，另一方面也會發現，其中任何一種觀點個別地都無法形成完整的「正義即公平」。不能不說，羅爾斯與自由主義傳統裡其他傾向的差別，正是在於他所提出來的正義觀，充分照顧到了公民概念從市民權開始到社會權階段為止，業已獲得普遍認可的多項政治性價值，而其他一些自由主義者尤其是放任自由主義，面對這麼廣泛的「自由與平等」要求，卻仍然保持懷疑的態度，停留在市民權或者政治權的階段。

在這個例子的鼓舞之下，我們可以追問，「公民身分」這個概念的演變，不正是廣義但是道地的公共論述的產物嗎？這種論述，不正是羅爾斯提煉他的政治正義觀的前提嗎？如果公共理性只能動用現有的政治正義觀，18世紀的「市民」公民觀不是迄今仍然足以限定公共理性的適用範圍嗎？

進一步，我們還可以追問，公民身分的理解，莫非到了社會權（也就是正義第二原則）階段即告「歷史的終結」，不會再有

Class," (1949), in Robert E. Goodin and Philip Pettit, eds., *Contemporary Political Philosophy: An Anthology* (Oxford: Blackwell, 1997), pp. 291-319. 羅爾斯曾根據 Bruce Ackerman 的美國「人民」出場制憲修憲的歷史敘述，用制憲、內戰之後的重建以及新政，作為使用公共理性的政治性價值，進行激進更新美國憲法詮釋的例證。可是需要指出，這個例子畢竟有著幾份基本文獻（制憲、聯邦最高法院的判例）作為根據，同時三件事件各有著特定的歷史條件。比起來，我們在此所舉 Marshall 關於公民權變遷的歷史，由於真正需要在「市民社會」（而不是法庭）裡的抗爭、辯論、哲學探討，以及宣傳，似乎更能彰顯藉著辯論爭議過程，更新——應該說創造——基本政治價值的激進程度。

向前發展的可能了嗎？從歷史趨勢看來並非如此。放眼四顧，環
境生態、基因操作、各類集體性——例如文化、性別、性傾向等
——的權利、動物的權利，乃至於社會與公民之間關係應該如何
想像，到稍早為止雖然一直遭到忽視，無法進入各個社會的政治
正義觀範圍，近年來卻日益受到重視，逐漸進入社會的公共討
論，駸駸然成為公共論述裡普遍接受的理據。這類論述注定屬於
「全面性的學說」嗎？或者它們雖然出身於斯，卻仍有可能逐漸
變成民主社會公共文化的一個部分？這個問題只能由現實社會的
歷史演變來回答，很難抽象地一概而論。可是它們不會因為屬於
某種全面學說，即注定失去其「公共性」，反而應該適用某種意
義下的「公共理性」，甚至於演變成公共理性的一個部分，則是
明確的。

　　除了廣泛「市民社會」裡面的運作之外，我們也不應該否認
或者忽視嚴謹的公共論壇本身，也有潛力將議題／價值從全面性
學說發展成為公共價值。在這方面，如果美國的經驗有其普遍的
意義，那麼法院的貢獻便尤其應該得到承認。試舉一例：當美國
社會當年的公共文化認定「隔離但平等」乃是平等這項憲政價值
的妥當詮釋之時，聯邦最高法院卻加以駁斥，指出種族隔離政策
違背了平等的另一種詮釋，並且它的這種詮釋隨著民權運動緩慢
但是穩定地擴展成了美國的公共文化。這是用公共政治文化所提
供的政治價值建立公共理性嗎？抑或是在用某種啟蒙自由主義的
全面性學說「重建」公共理性？羅爾斯說法院作為公共理性的
「典範」（exemplar），誠然有其所本；不過這個例子，也突出了
議題的法律化難免溢出法律的局限，可能還有其深刻的其他政治
意義。在此之外，社會運動將原本似乎屬於個人經驗的議題公共
化，自然也有其豐富公共討論的作用。

五、結語

這篇文章試探的意義超過研究，所以也很難形成結論。不過，通過以上的敘述和批評，我願意設法綜合成幾點觀察，作為繼續思考時的提醒。

第一，羅爾斯有關公共理性的論述，主要是哲學性的分析，指出憲政民主社會中關於某些議題的解決，需要訴諸什麼樣的理性／理由。他稱這種理性為公共理性。關於這種理性的構成和適用對象，他分別做了規範性的說明。

第二，可是實際運用公共理性，並不是一個將既定的價值或態度，應用於明確的議題上的過程。運用公共理性，其實是一個尋找和確立政治價值、確定議題的性質和歸屬，以及在價值與議題之間建立相關性的複雜過程。審議式民主即強調，這個過程才是公共理性的存身所在，而不應由一個在先的公共理性概念指揮這個過程。

第三，公民相待之道的義務若能加以普遍化，一方面有助於將全面性學說提煉、轉化為公共性的價值，另一方面則有助於個人及團體在對話過程中檢查、調整自己所持的全面學說。公民觀念的歷史演變，似乎也指出市民社會裡的政治過程，並不是一種可以以最高法院審議為典範的過程。

第五章

公共領域在臺灣：

一頁論述史的解讀與借鑑*

一、前言

一個社會對於外來概念的借用、理解與反芻、吸納，是有一個複雜的過程的。這個過程部分涉及認知性的因素，例如一個概念與該社會原有概念叢或者價值意識的和斥關係，又例如引介者對於該一概念的認識程度與詮釋方向，都會影響到該概念入境之後的內容與作用。不過，該社會與這個概念究竟有什麼實踐性的關聯，會給該概念的命運帶來更為決定性的影響。使用者準備用這個概念來掌握、詮釋什麼經驗，解決什麼問題，會具體地左右

---

* 殷海光基金會「公共領域在臺灣」工作坊計畫論文（本文另曾在《臺灣社會研究季刊》十五周年學術研討會［2003年10月4-5日］上發表）。收在李丁讚主編，《公共領域在臺灣：困境與契機》（台北：桂冠圖書公司，2004），頁111-146。在2013年重讀這篇文章，一個自然的問題是：這十年以來台灣社會的發展與公民運動的蓬勃，是否已經足以把這篇文章變成天寶遺事？我認為不然；這篇文章的觀察與分析誠然無法預見十年來的許多新趨勢，但它的一般性判斷與規範性思路對今天的台灣民主仍然適用。

人們如何理解和使用這個概念，特別是如果這個社會屬於學術上
的附庸邊陲，而該概念卻源自西方學術中心的時候。

在台灣，「公共領域」這一概念的命運正是如此。它並不是
一個陌生的字眼；過去十數年間，這個念起來頗為順口的名詞，
已經在一些流傳廣泛的文章中出現過無數次。可是真要追問台灣
關於公共領域的經驗或者論述具有什麼樣的內容和涵蘊，我們又
不免瞠目以對。本文的目標很有限：以這個概念在台灣的現身史
為脈絡，對這個概念的意思作一些必要的區分和發揮，並且指出
它在民主的規範與制度兩方面的意義，從而（1）展望它在台灣民
主發展前景裡的可能角色，以及（2）指出它所面對的困擾。簡言
之，本文預設了一個初步的假定：如果台灣政治演變的既有進程，
可以分成「自由化」到「民主化」兩個階段，那麼接下來一個階
段，應該就是民主生活以「公共化」為目標的深化質變。相應於
這個進程，我們的社會想像，也應該沿著最早的「民間社會」而
經公民社會、向著更進一步的公共領域發展。不過，由於我們所
習慣的對「政治」這件事的認知和想像與公共領域這種高度規範
性的社會關係有其枘鑿之處，這項發展還面對著嚴峻的挑戰。

二、「公共領域」的現身史

在1980年代後半葉和1990年代初期，台灣幾位習稱為「民
間學者」的知識分子，在幾份具有一定公共性格的刊物上，展開
過一系列有關「民間社會」[1]的討論，前後持續約四、五年。這場

1　這場討論裡，構成爭端焦點的主題概念，用英文表達正是civil society，可是
　　這個詞的中文翻譯，正好明確地反映了各家的問題意識與論述策略，無法也

討論所呈現的一些問題，對於我們理解「公共領域」相關論述以及背後的議題在台灣的發展，有很大的啟發，值得略做整理[2]。

要重溫當年「民間社會」論述的由來，有必要回到當時台灣廣義民主運動的視野與關心所在。在1980年代，從「黨外」時期到民進黨成立（1986年），島內的民主反對運動進入了一個前所未見的高潮。這一波高潮的主要訴求，提出了台灣獨立建國，涉及統獨問題，也牽動著族群的矛盾。但是，這個訴求並不足以窮盡1980年代民主運動的全部動力：在建立國族之外，運動還另有一個明確的民主成分。這種情況之下，一部分參與了廣義的反對運動陣營、但是與台獨運動又有若干距離的知識分子，開始思考這場反對運動的訴求與身分，有沒有可能擺脫統獨範疇的羈絆，賡續1950年代《自由中國》半月刊所開啟的努力，向啟蒙開放的

不應該求其一致。這個情況不足為異。在德文裡，為了表達不同理論關於市民社會與公民社會的不同理解與評價，近年也在原先的burgerliche Gesellschaft之外，另創zivilist Gesellschaft一詞。本文在行文中，偏向於使用「公民社會」，不過這也是有成見的，不能強加於其他作者。

2 這場討論，已經有好幾篇綜合性的評述，所以下文的整理和評論，均只針對抽離出來的大要，不再涉及相關文章的發表背景、具體言論和內容等等。這些綜合評述文章，也都提供了更充分的文獻資料（例如當時在《南方》雜誌上發表的一些文章），在此不贅。請見蔡其達，〈打開「民間社會」史：一個反宰制論述的考察〉，《中國論壇》336期（1989），頁23-29；何方，〈從「民間社會」論人民民主〉，《當代》47期（1990），頁39-52；曾建元，〈從民間社會走向人民民主：評述臺灣社會運動的社會學干預〉，《憲政評論》22卷8期（1991），頁10-15；鄧正來，〈臺灣民間社會語式的研究〉，《中國社會科學季刊》5期（1993），頁88-102；張茂桂，〈民間社會、資源動員與新社會運動〉，《香港社會科學學報》4期（1994），頁33-66；顧忠華，〈公民社會在臺灣的成形經驗〉，見瞿海源、顧忠華、錢永祥（編），《法治、人權與公民社會》（台北：桂冠圖書公司，2002），頁161-195。

大方向推展。

具有這種傾向的知識分子，普遍體認到國民黨黨國體制的支配力量已如強弩之末，社會上各類勢力已經開始騷動衝撞。「社會運動」雖然仍屬新生事物，卻迅速形成燎原之勢。相應於這種山雨欲來的形勢，他們關切如何在統獨軸線之外開拓實踐的空間，形成分析與論述（時興的說法即所謂「社會學的干預」），協助這些勢力不為統、獨二極所分化壟斷，反而能衝破黨國體制對於社會的嚴密控制，容許社會本身發展出某種健康的意義、某種形式的「自主」，達成他們心目中的民主事業。這裡「自主」何指，當時文獻裡還見不到確定的交代。一部分人認為，一旦「社會」取得自主，黨國體制便會開始民主化、經濟可以自由化、社會於是就滿足了**自治**意義下的自主要求。但也有一部分人相信，「自主」的社會應該會提出更高的標準，其內容需要超過形式民主、自由市場經濟，以及現存的階級支配實況。無論如何，這套從社會出發、企圖改變黨國支配格局的思考取向，乃是有關台灣民主發展的一個重要觀點。關於什麼叫做「民主反對運動」，這套取向也自覺地另闢蹊徑，與從台獨觀點出發的民主建國運動的詮釋有別。

這場討論從1980年代後期展開，時起時伏地延續到1990年代。其間出現的立場，按照它們所想像的「社會」的構成方式以及政治意義，大致可以分為三類：民間社會論、人民民主論，以及公民社會論[3]。它們的特色，應該從當時它們彼此的對峙界線來

3　這三個類別並未窮盡有關的論述，後來還有其他的主張出現。例如林毓生先生傾向於共和主義的公民社會論，在此即無法涉及。請見林毓生（出版中——林先生這篇文章早先已發表過，但晚近成書時又做了校訂。筆者感謝林

指認。而這個對峙界線，正好就是參照國家之外的「社會」如何
發揮民主功能來劃定的。

　　首先出現的**民間社會論**——必須以南方朔先生為代表——認
為，當時台灣社會的矛盾，主要在於黨國體制與民間社會之間的
支配與反抗關係，而不在於泛民間社會內部任何群體之間的齟
齬[4]。社會各種力量發揮動能，衝擊國家，追求「人民—民主」的
戰果，則可望促成民間社會相對於國家取得主動地位（「人民／
民間」之形容詞導源於這個對比），達成民主化的要求。另一方
面，**人民民主論**——應該以卡維波先生為代表——則根本反對任
何一種矛盾（例如黨國與民間）居主而其他矛盾讓位的說法，從
而反對「國家與民間社會二元對立」這種思路，主張眾多社會運
動紛雜多樣，都是廣泛的社會鬥爭漫長戰線上的多樣主體。不
過，一旦認定了社會運動具有主體與主動的地位，自然會反對上
述民間社會論將政治戰線——即黨國體制的民主化——掛帥的取
徑，主張社會鬥爭乃是多集團的、多樣結盟的、多戰線的、敵我
關係多變幻的，至於國家體制的民主化，並不具有優先地位[5]。這
兩種視野似乎針鋒相對，不過它們共同認為，「民主」即是**社會**

　　先生惠賜這份尚未發表的校訂稿。）。或者如顧忠華先生以非政府組織、非
　　營利組織，以及民間社團為主調的提法，思路較為傾向於新自由主義，與公
　　共領域強調公共、民主、參與的論述傳統距離較大，在此也不列論。請見顧
　　忠華，〈公民社會在臺灣的成形經驗〉，瞿海源、顧忠華、錢永祥（編），
　　《法治、人權與公民社會》，頁161-195。

4　見南方朔，〈國家、資本、人民：八十年代臺灣的社會力場〉，許津橋、蔡詩
　　萍（編），《一九八六年臺灣年度評論》（台北：圓神出版社，1987），頁63-
　　87；《臺灣政治的深層批判》（台北：時代出版公司，1994）。

5　見卡維波在《中國論壇》336期，頁9-10的發言，以及何方，〈從「民間社
　　會」論人民民主〉，《當代》47期（1990），頁39-52。

本身取得自主，或者**社會裡的某種主體**取得主動的運作可能。相對之下，國家在本質上即是反民主的，或者充其量只能被動地參與社會本身的民主化過程。

這兩種觀點，充分表達了1980年代末期台灣反對陣營中一類知識分子[6]想法，一時之間，曾經引起各方相當廣泛的重視。事後回顧，不能不承認，這兩種觀點，雖然的確有其因應社會發展脈動的前瞻眼光與論述的開創能力（即使如下文所言，論述的源頭仍是西方泛左學界），卻都沒有掌握到台灣政治民主化真正的動力與動向。事實顯示，1990年以後，由於李登輝獨特的位置與權威，台灣政治體制的民主化進程，屬於國家領域黨政勢力發動、規劃、誘導的成分多，民間力量誠然提供了極為強大的衝擊效用，但以迎合為主，主動、前瞻、攻堅的成分相對較少。而就整個1990年代政治發展的動力而言，隨著時勢推移，民間力量裡多元又自主的嚮往愈形次要，而屬於族群動員以及建構國家認同的成分則愈形居主。在同一時期，社會運動迅速地由政治運動收編消化，也說明了人民民主論的過度樂觀與蹈空。換言之，台灣反對威權體制、追求民主的運動，無論當事者的原始意圖如何，也不論是否撒下了遙遠來日才能萌發的種子，事後證明並不是一種由社會或者民間發動、向國家挑戰的運動[7]。

6　在台灣當時的論述背景裡，這一類知識分子或可浮泛地界定為「非台灣民族主義取向的民主運動」，也可以界定為「自由主義－社會主義取向的批判立場」。不過由於他們的組成其實相當多樣，這類形容，提示的意義高於描述的意義。各種傳統政治立場中，只有正統左派積極地批評過這兩套論述，見當時的《前方》雜誌。

7　理論視野與現實歷史會如此脫節，本身便是極有價值的問題，足以展現一個時代的精神風貌。可惜至今還未見到當事者面對歷史，回顧、檢討當年的論

這個過程裡還有一層周折，今天來看特別值得反省玩味，那就是「民間」一詞在台灣的語意轉折，正好是這段歷史變化的產物。在一方面，激進知識分子提供了多少屬於**社會意義之下的民間**概念，但另一方面，政治力量以及本土派人士所動員的，卻是**族群意義之下的民間**的力量。這兩種「民間」概念的起源雖然迥異，卻在歷史切割形成的乾涸河道裡迅速合流，族群意義的民間概念得勢，奪取了社會意義的民間概念所主張的反對正當性。於是日後台灣的「民間」語彙，大體喪失了它原先尚可能挾帶的進步與反抗意涵。這個變化，對於我們了解1990年代以降台灣的政治發展，是極有指點方向、分辨觀點之用的[8]。

回到理論本身的特色來說，民間社會與人民民主這兩種觀點，雖然在很多論點上針鋒相對，卻共同表達了台灣異議分子在那個時代——或許可以用自信與急切二詞來形容——的龍馬精神。兩派理論家所援引的資源，分別要到西方的政治社會學、東歐反官僚社會主義的經驗，以及後現代主義的文獻裡才找得到來歷。可是他們的問題意識，完全來自台灣的實踐脈絡。兩種觀點所表露的關於「民間社會」與「人民」的理解，因此特別值得整理和分析。

點。與台灣社會一樣，他們多半的時間忙在邁出前進的步伐，無暇整理和累積經驗。即便如此，我個人還是認為，當年的各種論點值得珍視和研究。

8 「社會意義之下的民間」概念，在1970年代的鄉土文學論戰裡較為突出。簡單地說，社會意義之下的民間概念，設定了本共同體**之內**的壓迫與反抗關係的存在；族群意義之下的民間概念，則將壓迫與反抗關係設定在族群**內外的界線**上，本族群之內是沒有壓迫與反抗這回事可言的。這兩種民間概念，涵蘊著極為不同的政治、社會，與文化立場，也往往決定了一個以「民間」為名的運動，所呈現的母題是進步的抑或保守的。

綜合言之，我們**首先**會見到，相關文章所理解的「民間社會」或者「人民」，明確地與「國家」相對立。這種對立，不只是見諸在概念上用「非黨國」來界定「民間社會」，其意義更主要在於對於國家的負面評價（通常包括壓迫以及無能兩項特色），以及對於民間社會的全盤肯定。這種評價的標準何在呢？當時的這些理論家，似乎並不覺得追問這個問題有太多具體意義。在他們看來，民間社會／人民的進步性，主要建立在民主的實現這項進步要求之上。而這裡所謂的民主，制度含意往往比較淡薄，而是傾向於「社會力的解放」、「激進的多元民主」之類所指彷彿不言而喻的類比式形容。換言之，人民／民間社會的可欲，建立在民主的價值之上；而民主的可欲，又建立在民間社會成形並能自主地運作這種理想狀態的價值之上。至於國家，在這個架構裡始終缺乏積極的含意。

其次，依照上述兩種觀點的假定，民間社會或者人民的內部，即使不是一片和諧穩定，卻也沒有嚴重的規範問題或者現實問題需要傷腦筋。民間社會論的理論家們，或者持某種階段論，策略上並不重視民間社會內部會有衝突、壓迫的事實；或者認為這類衝突、壓迫乃是一種自然狀態裡的開放競爭，並不構成值得優先思考的問題；或者認為社會裡的各種力量均認同某些平等、民主價值，無虞其間的衝突演成新的壓迫。人民民主論雖然強調人民內部衝突的存在，例如社會內部「集團」的衝突，可是這種衝突來自無窮多的「挫折」（而不一定是明確的「壓迫」），而且百無禁忌，往往無異於一種素樸的多元民主樂園。它既不在意民間社會裡的各種成分具有什麼獨特的面貌、「挫折」之間有沒有必須突出或者壓抑的區別，而所謂的「衝突」，也彷彿無別於自然狀態，唯力量與機巧、「結盟」是問，再無其他規範與約束的

必要。至於衝突要如何解決，或者是否需要解決，以至於輸贏各方彼此應該如何相對待，看來也不是一個值得追問考慮的問題[9]。

　　第三，最弔詭的是，這兩種觀點雖然都不是從放任自由右派的前提出發，政治上的涵蘊卻都具有鮮明的唯自由化是尚色彩，壓過了狹義的民主化成分。如前面所言，兩種觀點都拒絕承認國家的積極意義；兩種觀點都拒絕賦予國家某種正面的節制和管理社會的功能；兩種觀點都相信社會的運作（以及鬥爭）自有其理路，不勞外力干預。這種思路，與民主化所期待的社會力最後「控制」國家、所關切的民主體制以及公共意志之形成的問題，顯然大異其趣。另一方面，由於社會「自治」這個訴求並沒有明顯的制度涵蘊，那麼為什麼這種自治的狀態除了自由之外尚具有民主意涵，也並不清楚。換言之，由於這兩種理論並未慎重看待國家與社會的關係之全貌，而是以著重社會為唯一的選項，它們關心社會從國家解放出來，遠超過社會與國家之間的民主關係[10]。

9　這段描述，有意地突出了人民民主論的一個邏輯性的理論特色：它不願意假定某種在規範意義上理想、正當的事態，因為一旦假定了這種事態，「挫折」與抗爭就有了固定的評價和判斷標準，而這種標準的設立，會令某些集團獲得正當性、另一些集團則從開始就遭剝奪了抗爭的理由，豈不正是社會裡某個霸權的陰謀嗎？策略上的無政府主義要求，預設了道德上須放棄具有客觀評價意含的「壓迫」觀念，結果只能標舉主觀感受為主的「挫折」──「哪裡有挫折，哪裡就有反抗」。

10　本文此處所提到的幾個問題，在當時及日後的反省文獻裡好像並不容易見到。人民民主論對民間社會論的批評，大體可見諸何方，〈從「民間社會」論人民民主〉，《當代》47期（1990），頁39-52。至於當時對於人民民主論的批評，可參見杭之，《邁向後美麗島的民間社會》上冊（台北：唐山出版社，1990），頁121-123；趙剛，〈論現階段無住屋運動的理論與實踐〉，《當

當然，民間社會論所挑戰的乃是黨國體制，但是民間社會這個概念本身，並不見得能涵蘊特定的政治模式或者制度。人民民主論對於代議政治似乎懷疑有加，對於非屬「邊緣」的政治議題也雅不願聞問，那麼民主要以什麼形式或管道介入社會、涉及國家，自然也是很難回答的問題。

　　幾乎同時出現的**公民社會論**[11]，在這些問題上則有較為複雜的理論以及現實的自覺。需要指出，哈貝瑪斯的直接間接影響，在這一套論述裡清晰可見。持此論者談到「公民社會」的時候，**首先強調這乃是一種「自我組織的社會」**——換言之，社會**以自我組織作為構成原則**的自主，而不是單純相對於國家的自主，使得這套論述所理解的「自主」，和前述兩種觀點裡國家與社會的「對立」，意義大不相同：社會的組織原則與國家的組織原則之間旨趣相異，而不是單純的支配關係，才是兩者對立的根本源頭。

　　代》53期（1990），頁66-73；以及陳宜中，〈人民民主與臺灣的辯證：總評臺灣版人民民主論〉，《當代》56期（1990），頁138-49，有很完整的檢討。張茂桂，〈民間社會、資源動員與新社會運動〉，《香港社會科學學報》4期（1994），頁41以註腳的簡短形式，對蕭新煌所做的幾點批評，其實也涉及了上述兩種論述的一些基本問題，不過張茂桂似乎無意強調他的批評是有其一般意義的，並不止於蕭新煌的觀點。

11　這一套論述的代表，應該推杭之，見《邁向後美麗島的民間社會》所收的一些稍早的文章，又見該書〈自序〉；這些文字顯示，在杭之的問題意識裡，較早便有公共性／公共領域這個概念的位置，從而他談民間社會時的思考取向，也不得不與另外兩派小同大異。不過公共領域的運作邏輯的詳情、這套邏輯背後的政治觀，以及它對於投票式民主概念提出的激進修正要求，杭之並未多所著墨。參見杭之，〈臺灣社會的歷史性挑戰〉，《二十一世紀》5期（1991），頁41-52；以及王振寰，〈出現中的市民社會及其限制〉，《二十一世紀》5期（1991），頁57-67。

其次，既然談到自我組織，那麼社會內部的衝突雖然必然存在無疑，但是**如何規範衝突、處理衝突**，顯然取得了更為真實、迫切的分量。於是公民社會論要開始關心，如何藉著「程序和規則的建立」、經由「協商達成制度性的妥協」；換言之，規範性的考慮現在得以進入視野，即使公民社會論的這類考慮，猶未能擺脫下文所述對手式民主（adversary democracy）的基本圖像。**第三**，這種觀點也強調，社會最後需要「動員意志以進入政治過程的能力」。換言之，關於**社會如何「控制」國家**，如何讓公民積極參與、賦予社會性的民主機制較為真實的政治意義，它的想法也比較明朗，雖然這種制度要根據什麼原則建立，並未見到具體的說法。不過，基於這樣一個明確的民主政治面向的存在，稱這派主張為公民社會論，是有道理的。畢竟，公民社會比起民間（市民）社會或者一套只有人民性但找不到人民（只有「集團」）的自然狀態，更接近民主化的關懷所在。

　　在這三個方面的問題的催逼之下，在公民社會論之中，我們終於見到「公共領域」或者「公共空間」這樣的概念出場[12]。從本文的問題脈絡來看，這代表台灣知識分子關於政治社會的想像，

---

12 「公共領域」或者「公共性」等字眼，在民間社會論和人民民主論的文章裡，雖然不無出現，確實沒有扮演什麼吃重角色。不過請見機器戰警，《臺灣的新反對運動》（台北：唐山出版社，1991），頁129-135，對這個概念的質疑。在公民社會論的文章裡，這類字眼的出現則相對較為頻繁。當年的作者們，可能並沒有意識到，在某些理論裡，公民社會與公共領域乃是有別的兩個概念。這個情況，與哈貝瑪斯的 *The Structural Transformation of the Public Sphere* 一書要到1989年才有英譯本問世，可能不無關係。不過，更有意義的原因，應該還是在於各方如何理解台灣的政治環境、如何規劃當時的政治日程表，影響到了他們準備賦予公共社會生活什麼功用與角色。

終於發生了性質上的變化。此前的民間社會論與人民民主論，雖然有「民間的社會」這樣一個概念，卻應該說是「沒有公共領域的民間社會」。這樣的「民間」社會觀念，或許體現了一套放任的經濟秩序，或者一種眾聲喧譁的競逐場面，卻恰好並不需要一套跨越全局的政治秩序；或者即使需要政治秩序，其來歷也不是需要認真面對的問題。而就其中的共同生活來說，這種社會裡所謂的共識，或者自然天成不成為問題，或則只是虛假的意識型態霸權，亟待揭發破除；而即使有共識存在的必要，其達成要依循什麼途徑，也並不是一個需要獨立處理的問題。簡言之，在這類觀點之下，社會生活其實沒有「公共」這個概念的存身餘地，當然也就沒有尋找一種經營公共生活的社會交往模式的必要。

　　不過，由於在當日台灣的政治日程表上，自由化與「終結黨國」意義下的民主化填滿了所有人的政治視野，即使公民社會論對於問題有更複雜的自覺，對於社會的「自我組織」、對於「程序的建立」、對於「動員意志」等關鍵轉折，卻也仍然沒有機會將之問題化、議題化。結果，當日的討論者並沒有深入、自覺地在公共領域與民間社會之間有所分辨，處理其間的關係。換言之，台灣在1980年代後期、1990年代初期有關公民社會的討論，基本上的取向都是較為消極、否定的。用大家熟知的範疇來說，就是自由化的傾向強過民主化的傾向。論者會說，在不同的理論架構裡，談民間社會而不重視公共領域，其實並不必然構成問題[13]。可

---

13 例如陳弘毅，〈市民社會的理念與中國的未來〉，中央研究院中山人文社會科學研究所「公民與國家」學術研討會論文（2001），第三節認為，「當代」市民社會理論可以分為七類，哈貝瑪斯「以公共領域為核心的市民社會理論」僅居其一；又例如林毓生（出版中）也談到了公共領域作為「現代的民間社會」進入政治過程的橋梁，但林先生並不使用哈貝瑪斯式溝通倫理的架構。

是不能不承認，在一套以民主為主要焦點的理論裡，公共領域的
概念若是缺席，民間社會如何呈現其民主一面的涵蘊（也就是由
公民們形成公共意志，而不只是社會生活自由化的可能），將是
一個很難回答的問題。公共領域概念的這種缺席，我們在再下面
一節還將做更具體的討論。筆者相信，撇開外緣因素不談，一個
具有理論意義的原因，殆為當日理論家們心目裡的民主觀，並沒
有給這個概念留下存身的空間。而一旦將問題放在民主政治的脈
絡裡，我們的討論，便自然要取哈貝瑪斯有關公共領域的說法為
參考。不過，在此之前，我們有必要以**政治觀**——關於「政治」
這種活動的理解——為焦點，發展一個比較一般性的問題，以資
更清楚地看出公共領域的缺席抑或現身，具有什麼特殊的思想與
實踐意義。

三、關於政治衝突與政治合作的概念分析

什麼叫做政治觀？這個問題，可以從不止一個方向去回答。
在本文中，我擬從政治生活作為一個獨特的集體生活範疇的兩條
基本軸線——衝突與合作兩個基本概念——著手思考。

從概念上分析，「政治」必然牽涉到兩件事：群體之間的**衝
突**，以及這種**衝突的解決**。很明顯地，若是沒有衝突這回事，就
沒有政治問題可言：一種沒有衝突可言的社會關係，即明確不是
政治性質的社會關係。另一方面，若是不求解決衝突，尋找共同
生活的可能途徑，那麼政治共同體就不復存在；可是非以一個政
治共同體形式存在的社會關係，當然也不可能是政治關係。基於
這兩方面的考量，一套政治思維，必須要兼顧**衝突的必然**，以及
解決衝突的必要。在任何一個方面失職，這套思維也就喪失了它

的「政治」身分[14]。

衝突這個概念,需要進一步的分析。衝突包括非政治性的衝突,而其解決也有非政治途徑的解決之道。換言之,衝突的性質及其解決的途徑,有政治與非政治的分別。有一類衝突,可以稱之為**敵我型的衝突**。施密特(Carl Schmitt)有關政治的概念,堪稱為用敵我衝突來理解政治關係的代表。這類衝突沒有解消的餘地,必須進入實質的戰爭,或者僅持在潛在的戰爭狀態,其結果則是一方事實上消滅或者制服另一方,或者這種可能性的延續。不過,用這種意義下的衝突及其解決來界定政治關係,顯然有一些概念性的疑難。舉例而言,施密特雖然強調政治與戰爭並不是同一回事,但是在共享的「敵人」概念之下,政治與戰爭在目標與功能上難有區別[15];他也沒有注意到,政治式的解決衝突,必須**不**以消滅或者屈服對方為結局。無論如何,由於在這種對政治的定義之下,「政治」無法與實際的戰爭或者自然狀態裡的爭鬥有所區別,也不以和平的社會合作為目標,其實並不應該稱為政治。政治要稱得上一個獨特的社會活動範疇,至少不能不與戰爭、與絕對地消滅或者制服對手這兩種情況有所區別。換言之,如果要認為敵我關係也是一種政治關係,就必須再加上謹慎的限

---

14 以下關於衝突以及政治觀的分析,與 Chantal Mouffe, "Introduction: Schmitt's Challenge," in *The Challenege of Carl Schmitt*(Verso, 1999), pp. 4-5的說法可以對觀。Mouffe力求與自由主義保持距離,結果忽視了合作乃是政治這種社會關係的構成性的內在要求,僅視之為衝突這項本質因素隨處理途徑不同而出現的函數,遂簡化了解決衝突、建立合作的必要性和獨立性。

15 見 Carl Schmitt, *The Concept of the Political*(Chicago: University of Chicago Press, 1978), pp. 32-34. 施密特用敵友關係界定政治這個範疇,近年來影響很大,尤其在中文世界更甚,我認為原因在於對施密特的解讀過於簡化,缺少了必要的批判意識。

定，以免將政治與生死決鬥混為一談。

不屬於敵我性質的衝突，我們或許可以泛稱為**對手型**（adversary）**的衝突**。這類衝突的各造，彼此之間有著嚴重或者不那麼嚴重的差異分歧，但是由於他們準備進行多少算得上和平的共同生活，他們或者接受了一些規則或者權威的制約，讓衝突在節制之下進行，或者藉著這些規則求取衝突的解決。這種衝突，由於預設著一些關於規則的共識，往往被施密特之類的思想家指為喪失了獨立的政治性格。施密特曾舉出經濟上的競爭關係，或者議會裡的辯論關係，作為這類想法忽視了政治成分的例證[16]。

施密特這個說法，只見到了事情的一半。所謂的共識，也就是群體對於衝突之進行方式與其解決方式共同接受的理解，本身可能來自政治途徑，也可能**並不**來自政治途徑。例如一般的學術爭議、又例如經濟利益的競爭與衝突，其規範一般而言源自該活動本身的特色或者目的，並不依靠政治途徑來建立。施密特將它們從政治領域排除，是有道理的。但是另外多數衝突應該如何進行、如何解決，既然無從求助於某個明確而無爭議的權威，衝突的主題也沒有提供明確的規範與目的，就只能經由政治方式產生共識。共識也許無法產生，也許最後不可收拾地爆發成上述敵我式的衝突；但是這些結局並不是必然的。

在對手型的衝突之列，我們應該挑出一類衝突，那就是公民——而不是其他身分——之間的衝突。視公民為對手關係，似乎不太合適，但這種不合適的感覺，正好也突出了公民這個身分範疇的特色。這類衝突的特點在於，當事人既需要承認彼此的差異與衝突，又要承認大家是一件共同事業的合作者（collaborators）；

---

16 見 Carl Schmitt, *The Concept of the Political*, p. 28.

換言之，我們無妨稱之為**合作型的衝突**。作為公民，個人需要關心的問題不只是自身的利益、相互競爭的得失，以及某種暫時的停火狀態（modus vivendi）。相反，公民這個身分所要求的合作，至少包含了——即使相當低度的——共同目標、共同利益、共同規範。但另一方面，在這類衝突與合作並舉的關係裡，不僅無法由特定領域（例如經濟活動、學術活動、競技活動）從內部（活動的性質與目的）來提供規範，並且由於作為公民，必須假定大家的平等地位、每個人都擁有同樣的自由選擇權利，以及因此而來的目標多樣，他們的合作還必須受到很大程度的道德性質的節制。換言之，在公民身分的領域裡，我們遇到的一種衝突關係，不僅須要假定合作的必要，其合作方式卻並無定法可以依循，並且其追尋與建立，還要受到相當程度的道德規範限制。

下面我們會指出，公民之間的衝突關係，只能指望一套或可名為「公共理性」的解決途徑。可是這個途徑，預設著關於政治這種活動一種很特定的了解。一般言之，關於衝突的解決，可以有幾種大異其趣的想像。上述施密特的觀點，顯然否認敵我衝突可能有和平的解決方式，從而也就否定了有所謂公共理性施展的可能。至於許多種對手型的衝突，有人會提議尊重不同領域的自主性，也就是相信各個領域本身的價值觀與歷史可以提供相關的規範，不需特意的營造[17]。對於這種類型的衝突，顯然也不需要預設公共理性的概念。不過，針對政治領域裡的爭議，問題當然更為複雜。在這裡，假定某一種理性的概念，顯然是有其必要的。

17　社群主義者若 Alasdair MacIntyre, *After Virtue*（Notre Dame, Indiana: University of Notre Dame Press,1984），以及 Michael Walzer, *Spheres of Justice*（Oxford: Blackwell, 1983），均傾向於循這個思路發展他們的公共規範觀點。

不假設這個可能，也就是否定理性有能力處理衝突，並且形成規範性的秩序，就不免僅剩下施密特型的道路可以走。但施密特型的道路（包括他的決斷論），顯然必須違背多數有關公民身分的道德要求，也根本否決了政治生活裡面用理性解決問題、創造秩序的可能性。這條路會把我們帶到哪裡去呢？

如果將這套分析性的架構，應用到上述幾種有關民間／公民社會的論述，秩序如何產生的問題居然沒有成為它們的焦點，就顯得格外需要解釋。當日台灣思考政治問題的時候，普遍以衝突為不言而喻的政治互動模式，並且由於黨國威權體制亟待「衝撞」，大家所關心的盡是「如何使衝突發生」；這一點，在上述民間社會論、人民民主論的論述中展露無遺。這種情況之下，「如何規範衝突」、「衝突之中如何形成合作的秩序」等問題，很自然地會被相對忽視了。這種極其普遍的現象之所以造成，除了外緣的明顯原因（例如環境的擠壓、時局的迫切、黨國政權的顢頇威脅）之外，思想上傾向於抗爭，傾向於從敵我角度理解衝突，思考時又無視、忽視，甚至於嘲笑、反對「理性建構秩序」的想法，應該也是很要緊的原因。其實，在近代中國思想裡，乃至於在冷戰時期的西方思想裡，主流思潮的確傾向於用敵我關係理解社會衝突；理性地追求合作、營造秩序的想法，原本是位在邊緣的。如何重建**政治理性主義**，乃是上個世紀一個極其根本的未竟議題。這個問題，牽涉到了什麼？下面，我們想要根據公共領域的論述角度，整理這個有關**政治理性**的棘手問題。

四、公共領域的分析：問題脈絡與理論架構

「公共領域」，係針對現代社會狀態下一個特定問題而發展出

來的答案：在眾人的利益、信念、想法、觀點相**分歧**，甚至相**衝突**的情況之下，牽涉到公共生活的議題，如何透過**非威權**的途徑形成社會關於基本規範與價值的**共同意見**，進一步體現為社會生活的規則（法律）與政府的公共政策，完成**民主正當性**的要求？在18世紀西歐的社會裡，這個概念的重點擺在「非威權的理性」——主要針對當日政治與宗教的臃腫威權——這一面上。當時，為了追求這種非威權、具理性的集體意志，公共領域在社會結構上仰賴正在出現的市民社會，藉以維持相對於國家與教會的自主可能；而在運作方式上則仰賴一套「公共理性」的概念——雖然這個概念的內容並未充分發展[18]——藉以避免由社會身分、地位、財富等帶來的不平等，扭曲其非威權、具理性的要求。

　　在現代情境之下，公共領域的概念曾經衰敗。其中原因很多（包括施密特所謂的「全權國家」[total state]的發展），不過一個主要原因，殆為現代資本主義經濟規則壟斷了市民社會的運作，它原先假設的開放、平等性格，遭經濟勢力、利潤動機與消費取向所取代；而政治民主的運作，走向利益競逐與利益交換的方向，所能體現的公共理性也名存實亡。可是在今天，由於多重原因（包括對於政黨—代議體制的普遍不滿），公共領域的復興，似乎又成為理論界的關懷所在。這種復興，首要當然在於復興**藉非威權的共識形成政治意見**這個概念。那麼在今天，追求這個概念的落實，需要什麼條件？

　　首先，社會成員追求非威權的共識，必然要求自身擁有某種

18　這一頁歷史相當複雜。舉例而言，霍布斯即不相信可能存在非威權的公共理性，而啟蒙思想家（例如康德）則普遍相信「理性的公共使用」是一種超越威權的路徑。

自主的組織方式與活動空間。歷史上和概念上，這方面首先會要求一個獨立於國家的社會領域——也就是傳統所謂的「市民社會」——必須能夠存在。市民社會強調本身的秩序先於、獨立於政治安排，藉以保證在社會生活裡個人的意志與利益得到尊重，個人能夠追求與表達私人的目的與想法。這種以個人**免於外力干預**的主體性為尚的要求，顯然乃是非威權意見之形成的**必要**——但也僅僅是必要——的條件。

可是市民社會的運作邏輯，不一定能導向非威權的共識[19]。我們需要問，構成共識還需要什麼更積極的條件？為了追求共識，對市民社會必須提出進一步的要求，理由不難理解。在自由的狀況之下，市民社會以多元分化為特色。在多元與分化的情況之下，社會居然說得上是一個整體，同時必需在一個整體的架構之內呈現分歧、鬥爭與多元，顯然需要其他的原則作為各方合作的基礎，並且指明這種整體性寄身何處；而由於利益與價值的紛雜對立，整個社會也說不上有什麼明確的實質目的，作為公共意志的張本，那麼共識的基礎又該何處尋覓？更何況，由於市民社會以競爭與達成個人自身目的為運作的基本原則，市民社會本身便隱含著支配他人和消滅多元的傾向，與求取非威權共識這個目標更會背道而馳。換言之，市民社會需要另外找到一套規範性的運作原則，協助它在離心與競爭的強大走勢下，仍有可能取得非威權的共識。

19　市民社會本身，並沒有資源去確定它會產生什麼樣的民主機制，此其一也。另一方面，市民社會如何節制各種可能妨礙其成員平等地位的發展，這個概念本身也沒有明確的答案。這一點，黑格爾在《法哲學》的相關章節多有討論，在此不贅。筆者的意見請見下文。

　　進一步言，非威權的共識這個概念，除了要求獨立於權力和金錢而形成共識之外，至少還要滿足兩方面的要求：（1）**正當性的要求**，也就是使相關的人都覺得這種共識是正當的，而這就要求達成這個共識的過程滿足某種公平的標準，能夠獲得他們的認可；（2）**合理性的要求**，也就是雖然缺乏一個獨立的實質價值目標作為標準，我們仍然可以說，所得到的共識本身在某個意義上是「對」的決定，因為它不只是獲得了認可，並且是在**具有最好理由**的情況之下受到認可[20]。

　　為什麼需要如此兩重限定？為什麼不只求其一、而在這個基礎上保證另一？例如，一種流行的說法認為，為什麼不以滿足**正當性**的要求（例如多數人的認可），保證該一決定即是「對」的決定？（此外還有什麼「對的」的標準是非威權的？）或者遵循**合理性**要求，認定一個具有最好理據的決定（例如「專家學者」的認定），即是大家應該接受的要求？（既然是對的，個人又有什麼理由不認同？）可是正當性與合理性並不是可以相互界定的概念。「共識」這個字眼，要求各個人都有機會表達意見，不能由「理性」的權威替他作答；非威權的要求，則要求共識的根據要證明自己，因此「每個人都認同」還不足以構成最後的權威。「事實上大家所認可的」（程序上正當的）和「理想情況下大家應該認可的」（具有最堅強理據的）顯然是不同的兩種要求，必須分別滿足。直覺上我們承認，一個決定若是同時滿足兩方面的要求，會比一個只滿足一方面要求的來得更「好」。而無論從正當性的角度，或者從合理性的角度，我們都可以對一項所謂的共識

20　這兩個要求得於 Seyla Benhabib, "Deliberative Rationality and Models of Democratic legitimacy," *Constellations*, vol. 1, pp. 26-52, 1994.

提出質疑：從正當性的角度，我們可以問，獲得這個決定的程序**真的**公平嗎？而從合理性的角度，我們可以問，這個決定**真的**是大家誠意正心格物窮理之後所要的嗎？這也顯示，我們不是只要求事實上的大家同意，還要求這種同意具有某種客觀的妥當性。這足以顯示，「非威權式的共識」包含深一層的要求。

現在問題是，市民社會要如何同時滿足正當性與合理性兩方面的要求？「公共領域」是對於這個問題的原則性答案。

現代文獻中有關公共領域的討論，幾乎完全源自哈貝瑪斯的啟發[21]。而哈貝瑪斯賦予公共領域的最重要的特色，在於他視公共領域為市民社會的「溝通網路」。「溝通」，在哈貝瑪斯看來，乃是公共領域的界定性活動模式，與權力、金錢並列，共同構成了現代多元社會的主要整合因子。而不同於權力和經濟，只有溝通活動這項整合因子，才設定了要以平等、開放的方式產生社會共識，滿足上述正當性與合理性的雙重要求。

哈貝瑪斯對溝通行動的分析、這類行動所涵蘊的溝通倫理的詳情，都極為複雜。避繁就簡而言，溝通的主要意思在於：由於溝通過程所追求的乃是取得共通的理解，也就是彼此形成共同的想法[22]，而不只是讓對方知道自己的意見，或者讓對方顯示行為上的遵從——出於恐懼、誤解、收買、強迫的了解和遵從，所以溝

21　以下有關哈貝瑪斯理論的大要敘述，由於過度地濃縮，無法提供相關的引文與來源。

22　共通的理解（Verständigung）（我知道你在說什麼；你知道我在說什麼）和共同的想法（Einverständnis）（即「共識」）看來乃是兩個概念。不過，哈貝瑪斯認為兩者之間有內在的關聯。見Maeve Cooke, *Language and Reason: A Study of Habermas's Pragmatics* (Cambridge, MA: MIT Press, 1994), pp. 110ff. 的討論。

通的雙方，對於對方發言說話的意思、誠意與根據的理由，**應該**已經先有共通的理解。這類在溝通行動中必然預設的共同接受的前提，哈貝瑪斯稱之為妥當性主張（validity claims）：進行溝通性質的發言的時候，我必須假定了我所指涉與動用的事實、態度與規範，對於我和對方都是妥當、有效的。通常，溝通之所以能夠進行，正是因為這項假定是成立的。這時候，大家就有後設意義上的「共識」可言。可是，有時候，一方會對於對方所依據的某一項前提提出質疑，懷疑其妥當性。這時候，受質疑的一方就有義務「兌現」（redeem）該主張——也就是證明該主張是對方有理由接受的。一旦展開這種有關規範層面的前提的質疑與兌現的討論，我們便進入了實踐討論（practical discourse）。

當然，現實世界沒有什麼強制因素，在分歧出現的時候，能要求人們一定要進入實踐討論。人們可以決定散夥，可以對質疑者進行正當或者不正當的壓制，更可以訴諸威脅、利誘、交易、矇騙等等手段，迫使或誘使對方接受我所主張的規範（理由）。民間社會論或者人民民主論的提倡者，很可能誠實地相信，這些局面和手段才是社會集體生活的根本實相，並且循這個方向，來理解所謂的「共識」[23]。不過，社會生活不可能完全依靠這類策略性的、壓制性的方式維持。事實上不難看出，這類途徑之所以有效，正是因為有一些關於溝通的共識作為基礎，允許它們寄生其上。只要社會生活對於共識有所期待，人們就必須進入實踐討論，對於分歧的妥當性主張，設法達成新一層次的共同想法。

---

23 無論他們所援引的論述資源來自馬克思主義傳統還是後現代的孟德新書，在時而激進浪漫、時而現實冷酷的言論姿態之下，當年台灣知識分子受到美國多元主義民主理論的影響之徹底，於此可見一斑。

實踐討論，比其他有關社會共同生活的模型，更清楚地說明了「共識」的條件。排除了壓制與策略性手段，所謂達成共識，其實就是針對具有爭議性的話題中不同立場的理據，進行討論，以求得到共同的看法。這個目的，至少提出了兩方面的要求。第一、既然是追求共識（而不是追求服從），那麼就必須避開欺騙、操縱、誤導等等途徑。第二、既然是追求關於理據的共識（而不是追求策略性的「暫時協議」），就必須在程序上保證說理的進行。原則上，一方面，對話者被要求誠實進行對話、追求共識；另一方面，程序必須賦予相關的各造平等的權利參與對話，並且獲得聆聽；所有相關的人都有權利提出質疑或同意，自由表達自己的意見與觀點；所有的人都不會因為心理的或者外來的因素而無法施展上述的權利。這些條件，可以綜述為平等、自由與公平。這兩方面的要求雖然各有其著重點，但可以綜合成為一項要求：「讓最好的論證發揮力量」。

這套想法屬於抽象、理想的規範建構，但是「透過非威權的說理追求共識」的想法，乃是其間的基本精神。這種精神，構成了「公共領域」這個概念的動力與方向。透過說理的方式求取共識，一方面藉著論辯與澄清不斷的進行，保證了最後這種共識的**合理性**，另一方面藉著所有人的自由、平等參與，保證了**正當性**。「公共領域」似乎在原則上解答了在多元社會中取得非威權共識的問題。

五、公共領域與民主：概念與歷史

回到民主問題，本文的想法是：公共領域作為一套面對分歧爭議時尋求正當且理性的共識的機制，若是體現了哈貝瑪斯式的

溝通倫理，原則上可望對於民主制度的自我理解和發展前景有所助益。

　　流行的民主概念，即根據多元競爭與投票機制所理解的「共識」，往往只是由偏好的數量積累（多數決）或者策略交易（暫定協議）所界定的共識，並沒有考慮「正當」與「理性」之間的辯證關聯；結果，流行的民主概念，並沒有明確意識到民主制度需要讓公共領域扮演什麼積極的角色。如果公共領域的運作乃是要求針對爭議進行「實踐討論」，也就是在平等、自由、公平的條件之下，「讓最好的論證發揮力量」，以資消弭歧見、追求共識；而又如果民主所要求的共識，確實不能完全以偏好的積累或者交易為模式，還需要進一步滿足正當和理性的高度要求，那麼我們現有的民主概念，顯然需要大幅度的調整，以資公共空間發揮其獨特的功能。

　　現在通行的民主概念，可以簡稱為一種「投票中心」的模式；相對於它，應該還有一種或可稱為「談話中心」[24]的民主模式。投票中心的民主概念，大約有幾項關於民主程序的假定：（1）每個人秉持著完整而業已定型的偏好進入民主程序，這些偏好涉及與他人相衝突的利益；（2）偏好的數量積累形成多數與少數，這種多數與少數即構成了競爭和輸贏的對比關係；（3）多數的偏好即成為公共意志，這種公共意志，即具備了民主正當性。

　　這樣子理解民主過程，有許多待商榷的假定。一般而言，如此思考政治領域的行動，有以下幾個方面並不符合我們從規範角度對於民主制度的期待。

24　這兩個概念，見 Simone Chamber, *Reasonable Democracy: Jürgen Habermas and the Politics of Discourse* (Ithaca: Cornell University Press, 1996), p. 98.

一、參與程度較低：由於投票行為在這種模式下主要是「私」公民在「私」的公共場合裡進行的行為，同時個人單張選票的影響力極為有限，這種民主行為的公共意義相對較為薄弱，從而參與的意義和動機也就較為薄弱。

二、公民以競爭以及實力界定相互的關係：民主制度裡的公民之間，相互視作競爭的對手而非從事一項合作事業的夥伴；他們之間所謂平等的尊重，充其量只是競爭者之間的尊重，也就是尊重僅及於對方參與競爭的權利。至於對方的利益、意見與想法，其分量則由實力去決定，本身並不是尊重的著眼點所在。

三、公平性成為問題：強者的勢力——特別是金錢——以媒體、廣告、組織等形式介入，影響到個人偏好的形成。但是由於說理（相對於壓力和宣傳）的優先性未得確立、說理的機制也缺乏保障，在這套民主觀內部，對這類勢力卻找不到有效的、能夠言之成理的過濾和抗衡工具。

四、個人的學習與反思沒有存身位置：從民主過程的角度來看，個人的偏好之構成獨立於政治過程，並不是一個需要考慮的問題。偏好一旦構成之後，又被視作固定，是否需要或者可能修改與調整，也不是政治過程裡的相干問題。結果，民主過程並不賦予當事人根據理性反思，自主地設法修改調整其偏好的可能。透過討論，從他人處接受新資訊和理由、發現此前的盲點，原本可以協助當事人更易原先的觀點、尋找自己的真正利益，也有助於體認一己利益與群體利益的關聯，但是在這種民主觀裡，卻沒有在理論上給這個過程留下空間。

五、公共性的闕如：既然個人觀點不需要面對他人而證明自己的理據，當事人所持意見的理由，顯然並非公共性——經由公共論辯考驗確立——的理由，而只可能是私人的，或者多數私人

未經反思的理由。這種情況之下，公共政策的公共性格，純粹由
私人考量積累而成，也就沒有超越私人視野的另外一個公共視野
可言。

　　這些闕失，顯示民主的概念還需要調整發展，讓民主的運作
盡量包括一個眾人公開說理的「交談」過程，在這個過程裡個人
必須面對他人，既設法說服對方、也要準備被說服而一改前衷。
這種民主概念涵蘊著三方面的要求：第一、民主不能只涉及投票
或者選民偏好的累積，或者只是各個集團之間的縱橫捭闔、實
力角逐，而必須帶有一個論辯說理的程序；第二、成員的偏好
不能只是按現狀做數量的積累，而是必須能夠有修改、轉化的
可能；第三、民主過程不能只是由利益、激情所引導，而是必
須容許公共理性和公共說理發揮一定的功能，以求取得合理、
正當的共識[25]。晚近學者，通常稱這種民主為「審議式的民主」
（deliberative democracy）[26]。

　　明顯可見，談話中心式的或者審議式的民主，依賴著一套有
關公共說理的理念與制度。其中一個關鍵部分，正在於公共領域
如何體現公共說理。公共說理或者公共理性[27]這個概念，與其他

25　這三個面向分別涉及了民主的程序、成員的自主性與偏好，以及參與民主程
　　序時的動機，見 John Elster（ed.）, *Deliberative Democracy*（Cambridge:
　　Cambridge University Press, 1998）, pp. 5-6.

26　有關審議式民主，英文文獻相當龐大，在此不贅。Bohman and Rehg 1997 的
　　選集 *Deliberative Democracy: Essays on Reason and Politics*（Cambridge, Mass.:
　　MIT Press）收入四篇奠基之作（John Elster, Jürgen Habermas, Joshua Cohen,
　　John Rawls），對讀者會特別有幫助。不過，各家有關審議民主與公共理性的
　　論述，往往有著很重大的分歧。

27　「公共理性」乃是羅爾斯使用的概念，並不是哈貝瑪斯的用詞。羅爾斯特別
　　強調，公共理性與公共領域並不是同一回事，他所謂的公共理性正好不適用

的「提供理由」——例如滿足雙方各自的利益,或者服從某種超越性的價值標準,或者某種超然中立的原則——的方式之不同在於:一個理由是否合於公共理性、是否適合在公共說理中扮演角色,端視持歧見的雙方所提供的理由**是否是對方在原則上可以接受的**。這裡所謂的「接受」,既不繫於雙方各自的利益、不繫於一個超然的權威標準,也不訴諸中立性:換言之,真正公共性的理由,不是每個人可以根據私人利害或者個人信念的考慮而接受的理由,但是也不是超乎個人理性的認定而必須以中立態度接受的權威理由。經由公共討論,得到超越私人利害和信念考慮、而又在相互主觀意義上最好的結論(雖然不是絕對客觀意義上最權威的結論),即合乎公共理性的要求。

論者每每認為,這樣一種民主概念,不僅其政治上和社會學上的假定脫離了現實,甚至根本悖離了政治的本質,因此難有落實的機會。同時由於其程序的複雜和累贅,注定僅能在民主過程裡居於局部的,或者次要的位置,可以輔佐投票式的民主,卻不必妄想成為制度性的代替品。這種疑慮是有道理的,在此無法深論。不過投票式的民主可能走到什麼樣的困局,它遭受金錢、權力、利益團體、媒體的扭曲程度,尤其是面對正當性與合理性兩方面的要求之時該如何因應,等等問題也逼使我們必須讓視野不要局限在投票式的民主之內。應該說,我們面對的問題,並不是要在這兩種民主模式之間做抉擇,而是要認定公共領域作為民主生活裡不可或缺的一部分,設法讓它在社會生活裡取得盡可能有

於哈貝瑪斯所謂的公共領域。在此我將兩詞並舉,是想要強調,作為一種提供理由的方式,兩者的同異值得重視與比較。參見本書第四章〈羅爾斯論公共性:公共理性或公共論述〉。

效用的角色和分量。

可是台灣民主化的過程，卻正好與這個思路擦肩而過，走在另外一個方向上。必須承認，所有的民主——只要它還有制度上的意義——勢必要包含一個投票民主的機制，台灣的民主不會例外。那麼我們憑什麼期待台灣的民主化包含較多的公共領域成分呢？如果上述兩種民主所預設的政治觀相去太遠，其間的揉合顯然很困難。很明顯的，談話式審議民主對公民之間的社會關係，是從合作的角度來理解的。無論從哈貝瑪斯的溝通倫理來看，還是從羅爾斯的公共理性論來看，公民之間的政治關係，都以合作為主要的特徵。這種合作的基礎，或者在於**溝通**的基本預設，或者在於**公民相互對待之道**的要求。這種政治關係，與前述投票式民主所假定的政治關係，確實是有距離的。這種情況之下，即使正常的投票式民主也不利於公共討論的出現，而若加上社會內部矛盾的壓力以及「公共文化」的習慣，民主從對手型向敵我型發展，似乎正是台灣的大勢所趨。

六、台灣當令的政治觀對公共領域的障礙

前面我們曾們曾經分析過有關政治衝突和政治合作的三種模式：敵我型、對手型，以及合作型。流行民主概念的投票中心模式，作為一個典型，顯然預設著對手型的政治衝突模式。可是將這個理論上的分辨應用到台灣的實際發展，問題會複雜許多。在理論資源上，台灣知識界、政治界均熟悉西方的多元競爭民主理論，接受對手型政治觀的人居於主流殆無可疑。可是在現實環境裡，民主運動雖然以這種民主為運動的鵠的，它的論述所預設的政治關係，卻帶有很強烈的敵我色彩。這個傾向不難理解。在威

權時代，由於泛民主運動連基本的合法地位都無法取得、存續安危受到威脅，追求民主便似乎不得不預設一個「推翻」國民黨黨國體制的階段（scenario）。民主運動的論述和想像，自覺地採用了敵我鬥爭的模式，毋乃是可以理解的事。這也是前述幾種「公民社會論」的時代背景。

到了1990年代，也就是台灣的民主化進入所謂的民粹威權的時期[28]之後，雖然已經宣告解嚴，政黨競爭的形勢業已公開，競爭型民主理應成為民主論述的主線。可是事實上的演變更為複雜。由於當時民主運動業已進入一個新的階段，目標設在獨立建國，於是民主論述裡的敵我鬥爭成分未減反增，並且益趨於明朗露骨。畢竟，建國與國家認同等議題的衝突，乃是「我們／他們」之爭、政治架構的內外之爭，是政治架構是否能夠鞏固、維繫的鬥爭，意見相左的各方注定屬於敵我關係，不可能再有對手、合作的關係。另一方面，由於建國過程需要直接訴求於人民，敵我關係的動員效力也是可觀的誘惑。此外，台灣歷史性的族群矛盾，在政治上原來即有發展成敵我關係的龐大潛能，也逐漸產生愈來愈強大的效應。

可是從另一個方向來思考，我們又不能不承認，台灣民主化的進程，亟需加強合作型政治關係的成分。無論我們如何輕率遺忘或者企圖否認，合作——跟衝突一樣——原本就是政治過程的一個基本要求（imperative），也是一個關鍵性的理想。但即使撇開這個認識不談，單就台灣民主事業的性格——有見於它所塑造的社會關係所具有的道德意義，簡直應該用「品質」一詞——而

---

28 王振寰、錢永祥，〈邁向新國家？民粹威權主義的形成與民主問題〉，《臺灣社會研究季刊》20期（1995），頁17-55。

言，敵我關係的突出，也適足以壓抑合作關係的發展，從而在投票型民主的模式之下，加強成員的私性、敵意、被動、消極，將「公民」進一步化為「選民」、化為積累票數的基本單位。這種選民，乃是民粹政治的上好燃料，卻是民主政治的沉重負擔。台灣民主化過程至今顛簸不已，令一些人對民主制度喪失了信心與熱情，公民的「選民」化，甚至於等而下之的「鄉親」化，確實不能辭其咎。而在理論上分析這種現象，又不能不追溯到我們的政治觀受制於本身的歷史業障，注定在舊世紀過來的這個政治世代的身上，很難突破敵我思維的窠臼。

　　這個情況，相當程度上可以說是台灣的歷史條件、政治局面所制約，不必歸咎於某個個人、某個政黨的有意安排。不過，這裡還是有理論反省的開闊空間。制度上的投票機制本身，通常會依循對手型模式運作，可是它背後所牽涉到的動員方式、各支力量的關係、公民文化以及公民相互對待的方式，可以促使它傾向於合作型，也可以傾向於敵我型。一個關鍵性的因素在於，整套制度如何想像公民的能力、公民的政治關係、公民們在決策裡的角色，以及政治本身理性化的可能。既然制度在這裡有相當程度的影響，如何在投票模式之上盡可能嫁接公共領域的運作方式，對於公民的主角地位、自主身分，以及合理性與正當性，都會有一定的助益。這時候，投票機制可以獲得談話式民主的補充，談話式民主也逐漸獲得制度上和周遭機制的協助而成長。自覺地改善制度之後，公共式的、理性的政治，可望有較多的出現可能。

七、結語

　　本文從1980年代末期台灣有關公民社會的一些討論著手，分

析台灣社會關於社會自治的嚮往與理想是如何論述出來的，進而指出這些論述受到時代的影響，如何竟疏忽了公共領域這個概念，因此也就未能注意到民主制度的一些基本道德要求與課題，尤其是如何達成社會合作的問題。

民主制度的合作理想，在於追求非威權式的社會共識。但是在「非威權」之外，這種共識進一步還要求能夠滿足合理性與正當性兩項原則，卻唯有公共領域能夠提供。公共領域作為民主概念的一個關鍵部分，其重要性是不容忽視的。加上公共領域，我們所熟知的民主制度才會產生性質上的變化，由投票為主的運作發展為著重公共討論。

從這種觀點來看，台灣民主的發展，雖然已經形成純熟的選舉式民主，甚至經由選舉實現了政黨更替，可是由於歷史與社會原因，台灣的民主化受到敵我型政治觀的詛咒較深，直接妨礙了公共性的發展，因此還未能容許公共領域有所成長，出面扮演較為積極的角色。

以上的討論足以顯示，台灣民主化進程在結束了「反威權」這個第一階段的工作之後，新的一個階段應該開始關注政治意見的合理性與正當性如何兼顧，亦即重視公共領域的發展。在投票式民主的架構裡，政治的合理化、選民的公民化皆繫於公共領域發揮功能。我們檢討公共領域在台灣的論述歷程，除了歷史與理論的借鑑之外，對於現實也是有所期待的[29]。

---

29 李丁讚先生受殷海光基金會委託，主持「公共領域在臺灣」工作坊計畫，邀請我參加，方有本文之作。該計畫召開過多次小型研討會，本文的初稿以及整個寫作過程，受益於李先生以及該計畫的其他參與者在會中的啟發和協助尤多，也曾受教趙剛先生的意見與質疑，喘此致謝。

第三部

說理與普遍主義

第六章

認同與說理：

試論普遍主義的批判作用[*]

一、前言

　　普遍主義（universalism）是歐洲啟蒙思想的重要遺產之一，也是各種後啟蒙思潮的一個主要批評對象。不過它的內容與角色，牽涉到了人類思維本身的邏輯，本身便有其高度「普遍」的意義，並不能僅看成是西歐歷史上啟蒙與反啟蒙潮流的禁臠。因此，在理論的層次上釐清在政治與社會、文化領域裡所謂的「普遍主義」究竟是一種什麼樣的主張，是有必要的。藉此我們也可望澄清，支持或者批判普遍主義，究竟分別意味著什麼樣的主張。

　　不過，首先需要澄清，由於「普遍」（universal）與「特殊」

---

*　本文曾先後在中央研究院人社中心「現代性之政治反思」國際學術研討會
　　（2005年12月6-8日）上，以及北京大學哲學系、外國哲學研究所主辦「理
　　性的命運：啟蒙的當代理解」國際會議（2008年10月9-11日）上作為會議
　　論文宣讀。這次經過修訂之後在此收入本書，是頭一次正式發表。

（particular）這對概念所具有的一種特殊邏輯，普遍這個著眼於概念、原則、價值觀等等之適用範圍的概念，無可避免的是一個相對的概念。一方面，「普遍」一定是針對某個範圍而言才能言其普遍，而該範圍之內的局部則稱為特殊；但是另一方面，該範圍相對於其外的事物又為特殊，而普遍則必須兼顧該範圍在此一意義上的特殊性，以及該範圍與其外事物的關係。由於這種內外兩邊的非確定性格，所謂普遍，便同時指「適用於全體」和「超越全體兼顧他者」這兩個面向。這個特色，賦予普遍主義一種必須超越其本身視野──即面對他者──但是又能維持自身與他者之界線──即回到自身──的性格。這種面對著他者、作為特殊者，但又不成為特殊的狀態如何可能，乃是探討普遍主義的關鍵所在[1]。

　　由於當前反對普遍主義的論述主要集中在身分認同上，而身分認同又牽涉到評價的可能與合理，故而涉及了可以稱為「說理」的一種實踐理性要求，本文擬僅針對身分與說理這兩類議題所牽涉到的普遍性，討論普遍主義的得失。**就身分問題談普遍**，是想要說明，個人除了各種各類特定的、個別的身分認同之外（例如族群、性別、階級等相對於他者而有別於他者的身分），還

1　「面對他者」與「回到自身」皆是黑格爾特有的用語。在上述意義下所謂的普遍，應該是黑格爾意義下的「個體」（the individual），由抽離的普遍在涉及他者之後回到自身，即他所謂的「具體普遍者」（the concrete universal）。在黑格爾的心目中，普遍必須能夠面對他者但是不消滅差異，因此「普遍」與「一般」兩個概念應該有所區分。「普遍」從他者身上找到自己、回到自身（經由他者界定自身，取得自我之「規定」[Bestimmtheit]），而「一般」則是「壞的無限」，即不停的抽離所導致的共相，與他者無差別但也同時失去了自己。簡要而清楚的敘述，請見黑格爾《法哲學》§§5-7。

有一種普遍的身分，一方面包含著某些自身的特殊身分認同，但同時又面對著與其相異的「他者」，不過不必以排斥或者支配的方式對待他者。**身分普遍主義**認為，這種普遍的身分，具有重要的價值，不應該遭特殊的身分凌駕淹沒，反而提供了資源，避免個體回到特殊主義的排他態度。**就說理問題談普遍**，意思是說，當為了證明某項主張的妥當而提出理由之時，理由之所以被視為足以構成理由，是因為該理由本身具有超越個案，以及超越當事人視野的普遍性，或者能為對方所接受，或者能為某種超越性的理性所認可。**說理普遍主義**認為，這種具有普遍性的理由，具有重要的價值，不能為特殊的視野所忽視，同時也不能又淪為某種封閉性的理性概念。本文將試圖顯示，1.身分的各種特殊主義，為了顯示其正當性，須要接受說理普遍主義的規範。2.不過，這並不代表身分特殊主義必須否定特殊，要求身分認同從特色中抽離，變成抽象的普遍者；身分普遍主義只有在一個限定的意義下才是合理的，即維持平等的相互性，這種相互性的一個表現方式就是從「對方能夠接受的理由」去理解說理的規範。在這個意義上，本文想要說明，普遍主義的關鍵所在，即在於確定說理的普遍主義。

二、普遍主義作為問題

近代西方思想史的演進軌跡清楚顯示，**啟蒙式**（相對於古典式）**普遍主義**的用意，原本是針對各種主張（claim）的正當性／妥當性做交代、回答的途徑，即企圖藉著該主張的普遍性保障它的正當性。這裡的直覺想法是：如果能夠證明某個主張（認知、信念、規範、權利、價值、風俗習慣等的主張）具有普遍性格，

或者能夠從某項已經具有普遍性格的主張導出該主張，該主張便是正當的，**因為**它不再受制於特定場合或者特定身分的限制。這裡，超越原有「自身的」脈絡才能取得正當性，已經是一個潛在的要求。

普遍主義與正當性的這種關聯，起於近代各種「主張」放棄了目的論的「善／好」之類的評價角度，改以「正當」為評價的基調。也就是不再以某種不涉及意志的實質權威，而是根據屬人的意志之認可，作為評價的標準[2]。一方面，由於自然法傳統以及宗教權威均告式微，這種「意志論」的轉向勢在必然。但是另一方面也需要注意，在放棄外在的、超越的實質權威之後，如果一項主張竟係出自個別的特定個人意志的運作，那麼其間的主觀因素難免會侵蝕該一主張的妥當性。在這種想法的背後，有一種假設，即「確定性」必須立足於某種超越了特定主體之主觀的「客觀性」的基礎上。在古典思想中，這種客觀性具有實質的、外在的形上學的根據，例如自然／本性、自然法，或者神的超越權威。但到了近代，這種客觀性則要仰仗某種非實質的、內在於人之主體（思維）的結構，無論這指思維的形式條件，或者某種超越的、先驗主體的設定，抑或是指科學方法。由於這種客觀性是由先於主體經驗的結構所保證的，因此它既是出自於主體的客觀，同時由於並不受限於特定主體，所以又是普遍的。**普遍**而**客觀**，因此構成了理性的基本要求。

可是這種以普遍與客觀為界定特色的理性觀，在近代稍晚旋

2　Patrick Riley, *Will and Political Legitimacy* (Cambridge, MA: Harvard University Press, 1982), p. 3；又見 Harvey C. Mansfield, Jr. *The Spirit of Liberalism* (Cambridge, MA: Harvard University Press, 1978), p. 45.

即又遭到各種著重脈絡，或者直接肯定相對主義的理性觀所取代。一旦理性只能具有相對於特定生活型式、特定時代場合，或者其他局部的效力，理性概念所支撐的普遍主義，便不得不讓位給各種特殊主義，轉而以特定生活型式、局部理性種類為範圍的妥當性為已足，不必奢求一種全局性的普遍正當性概念。

同樣的情形，在身分認同的問題上也告出現。啟蒙式普遍主義相信，各個個人具有一種普遍的人性或者人的本質。這種普遍的人性乃是「真實」的人性所在，各種訴求、主張、制度的正當性，繫於它們是不是可以歸因於，或者有助於這種普遍的人性。這種想法，背後既有對於封建等級制社會制度的反抗，也反映著當時與其他文明接觸之後對於歐洲文明的厭倦。可是這種理解也在失勢。浪漫主義、民族主義、女性主義以及各種強調個人身分的思潮，紛紛質疑一個共通的普遍人性設想，是不是足以掌握個人作為人的文化、社群與歷史存在型態。在這些想法的背後，是一個具有強大爆發力的想法：一項特色，愈是特屬於個人的身分認同、能夠掌握住「我」，愈能反映、表現當事人的「本真」，也就是愈有資格成為我的「真實」的身分認同。相比之下，普遍性的身分由於需要一系列的抽離，掏空了個人身上許多具體、緊要的特色，往往只剩下空洞的形式意義，無法展現我的特點以及與他人的不同。以普遍主義為名義進行這種抽離，其實是一種暴力。

這兩類想法，當然都可以聯繫到世界歷史的實際進程。由於帝國主義與殖民主義的發展，壟斷了對於人性的詮釋，於是從19世紀開始，在這兩個陣線上，逐漸出現一種懷疑，即所謂普遍性，其實乃是西方／資本主義／基督教／白人／男性／啟蒙理性之霸權的特殊主張，披上普遍有效的外衣，以求達成支配的目

的。普遍理性與普遍人性於是遭到兩重的攻擊：攻擊它是某種特殊觀點與利益的偽裝，或者攻擊它根本不可能「真實地」存在。兩種攻擊的共同結果，就是普遍性要讓位給特殊性，無論這裡所謂的特殊性，是某種內在於特殊脈絡的特殊理性，或者某種特定的身分認同。

三、普遍主義的關鍵作用

關於普遍人性與普遍理性的信念一旦萎縮失勢，以特殊、直接（immediate）為取向的理性觀與身分認同觀相對取得上風，普遍主義的可能性和合理性自然遭到質疑。但是放棄普遍主義，真的是可能的嗎？要全面論證普遍的概念以及普遍原則的必要性，涉及一些知識論與後設倫理學的議題，並非本文所能嘗試。不過筆者想要證明，至少在**身分的認同與評價**這個議題上，普遍性有其關鍵的角色，協助我們把認同的問題理性化；因此，這個取向不是仍以理性和正義為念的論者所能輕易放棄的。

首先，就身分認同問題而言，有一個重大的區分不能忽視：主體的面貌誠然是由一個人的身分認同所構成甚至於決定，但是主體對於一己的身分認同，在原則上是不是始終保有自主的詮釋、塑造與選擇的可能？大略言之，每個人所具有（以及面對）的身分，可以分為「可選擇的」（voluntary）與「被歸屬的」（ascriptive）兩類[3]。理論上，當事人對於前者可以拒斥或者接受，

3　這兩個概念借自葛特曼對於「身分結合團體」的四種分類：文化結合、志願結合、歸屬結合，以及宗教結合。見 Amy Gutmann, *Identity in Democracy* (Princeton: Princeton University Press, 2003), pp. 30-34. 葛特曼的主題是各類身

對於後者則似乎並無選擇的餘地。不過值得注意的是，無論能不能選擇，當事人仍然可以對於這些身分有所詮釋、評價，甚至於設法調整改造。就屬於歸屬類的身分而言，雖然它們似乎附著在當事人的身上無法去除，可是她要如何看待這個事實，要賦予該身分多大多小的重要性，準備用什麼態度去面對自己這項看似無可矯變的身分，甚至於賦予該身分完全不同於一般想法的全新詮釋，卻有著很多的可能。而就可以選擇的身分而言，當事人當然更有評估、選擇、突出或者祛除它的餘地。換言之，身分議題的關鍵性的挑戰就是：是身分認同界定、淹沒了主體（即所謂的「本質主義」），還是主體面對著自己的身分認同還保有一定的相對自主性，可以重新評價、選擇、詮釋？筆者相信，後面的狀況更接近現代對於主體的理解。

　　但是評估與選擇，顯然預設著當事人可以將這些身分與其「他者」，與其他的認同可能並列與比較。換言之，只要我們承認主體在身分認同議題上具有一定程度的自主餘地，就必須承認：

　　1. 個人作為主體，並不是被一些既有的身分完全釘死的，而是可以抽離出來，去觀察、評價這些身分的，並且這樣的抽離並不代表我們假定了某種「毫無內容」（unencumbered）的主體之

分團體在民主社會中的公共倫理，這些倫理會因為身分結合所根據原則的不同而有不同的面貌與困難，因此她做了四重區分。本文在此處的關懷並不是身分團體結合所依據的原則，而是想要強調身分認同本身可以來自自願採納、擁有的特色（信念、價值觀、生活方式等等），也可以來自生來即被「歸屬」、賦予的特色（膚色、性別、殘障、性偏好等等）；當然，這兩個範疇無法清楚切割，許多特色其實處在灰色地帶。文化與宗教似乎跨越了兩類範疇，但似乎更屬於志願一類。由於本文旨在說明各類特色與主體的連結方式，故只取兩類即可。

可能；

2. 所謂身分，並不是絕對的「既與」，而是必須經過主體加以詮釋和塑造的，亦即容許當事人自行述說和詮釋她身上所包含的身分；我們可以稱身分選項的這個特色為其「敘事性」（narrativeness），涵蘊著以具體的生命史為脈絡去詮釋與賦予意義的可能；

3. 而無論可選擇的或者被歸屬的身分認同，顯然都可能與其他的身分認同進行評價性的比較；這裡所謂的評價，可能涉及的方面包括了道德的對錯、倫理的善惡、利害的得失，以及價值、尊嚴、品味、本真（是否忠於自我）等多方面的評價，不一而足；

4. 可是比較當然預設著某種共通的尺度，至少預設著當事人可以說出一些相干的理由，說明她基於什麼樣的考慮而接受某種身分、拒斥某種身分，甚至於想像與嚮往某種身分。這種理由或者尺度，必須明確地與這些待選擇的身分「共量」（commensurable）；而即或找不到明確的共量尺度，也找得到一些足以進行比較的參考項目（parameters）。換言之，比較的可能以及做進一步選擇時所參考的理由，已經預設了在特定的身分認同之間（或者之上），有著一些共通的價值或者關懷。這些共通之物，指向一種特定意義下的「普遍」。在這裡，所謂普遍，必然已經超出了主體當下特定身分的考量，而是指主體所動用的理由的普遍性。這種理由，視野上當然跨越了這些待評價與待挑選的身分認同。

本文在此的說法，業已將身分議題的普遍主義，擺進了一個特定的問題脈絡：人們關於身分認同的選擇，乃是一種有自主性可言的活動，因此也即是一種由主體作評價的活動，而評價在邏輯上預設著「凌駕」於受評價對象的「普遍」。應該特別強調，

評價的必要性無所不在——尤其是在涉及身分認同議題時的必要性——不僅是一個事實，也讓身分的認同取得了攸關重大的道德意義，即人的自主、說理，以及價值意識都在這裡找到了其角色。可是既然是評價，則又必須在「我族中心的評價」與「非我族中心的評價」之間有所區分。毋庸贅言，這個區分取決於評價時所依據的理由（標準）是不是超越了當事人現有認同的視野，而能夠在一個更「普遍」的意義上證明評價是合理的。

要說明這種「合理」，哈貝瑪斯的溝通理性和羅爾斯的公共理性，可能是在今天比較完備的兩套理論。兩者皆以公共性的說理為「合理」的來源：哈貝瑪斯認為溝通的**結構特色**保證了這種說理是合理的，羅爾斯相信公共理性的「政治」性格以及**公民之間的「相互性」**即是「合理」的定義。我們並不一定必須接受這兩種特定觀點。不過，由於認同議題發生的脈絡即在於**面對他者進行有理由可言的評價**，身分認同理由的「合理」，最明顯的一個意思就是由認同其他選項的人來認可為合理。拒絕在這個意義之下進行有理由可言的評價，不啻回到了**我族中心主義**，從而也就放棄了關於自主的追求，讓自我被現有的、事實性的身分所釘死。在今天，自我的身分認同，公認是一項需要尊重與正視的基本價值，可是要求這種尊重與正視的根本理由，還是在個人相對於身分認同的主體地位，而不是身分認同所涉及的各個選項本身。我族中心，正好貶抑了當事人的主體地位；他變成了某種身分的承載者，而不是該一身分的擁有者和認可者。

基於此，一個進一步的問題是：如果我們願意循著自主—選擇—評價—有理由可言的評價這個脈絡來思考，最後得到了一個普遍性之為必要的結論，我們還需要釐清：為什麼各造「他者」

的認可，足以建立這種普遍性？這個過程牽涉到了什麼樣的機制
與設定？

四、普遍性與相互性

　　傳統上，普遍性所要求的理由可以來自多種源頭，但也面對
著來自多個方面的挑戰。普遍主義歷來需要仰仗某種客觀、超越
的下錨奠基之所，藉以作為普遍性理由的立足地。可是首先，古
典型態的形而上的背景，無論是柏拉圖式的實在主義、亞里斯多
德式的目的論、斯多亞式的理性論、基督教式的有神論等均逐漸
失勢，無法援引作為普遍性理由的來源。繼之而起的是現代式的
自然主義（例如科學觀），所設定的人性欲望與激情的普遍主
張，雖然一時被視為普遍理由的依據，可是旋即遭到歷史主義、
相對主義，以及主觀主義的挑戰，從人性更為明白確鑿的歷史性
格、相對性格、主觀性格，得出了反普遍主義的結論。而隨著各
種價值多元論成為「事實」，以及民族主義、社群主義，以及女
性主義的昌盛，身分認同反而需要由「差異」來界定，結果超越
性的共有理由，愈來愈難找到立足之地。

　　如果必須放棄超越式的與自然主義式的普遍主義，普遍性還
有什麼其他來源？

　　分析前述的「非我族中心的評價理由」這個概念，或許可以
得到一些啟發。上面提到，為認同提供評價性的理由，需要跨出
當事人現有認同的視野。這種理由需要在一個更為普遍的脈絡裡
成立。而要進入這樣一個更普遍的脈絡，一個自然的途徑，即是
獲得處在其他認同視野之中的人的認可。

　　不過，所謂「其他人的認可」，需要再加以分辨。葛特曼與湯

普蕹將民主制度下調節理由的原則分為三種：利害（prudence）、相互（reciprocity）與超然（impartiality）[4]。這三者中間，由於身分認同的評價所涉及的範圍很廣，包括了道德的對錯、倫理的善惡、利害的得失，以及價值、尊嚴、品味、本真等等屬於「人格」的面向，並不是**利害**原則所能涵蓋處理的，所以為理由尋找一個普遍的脈絡，應該只能從**相互**與**超然**二者尋取。但是這兩者所蘊含的「普遍」，含意其實大不相同。

就我們的問題來考慮，相互與超然兩種原則的重要差異在於，它們各自所要求的理由，分屬於不同的種類。相互原則所要求的理由，是其他人從一己視野出發即能接受的理由，葛特曼與湯普蕹稱之為相互可接受的（mutually acceptable）；而超然原則所要求的理由，則是一般性的、超越性的理由，需要各造壓制或者擺脫了個人獨特視野的局限之後，才能認可的理由，兩位作者稱之為普遍可證明的（universally justifiable）。易言之，相互原則對個人有著「如其實」的尊重，超然原則則捨棄了個人脈絡，嚮往一個超越了個人的理念。

這兩種原則所產生的普遍性，因此也有著關鍵的差異。首先，如上引二位作者在書中列表所言，它們的動力、過程與目標都不相同[5]。不過，就我們的目的而言，更重要的不同在於：既然我們不想陷入我族中心主義的泥沼，那麼理由的構成要件之一，應該就是該理由要能被別人認為足以稱為理由。這表示，這種理由需要和其他的認同選項所設定的正當性標準、價值觀有所對話

4　Amy Guttman & Dennis Thompson, *Democracy and Disagreement*（Cambridge, MA: Harvard University Press, 1996）, pp. 52-63.

5　上引書, p. 53.

和說服（或者被說服）。換言之，由於我們必須既避開我族中心、同時又尊重與正視他人的自主的認可，我們需要的認可只能來自**相互原則**。相互原則所設定的理由之普遍性，才是我們所需要的普遍性[6]。

循著相互原則所要求的模式，這種捲入了不同觀點與主體以追求認可的過程，大致上具有如下的特色：

1. 這個過程並不設定一種抽離的主體，而是從具體特定的主體出發，不僅避免了哲學上的奢侈假定，對於個人的特殊性也明確地有所尊重；

2. 這個過程所處理和接納的理由，並不是另有獨立源頭的、其妥當性業已獲得先然保證的理由，而是有條件的（contingent）、經建構而逐漸形成的理由，從而容許個人的自主性，在思考理由與評價理由時，有其發揮的機會；

3. 這個過程承認，主體的認知、偏好與利益之間的差異，都是理由之所以相異的正當原因，因此它所面對的理由照顧到了差異，從而尊重多元的存在；

4. 這個過程也注意到，歷史文化情境脈絡等的相對性，乃是造成理由之相異的一個正當原因，因此必須面對與跨越，從而有助於引入更豐富的思考資源；

5. 這個過程要求人們作為理由的提供者與評價者，具有平等的權利與地位。這種權利與地位的平等，著眼在意見、利害、身分，以及生活的經驗應該受到關懷與尊重。這說明，平等在此的意義不止於形式的平等。

這些特色的完整涵蘊，一時之間還難以理清頭緒。不過明顯

6　這個問題，請參考本書第八章更深入的討論。

可見，它們帶出了多面的、強大的規範性要求。必須強調，歷史上普遍主義原先即自許承擔著進步與批判的職責，但是由於傳統的普遍主義無法給普遍事物一種非形上的、非霸道的、非權威的源頭，以至於普遍主義逐漸失去了這方面的可能貢獻。但是相互原則所開啟的普遍性，則能夠設定一些從特殊主義來看屬於烏托邦的價值與理想。靠著這類規範性的設定，「進步」與「批判」這兩種普遍主義思考的重要功能，在理論上似乎比較可能取得有說服力的陳述。

五、從說理的普遍主義到身分認同的普遍主義

可是身分認同真能夠接受根據普遍理由去進行的評價嗎？不錯，前面說過，根據個人自主的理念，這種評價乃是必要的、無法避免的。可是在涉及身分認同的問題上要求普遍性的理由，是不是忽略了這類問題的一些特性，結果有失**公平**？

這個疑慮並非無的放矢，因為身分認同，其實是由不計其數的事物所構成的，諸如宗教、文化、社經地位、性別、生活方式等等。對這些事物做評價，原本不會有單一的標準，而是必須考慮到內在於各類事物的本身的判準。但是必須強調，在身分認同的層次，問題的重點也有所轉移。一方面，在價值多元的前提之下，我們似乎必須先**假定**（presume）這些事物具有內在價值，同時認同屬於個人自我的建構與表現，在尊重個人的前提之下，評價的標準必須要尊重當事人自己的理由。但另一方面必須注意，在涉及認同的議題上，我們並不僅是在（例如）宗教信仰的邏輯之內，探討某一種宗教的妥當性與價值，也不僅是追問當事人如何理解和評價自己的信仰，而是在追問這項特定的身分界定

與其他人的關係。──而當然，這才是身分認同問題必須牽涉到
普遍主義的原因。這時候，認同議題的道德面向成為焦點；對身
分認同要追問符合普遍主義的理由，豈不正是因為這類理由才能
表達對於其他人的尊重與平等考量嗎？

　　必須承認，這個要求雖然正當，卻忽視了身分認同議題的幾
個特殊的面向。如上面的敘述所示，在身分認同的選項之間，無
論做評價性的比較，或者是根據相互原則進行理由的認可，都涉
及了對價值觀（conceptions of the good）作比較與評價，甚至於
往往進入了泰勒所謂的強評價（strong evaluation）的層次。在這
個層次，由於涉及的價值觀深刻地滲入了個人的人格，甚至於構
成了個人人格價值的客觀源頭，其評價的理由很可能要涉及文
化、歷史、宗教和形上的信念[7]。普遍主義若是僅僅以尊重與考量
他人的視野為依歸，面對如此根深柢固的信念，顯然太過於貧乏
無力，並沒有辦法處理多數在身分認同層面上的差異與爭議。當
然，這個事實，其實也充分說明，普遍主義不必奢望消除或者克
服價值多元論或者合理的分歧（reasonable disagreement）[8]。進一步
言，普遍主義並不是一種一元論；它不必主張，每一個問題，都
有而且僅有一種正確的──亦即普遍的──答案[9]，有待經由某種

7　例如Charles Taylor所謂的構成性價值（constitutive goods）或者自我之源頭
　　（sources of the self），例如宗教的神、柏拉圖的善之理念、康德的自主個人，
　　即屬於此類。見Charles Taylor, *Sources of the Self: The Making of the Modern
　　Identity* (Cambridge: Cambridge University Press, 1989). 參見本書第十一章。

8　價值多元論與合理的分歧論相去很大，見Charles Larmore, *The Morals of
　　Modernity* (Cambridge: Cambridge University Press, 1996), ch. 7. 參見本書第十
　　章。

9　這是伯林對一元論──通常被誤解為他對普遍主義──的理解。見他的 "The
　　Pursuit of the Ideal," (1988) in Henry Hardy, ed., *The Proper Study of Mankind:*

遵循相互原則建立的方式，來獲得所有人的同意。不過，普遍主義如何既堅持在相互原則下進行有理由的評價比較，但是又容許這種比較不必獲得唯一的結論？這裡，我們有必要釐清**說理普遍主義**與**認同普遍主義**之間的關係如下：

第一、站在合理的分歧論的立場，我們對於說理的效力，不應該有過高的估計。在正常情況之下，人們運用理性、尋找最好的理由，極可能在很多問題上仍然導致相互逕庭的意見與判斷[10]。

第二、當我們根據相互模式追求認可的時候，這裡的「認可」是指相互的「理解」還是「共識」，應該有所區分[11]。很多時候，社會生活所需要的、可能得到的僅是分歧之間的相互理解，而不是其間的趨同與共識。但無論理解還是共識，都在本質上不同於將他者異化，或者以策略理性、工具理性將他者視為操縱、強迫的對象。理解與共識所設定的與他者的關係，是一種對他者即使不同意但仍然承認、尊重的態度。這種態度即使尚不算是完整的普遍主義，也是普遍主義之為可能的一個重要因素。

第三、不過，人類——個人或者群體——所持的價值觀，不應該視作天成、固定、僵死的，而是可以改變的。這是個人自主性的可能性所寄，也是歷史以及心理上的事實。問題是改變能不能成為一個理性的過程，成為一個集體合作、互動的過程。普遍

An Anthology of Essays（New York: Farrar, Straus and Giroux, 1997），pp. 1-16. 本書第十章對伯林的多元論／相對主義問題有多釐清，請讀者參考。

10 見羅爾斯的有關著作以及上引 Charles Larmore 的文章。

11 理解（Verstandigung）與共識（Einverstandnis）的區分，筆者取自 Maeve Cooke, *Language and Reason: A Study of Habermas's Pragmatics*（Cambridge, MA: The MIT Press, 1994），pp. 110-117的討論。這個重要的區分來自哈貝瑪斯，其大意參見本書第五章註22。

主義的可能性，相當程度上也繫於這個過程的逐漸實現。社會科
學往往假定（並且這種假定往往會「自我實現」），人的信念與價
值表現為定型的偏好，無所矯變；而如果有所變化，往往也是策
略性的適應與對策，並不是一種理性意義的學習和趨同。這種假
定，只會導致一種極為僵化的身分認同圖像。但一旦這種圖像能
夠鬆動，則說理的普遍主義仍然有其發揮的餘地。

　　第四、即使我們相信在身分認同議題上共識仍有可能，用說
理的普遍主義來處理身分認同的議題，也有助於區分開「參與」
（participationist）意義下的共識和「整合」（integrationist）意義
下的共識，以及這兩種共識所意味的不同的普遍主義[12]。**整合意義
下的普遍身分認同**，意指一種由實質的價值共識所建構起來的身
分認同，其表現方式往往會訴諸某種超越特殊認同的民族精神、
生活方式、人生觀，甚至於共和主義理想中的共同體生活等等。
參與意義下的普遍身分認同，則單純意指一種由平等的交往所構
成的共同追求活動。個人在這種活動中的角色，係由其權利、義
務，以及活動的規範所構成，通常稱之為**公民身分**。這種活動的
目的，僅在於追求個人在說理與道德意義上更好的生活。在這個
意義上，公民身分並不會與一般的身分認同競爭，而是指各種身
分參與反思活動時的行為、態度，以及規範。普遍主義要求這種
共同活動，因此也以公民身分為圭臬、為典範。這時候，普遍主

---

12 這個區分來自 Seyla Benhabib，雖然我已經將這一對概念移出了她的原來脈
　　絡。見 Seyla Benhabib, *Situating the Self*（New York: Routledge, 1992），pp.
　　76ff.。本文關於普遍主義的一般論點，與 Seyla Behabib 所謂的「互動式普遍
　　主義」（interactive universalism），在原則上應該是相通的；請見她的上引書
　　以及 Seyla Benhabib, *The Claims of Culture: Equality and Diversity in the Global
　　Era*（Princeton, NJ: Princeton University Press, 2002）.

義並不會與各種身分認同背後的價值觀衝突,但是它仍然必須志在「擴大與改善」(to enlarge and refine)這類價值觀,以便提升公共生活的開放與品質。

六、結語

本文提出的問題是:就身分認同以及說理兩類議題而言,在什麼意義之下的普遍主義是必要而且正當的。我們指出,如果身分認同是一種容得下個人自主選擇的事物,那麼它就需要預設某種超越的價值,作為當事人進行比較和選擇的理由。而為了排除我族中心主義,這種理由還必須是他人能夠承認構成了「理由」。要滿足「能為他人所承認」,這些理由便需受制於相互性原則,亦即在這裡產生共識的過程,要讓各方的差異與多元有所發揮。

這種追求共識性的普遍事物的方式,是不是高估了理性處理認同議題的能力,以及侵犯了身分認同的神聖性?在四個意義上—— 1. 合理的分歧是正常的;2. 就平等與尊重他者而言,相互理解已經彌足珍貴,其價值並不遜於最後的共識;3. 經過相互之間對於理由的切磋挑戰而改變身分認同,並無礙於這項身分認同的神聖性;4. 這種普遍主義的認同建立了平等交往,並不影響純屬於個人的身分認同——這些憂慮可能是多餘的。

第七章

「承認」是一項憲政價值嗎？
──論承認的政治性格[*]

一、前言

公民身分的界定，以及在制度上確立公民身分所涵蘊的權利與義務，是憲政體制必有的一環。公民身分以及公民的權利義務，體現著一些非常根本的政治價值，需要藉憲政體制來宣示與實現。這類政治價值，或可稱為基本憲政價值[1]。

---

[*] 本文係參加中央研究院人社中心政治思想專題中心「憲政基本價值」學術研討會（2006年11月23-24日）的論文。會後做了較大幅度的修改，發表在蕭高彥主編，《憲政基本價值》（南港：中央研究院人文社會科學研究中心，2009），頁187-216。這次收入本書之前，又做了一些行文上的修訂。

[1] 所謂「憲政價值」，似乎並無嚴格的定義。而若是要作界定，又應該根據什麼原則，可能還需要進一步的討論。在本文中，或可將「憲政價值」理解為「在制憲的時候必須考量與落實的價值」。這個說法的脈絡乃是羅爾斯的「四階段」說，即從選取正義原則、根據正義原則制憲、再根據正義原則以及憲章立法，以及行政權的施展分為四個階段。在制憲的時候（以及行憲過程中涉及價值的權威詮釋），需要同時考量公民之平等的自由，以及政府的結構，故「憲政價值」應該包括基本權利以及政府權力的結構與限制。因此，

　　歷來西方有關這類基本政治價值的意識，用市民權利、政治
權利、社會權利三個範疇，大約已經足以分類總括。這些權利指
向平等與自由兩項價值，認為現代憲政體制的道德基礎在於所有
公民平等地具有主體的自由，亦即擁有**政治意義下的自主性**，故
而必須承認各項消極自由、積極的政治參與權利，以及讓這些自
由及權利取得「公平價值」的各項社會、經濟的制度安排。

　　到了今天，市民權、政治權兩個範疇已經鮮少爭議；在福利
國家的架構下，社會權項下的基本服務如國民教育、公共衛生與
醫療、失業與養老補助等也已經被視為理所當然。不過，這些權
利的保障和落實，是不是即已滿足了政治自主性的要求？這是近
代政治哲學所關心的問題，也是現實政治中許多爭議的所在。這
裡的質疑大概出之以兩個形式：一是追問現有的各項權利，是否
足以滿足政治自主的要求；二是對於政治自主性的理解本身若有
改變，是不是會影響到各項權利的內容。

　　在20世紀末葉，有關公民身分背後的政治價值的理解，確實
發生了一個重要的變化。如果說六十年前馬歇爾陳述公民權利的
時候[2]，主要的考量在於普及公民意識，即藉著賦予公民權利而建
立**公民向國家的歸屬與整合**（這是政治的考量），到了近二十

憲政價值既有別於第一階段考慮正義原則時的「道德人」的自由與平等，也
有別於立法與行政階段的政策考量。按照羅爾斯的想法。正義第二原則即屬
於立法階段，亦即分配議題不能算是憲政價值。見Rawls（2001: 48）。但如
下文所示，由於我認為「公平對待個人」這個概念的內容必須擴大，基本權
利勢必會牽涉到分配與承認的議題，故本文並不將這兩個議題局限在「立法
階段」。

2　T.H. Marshall, "Citizenship and Social Class," in Robert E. Goodin and Philip
　　Pettit, eds., *Contemporary Political Philosophy: An Anthology*（Oxford:
　　Blackwell, 1997）, pp. 297-319. 這篇歷史性的文章原先發表於1949年。

年，公民權所體現的政治價值，基調已經移轉到了**公平對待個人**（亦即轉向了道德的考量）這個主題上了。在這個新脈絡裡談基本自由、參與權利，以及資源的分配，所考量的是如何讓個人獲得公平的待遇。羅爾斯的正義理論，即是經營這樣一套政治價值的典範理論。用**公平**取代**整合**，固然是因為在現實的層面上來說，公平才能導致穩定的整合；但也因為在規範的層面上，公平本身便具有關鍵的道德意義，由它所規範的整合，才能滿足公民之間公平之合作所需的「相互性」（reciprocity）這項道德要求。

可是歷史背景的改變，也帶來了新的議題，進而影響了「權利」的概念。既然政治價值的焦點不再放在歸屬與整合，而在於公平對待作為公民的個人，所謂「個人」以及其政治自主，也就不再僅以國家所設想的公民為模式、為典範，而要隨著「公平」概念的需求，容許更多的社會、文化價值介入，讓個人的政治自主性涵蓋更多的面向。在這個脈絡裡，身分認同（identity）的問題遂告逐漸成形[3]。「對個人公平」這項訴求涵蓋的範圍擴大，一方面繼承了原先自由主義自由與平等的訴求，但附加上傳統左派特別針對資本主義體制而提出來的資源分配議題；另一方面則將「平等」的要求從權利與資源，擴張到身分與認同方面的特色是否被尊重接納，開始追問「個人的身分特色有沒有獲得公共的承認（recognition）」[4]。繼「權利的普及」與「資源分配之公平」之

---

3 這個趨勢，當然還有社會、政治、文化等因素的變動，在發揮更大的作用，不過本文只強調理論本身隨著問題意識轉變而呈現的重心轉移。

4 在本文初次發表時，為了保持該一概念的突出地位，曾將英文文獻中的 recognition 一字翻譯作「肯認」。但由於筆者始終試圖將平等對待意義下的承認（承認具有平等的地位）與評價意義下的正面肯定（**推許**為具有正面價值而接受）區分開來，並且認為正面肯定意義下的「承認」不可能是一項政治

後，身分的獲得認可，遂排上了政治思考與政治實踐的日程表。在身分特色上居於少數（少數族裔、少數性偏好、少數文化團體）的人們，發現爭取自己的身分特色獲得承認，乃是保障自身權利、爭取資源，尤其是維繫尊嚴的不二途徑，因此紛紛加入了要求「承認」的運動。這種運動以及其背後的哲學觀點，終於蔚為潮流。

　　有見於承認問題受到的注意日漸增加，本文想要探討：承認的重要性不言而喻，但是它算是一項憲政價值或者基本政治價值嗎？本文的結論是：如果在「公平對待公民的政治自主性」這項要求之下來理解憲政價值，承認──經過較為謹慎的限定──確實構成了一項憲政價值。不過，這裡的謹慎限定，會排除多元文化主義所期待的文化**推許**（esteem）。本文將先說明，這種對於承認概念的限定，可以透過三個問題來表達；然後根據當代泰勒（Charles Taylor）、洪內特（Axel Honneth），以及傅瑞澤（Nancy Fraser）三家所建構的承認概念，本文將說明他們對於這三個問題的答覆顯示，他們心目中的承認，其實都沒有脫離憲政價值的要求。

二、承認的概念分析與道德涵蘊

　　一般言之，「承認」泛指對於個人身分（identity）的某個關鍵面向的正視、尊重，甚至推許，並且該面向通常對於當事人「是誰／是哪一種人」具有決定性的「構成」意義。拒絕給予承

　　義務，故在本書中改為「承認」。這個區分，在下面第八章中更形尖銳，只能使用「承認」而不能使用「肯認」。

認，彷彿即是貶抑或否定了該一關鍵面向，結果對於當事人的自我、對於他的自我認定，造成否定的效果。承認的對立面，乃是忽視、扭曲、貶抑，甚至於負面的評價和醜化侮辱。這些作為，效果上都踐踏、否定了當事人的自我形象、尊嚴甚至於人格。

當我們這樣理解承認時，作為一項公共生活裡的機制或者理想，它的給予或剝奪，可以有三個層面的含意。**首先**，它影響到當事者心裡的感受。一個人無法獲得承認、或者獲得的承認不如預期，通常會造成心理的創傷，例如喪失自信與自我肯定。**其次**，承認的獲得或者闕如，有其社會整合的涵蘊，會影響到當事人的公共地位、公共機會，甚至於公共的權利，從而使他的存在與活動受到或有利或有害的影響。**第三**，也是最根本的，承認更涉及了當事人的人格之構成，影響所及，當事人會成為什麼樣的人、是不是他自己所想成為的人，都跟著改變。在這第三個意義上，當事人的「自我決定」或者自主，直接受制於承認的影響。有見於這三個層次的重要，承認並不是簡單的心理—社會生活機制，而是具有深重道德意義的[5]。

上述承認的第三個層面，晚近主要由泰勒和洪內特加以鋪陳發揮，視之為前面兩種（不）承認之心理與社會後果的根本成因。他們兩位都受到黑格爾承認理論的深厚影響，認為承認乃是主體之所以成形（構成）的要素：主體性或自我意識，唯有在與他人（其他自我意識）的相互承認關係之中才能成形[6]。在這個意

---

5 Seyla Benhabib, *The Claims of Culture: Equality and Diversity in the Global Era* (Princeton, NJ: Princeton University Press, 2002), pp. 51-52.

6 黑格爾的承認理論，主要見《精神現象學》中自我意識章中的主人奴隸一節。不過，洪內特強調黑格爾在早期的耶拿時期已經開始發展承認理論。見 Axel Honneth, *The Struggle for Recognition: The Moral Grammar of Social*

義上，承認的是否健全存在，可以決定當事人的主體性、他的自我意識，也就是他的「身分」能不能夠自主地（健全、自由、完整地）成形。剝奪承認，對當事人造成的傷害不僅在心理層面和社會地位層面，更進入了身分之構成的層面，不能不謂嚴重。

　　在這個思路的引領之下，承認議題的道德意義，不只是價值上的可欲與否，更涉及了正義。承認不僅涉及私人感受，還涉及了社會地位以及個人的人格構成，從而牽涉到了個人生活的機會與權益，以及人格的面貌與尊嚴：換言之，承認涉及了個人的**公共生活**；這種情況之下，承認顯然是一種與**正義**——而不僅是裨益於日常生活的品質——緊密相關的價值。這一點，與傅瑞澤用「參與的對等」（parity of participation）一概念來表達承認的公共政治意義，同樣強調了承認在社會生活裡的關鍵地位。既然身分認同議題涉及了社會參與的權利，以及攸關個人人格之構成，那麼其「應然」的規範性格（相對於其社會心理層面的作用），就不能不居於第一線。

　　不過，以上所言，只涉及了承認的影響或者作用。至於承認這件事本身的含意，還並不清楚。檢視有關承認的一些哲學文獻，我們會注意到，「承認」的意思並不是單一的。要說明承認究竟是什麼樣的一件事，需要考慮承認的進行牽涉到了人格的**普遍**和**特殊**兩個基本面向，而究竟是從普遍的角度接納特殊，抑或是從特殊的角度「推許」特殊，所帶來的承認會大異其趣。這中

Conflicts (Oxford: Polity Press, 1995), part I. 泰勒較為簡約的說法，見Charles Taylor, *Multiculturalism and "The Politics of Recognition"* (Princeton: Princeton University Press, 1992), pp. 32-34. 除了黑格爾之外，美國社會學家George Herbert Mead的 *Mind, Self, and Society* (Chicago: University of Chicago Press, 1934) 一書對泰勒和洪內特也有一定的影響。

間，可以分出三種可能的承認角度。

（一）**普遍角度的承認**：承認某個人或者某種人，一個起碼的意思是指，承認該一個人或者屬於該類的人，具有完整的人格，也就是具有所有人共有的道德地位和道德價值。這種意義的承認，道德上表現為對於其人的尊重、政治上則表現為對於其人基本權利的尊重。這種承認，旨在將某些原本被排除、遭到不平等待遇的人，納入完整人格的範疇，讓他們享受人類的普遍待遇，滿足平等或者公平的要求。這種承認的根據，因此通常是強調被承認者與其他人**一樣**具有某種實質的或者道德的特色，至於造成差異的特色，則被視為並不具有道德涵蘊或者政治意義，應該予以忽視。精確的說，這裡所承認的是某種普遍的道德與政治人格。

（二）**特殊角度的承認**：但是承認某人或者某種人，還有一種不可或缺的意思，就是在承認上述的平等地位以及平等待遇（也就是承認了普遍的人格特色）之外，還因為當事者人格的某些特殊獨有的特色或者需求，而要求某種**特殊獨有**的對待方式。在此需要強調，這種對於特色的承認以及因此而產生的特殊要求，必定是在上述對於普遍性承認的要求獲得滿足之後才能成立的。因為這裡對於特色的承認以及特殊待遇的給予，其實是**以特殊主義的方式，表達普遍主義的要求**：理由是唯有如此的特殊的待遇，方克表達對於該人或該類人的平等看待。設想即知，如果脫離這種普遍主義的脈絡，以特色（包括特殊需要）為理由要求特殊待遇，不啻根本否定了普遍平等的基本原則，也就是主張某種等級身分制度。當代主張承認的各家中間，似乎並無這種等級身分制的傾向。

但無論著眼點是人格的普遍面向或者特殊面向，上述兩種角

度，都將承認放在一種普遍主義（或者平等主義）的脈絡裡來理
解：所有的人都應該獲得平等的對待，而承認則是落實這種對待
方式所要求的途徑。這兩種角度的承認的差別在於，第一種角度
認為，承認了共有的特色或者需要，即／才算是平等的對待；而
第二種意思則認為，對於獨有特色的承認，以及因此而生的獨有
待遇，才足以保證平等的對待。需要強調，在這兩種承認觀點之
下，被視為需要承認的特色、需求之所以有資格受到承認，僅是
因為該一特色、需求**在平等對待的原則審視之下**，被認為乃是平
等對待的一個構成部分。它們本身是不是具有道德平等意義之外
的價值或者必要，並不在考慮之列。（例如，承認宗教信仰的權
利，以及各個信仰的獨特崇拜方式，並不代表對於宗教這回事，
或者對於個別特定宗教本身的價值有所判斷。）也因此，一項特
色、需求若是並不足以成為平等對待的構成部分，則對它的承認
也就沒有必要，無論它本身具有什麼價值。

　　（三）**評價角度的承認**：承認的第三種常見的意思，溢出了
上述著眼於「平等對待方式」的範疇，進入了「實質評價」的範
疇。這兩個範疇是有別的：以對待方式為著眼點，承認的意思是
賦予權利或者待遇，而以平等對待為理由；以實質評價為著眼
點，承認的意思則是正面的「推許」（esteem），這時候承認某項
特色或者需求，意思是說認為該特色或者需求具有某種實質的價
值，承認它代表其本身即值得承認，至於承認它是否為平等的對
待原則所要求，並不在直接的考慮範圍之內。

　　這種實質評價意義下的承認，在很多場合都在發生，例如就
個人而言，成就、才藝，或者美德，都有可能要求承認；性別、
族裔、文化慣習亦然。但是這種承認的含意與運作進行方式，在
脈絡上迥異於平等主義脈絡下的承認要求：這種承認的受者具有

某種優點,而施者認識到了這種優點,根據某種價值尺度承認該一優點的價值。這種承認有可能轉成平等主義意義下的承認要求,但是只要它根據價值的標準來要求承認,這種承認仍然必須與(例如)該價值標準的運用是不是普遍、公平的考量有所區別。

由於本文所關心的承認是一種「憲政」價值,亦即強調承認作為一種政治道德上的義務,為共同體成員相互的對待所需,因此,承認的平等對待面向顯然是理所當然的,但是承認的評價面向就必須慎重處理。畢竟,憲政價值屬於很基本的權利與義務的領域,但是對於各種特色的「推許」,則似乎不可能成為一種義務。換言之,我們有理由說,承認作為憲政價值,只能及於上述(一)普遍及(二)特殊兩個角度下的承認要求,而不涉及(三)評價意義下的要求。但是實質評價意義下的承認,難免會與前面兩種意義的承認有所牽連。假如一項特色與平等對待有直接的關係(尤其從當事人的角度來看),可是又無法取得評價意義上的承認,我們該怎麼辦?這是承認議題中較為棘手的一個問題[7]。

---

7 一個簡潔的回答方式是:基於對人有平等的尊重,故而承認其特色,但這絲毫不涵蘊對於該項特色在評價意義上的推許。在「尊重某人」與「尊重某人的某一項信念、特色」之間,必須做出類似的區辨;參見Charles Larmore, *Patterns of Moral Complexity*(Cambridge: Cambridge University Press, 1987), pp. 63-64. 不過必須指出,有些人身上的某些特色,非但無法取得評價意義下的推許,甚至於不可能成為平等對待所需考慮的對象;這時候,這些特色根本不可能要求承認。你不需要推許任何一種性偏好,即可以對各種同意情況之下的性活動施以承認,因為平等承認性偏好,乃是平等對待的一個要求。但是種族主義的偏好,由於涉及對於他人的歧視(用德沃金的話來說,是一種涉他偏好[external preferences]),本身即不是平等對待所能列入考慮的,故永遠沒有資格要求承認。

本文將整理泰勒、傅瑞澤、洪內特與羅爾斯幾位政治哲學家
關於承認的看法，以資顯示，他們都意識到了這中間的問題，也
都根據自己的不同理由與方式，排除了上述（三）評價推許意義
下的承認。因此，他們心目中的承認，都可以算是憲政價值。本
文擬利用上述的討論，分辨出三個問題，觀察這幾位思想家如何
應答：

（I）他們關於承認的理解，有沒有分辨上述的（一）普遍角
度和（二）特殊角度？他們對於這個區分的看法是如何的？

（II）他們所謂的承認，有沒有區分上述的（一）與（二）的
對待方式脈絡、與（三）的評價脈絡？他們是否承認，承認主要
不是評價問題，而是對待方式的平等，或者說正義問題？

（III）他們如何看待（三）的評價問題？當評價問題與平等
要求衝突的時候，他們會持什麼態度？

三、泰勒論承認：權利與評價

承認之所以在當代成為一個明確的政治哲學議題，泰勒的貢
獻是奠基性的。所謂「奠基」，主要分成兩個方面說。第一方
面，他較早就明確的論證了承認的重要性和道德意義。第二方
面，他充分掌握到承認所涉及的上述三個問題，並且提供了經典
的陳述與分析。在兩方面，他對於後起的討論有決定性的影響。

泰勒的出發點，即是承認與身分的緊密關聯（25-6）[8]。而這兩

---

8 Charles Taylor, *Multiculturalism and "The Politics of Recognition"* (Princeton:
Princeton University Press, 1992). 本節引用泰勒此書時將直接註明阿拉伯數字
頁碼。

者的關聯，則建立在他獨特的人性論上面。他認為人之所以能
成為人性的主體（human subject），繫於其「對話」（dialogical）
的性格：人是在與其他人——尤其是「關鍵的他者」——互動
之中界定自己的；「一個人不可能自行成為自我。只有在與一
些對話者的關係之中我才能成為自我……。自我只有在我所謂
的『對話網絡』之中才能存在。」（32）[9] 在泰勒的認識裡，對話
與人作為主體的關係經過兩層轉接。第一，人成為主體，也就
是理解自身、界定自身，需要先取得豐富的各種「表現語言」
（languages of expression），以這些最廣義的語言為媒介進行「表
現」（expression）[10]，在表現中逐漸形成一己的身分。但是第二，
由於語言在本質上即是對話性、公共性的，邏輯上即不可能是私
人的獨語（monologue），所以個人的身分成形，也是在對話的脈
絡中進行（32-35）[11]。但接下來的問題則是：既然身分認同不是在
先存在的，也不是由社會位置所保證的，而是必須由個人在對話
中爭取（negotiate）來的，那麼就有失敗的可能。其他人可能拒
絕接受你的自我界定，也可能賦予你一種你並不認同的界定。這

9　關於人之「對話性」更一般性的論證，請見Charles Taylor, *Sources of the Self*
　　（Cambridge, MA: Harvard University Press, 1989）, pp. 35ff. 上引文在該書 p.
　　36。另外，請參見 Ruth Abbey, *Charles Taylor*（Princeton, NJ: Princeton
　　University Press, 2000）, pp. 67-69.

10　泰勒所謂的「表現」，特指他所謂「表現主義」意義下的人之成為人的創造
　　與自我認識過程。見本書第十一章。

11　泰勒這一套表現論比較複雜，在此不贅。讀者可參見他的其他著作，例如上
　　引 *Sources of the Self*, ch. 3. 也可以參考本書第十一章第四節。需要注意，論
　　及承認與身分的內在關係時，泰勒的論證比較明白而且嚴密；洪內特對這一
　　問題也有完整的經營，不過本文並未列入討論；見 Axel Honneth, *The Struggle
　　for Recognition: The Moral Grammar of Social Conflicts*.

種失敗，即是「承認」的失敗。廣泛言之，在社會層面，由於對話網絡的有意無意的扭曲和壓迫效應，身分的成形可能也是扭曲的，甚至是失敗的。

　　泰勒進一步從歐洲近代思想史的一次轉變，展現「承認」這個概念本身的邏輯。他認為，在等級社會、特別是以封建等級為身分標準所產生的「榮譽」（honor）觀念讓位之後，著重平等的「尊嚴」（dignity）概念和著重獨特的「本真」（authenticity）概念繼之而興，成為想像、理解個人身分的兩個主軸（27-31）。從這兩個主軸，分別產生了「普遍主義的政治」與「差異的政治」。前者認為所有人都平等地值得尊重，其基底的價值在於「普遍的人類潛能」；後者認為每個個體的身分都是獨特的，其基底價值是人人皆有潛能獨立地界定和形成一己的身分（41-42）。泰勒強調，這兩種政治，其實均以普遍的平等原則為基礎（39）；兩種政治所堅守的價值，也都在於普遍的人性潛能。不過顯然，它們「尊重」潛能的方式很不一樣。**普遍主義要求以「無視差異」的方式對待人，才算是尊重其潛能；差異政治則要求「正視差異」，才算是尊重了人的潛能。**著眼點的不同，造成了普遍主義與差異主義分庭抗禮，不過兩者都肯定了「普遍平等」這項價值，不同所在只是對這項價值提出了不同的詮釋。

　　這個情況充分說明，就上述問題（I）而言，泰勒可以作肯定的回答。他不僅指出了人類身分的普同與差異兩個面向，並且在思考承認議題時兼顧了這兩個面向。他也認清了承認的這兩個面向，其實都預設了一套普遍主義或者平等主義的脈絡。

　　但是泰勒繼續指出，承認議題在當代有了新的轉折：上述尊重人的自我界定之潛能的要求，進一步蛻變為要求尊重這種潛能之獨特的「成果」，也就是具體的人格或者文化，以及其產品（42-

43）。在此，泰勒其實是在針對所謂「尊重」，發展幾種不同的解釋。**第一種**是泰勒所謂的一種最常見的、自由主義式的解釋，強調尊重必須「無視差異」，其對象只限於自主性本身，而不及於自主性的選擇結果；康德式的自主性，是這種尊重的典型對象（57），演成前述的普遍主義的政治。**第二種**意義的尊重，涉及了泰勒稱之為存活（survival）的集體價值，即為了文化主體能夠繼續存在，故對文化本身提供特殊的保護和支援；此種態度雖然涉及了集體性的價值，逾越了個人自主性的範圍，卻仍然是一種尊重、即對於「多樣」的尊重（58-59）。傳統自由主義並沒有意識到這種尊重的重要，不過泰勒認為它仍然可以歸屬於自由主義的範疇。接下來，泰勒指出還有**第三種**對於尊重的可能理解，即對於現存文化及其產物賦予正面評價（64）。在泰勒看來，晚近的多元文化主義（multiculturalism）所要求的尊重屬於此一類；它認為做到這一步，對於潛能的獨特實現成果有所肯定，才算是滿足了尊重的要求。

這樣理解尊重，並且導出所有文化在評價意義上都應該獲得平等的推許，表面上似乎是前述平等尊重原則的延伸（68），但是泰勒不同意此說。他提出了一項分辨：視各個文化具有同等的價值，可以是一種「推定」（presumption）（66ff.），也可以指實際的價值平等判斷（actual judgment of equal worth）（68）。作為推定，對於各個文化的尊重只是一個初始的預設（66），即**準備**發現其他文化有其本有的價值，在做法上準備藉著「視野的交融」（67）而修整一己視野的局限、成見和評價標準。泰勒甚至承認，「推定」意義上的尊重，是一種可以作為權利而提出來的承認要求。但是多元文化主義等晚近觀點所要求的，已經進入了實際上評價推許的領域：它們要求的是逕直實際承認當事文化的

價值。泰勒認為，這種要求在邏輯上是荒唐的，因為根據「評價」一詞的定義，獲得正面的評價，不可能是一種權利（70）；此外，任何人如果認為，他可以不經比較與說明理由，就直接、當下推許另一種文化，不僅反映了評價者本身的高傲與優越感，也表示他根本忽視了該一文化的獨特與相異之處（71）。

從這套分辨來看，泰勒對於上述問題（II），也會作肯定的答覆。尊重作為對待的方式，與評價推許意義下的尊重，由於所涉及的平等原則與「評價」這種活動的邏輯有著重大差異，根本是兩件事情，並且後者很有可能造成與尊重背道而馳的態度。在**對待方式**的意義下理解尊重，所涵蘊的承認要求，關係到了是不是視對方為平等的主體；這種承認可以循普遍主義的途徑進行，也可以循差異主義的途徑進行，但是其立足點在於平等與公平則並無二致。這種承認涵蘊著道德義務，對於個人意志當然具有道德的強迫作用。可是**評價**乃是應用某種客觀標準，根本便不是由意志來決定的事情，因此也不可能受道德考量的強制，亦即「正面評價」不可能是一種道德義務。

至於上述問題（III），泰勒則只提供了部分的回答。一方面，由於評價的結果是什麼內容不可能事先有定論，藉此提供承認更不會是道德義務，所以他充分理解評價的結論可能是負面的承認。但是這是否有違平等的基本要求呢？泰勒對此沒有作直接的答覆，而是強調，與其追問他人是不是有權利要求我們的承認，不如追問我們是不是應該從「價值推定」去理解和認識其他文化。而如果從這個角度來看，其實面對異文化之時，由於種種限制，我們離作出終極價值判斷的時候還早。換言之，他離開了權利的問題，進入了人類面對實質歷史現象時的態度問題。不過，從以上所言仍可以確定，對於泰勒而言，既然評價意義下的

承認不是一項權利，自然也不可能構成一項憲政權利。

四、傅瑞澤論承認：參與的對等

繼泰勒之後，當代另外一次關於承認的重要討論，見諸傅瑞澤與洪內特針對承認與分配之間輕重與關聯的爭議[12]。本文將根據他們之間的辯論，探討他們心目中所理解的承認，在什麼意義上是（或不是）一項憲政價值。至於分配議題，本文將不涉及。

傅瑞澤關於分配與承認的討論，涉及道德、社會、政治以及制度四個層面。在此，我們將僅探討道德層面的問題。在道德層面，傅瑞澤又分出四個議題，分別呈現她的分析與觀點。這四個議題是：一、承認事關「正義」，還是涉及「自我實現」？二、分配與承認是兩個獨立的典範，抑或可以相互化約？三、各類承認的要求（主張）之間，要如何分辨有道理的與沒有道理的？四、正義究竟要求我們承認個人或者群體的獨特之處，還是承認普遍的人性即足（27）[13]？這裡除了第二個問題之外，其餘三個問題，均與我們的前述問題（I）（II）（III）有關。

首先必須強調，傅瑞澤賦予承認議題一個十分獨特而明確的脈絡：承認乃是正義問題，而不是心理健康或者人格之實現的問題。如傅瑞澤所形容，承認通常被視作攸關**自我實現**（self-realization），泰勒及洪內特可為代表。所謂事關自我實現，意思

---

12 Nancy Fraser and Axel Honneth, *Redistribution or Recognition? A Political-Philosophical Exchange* (London: Verso, 2003).

13 本節以及下一節引用上註所列傅瑞澤以及洪內特書中的文字時，將直接註明阿拉伯數字頁碼。

是說個人之發展出健全的主體性、發展完整的正身（intact identity）、成為真正的我，需以獲得健康完整的承認為前提。而發展出這種主體性或者正身，或者說實現一個充分發展的理想自我，正是美好人生這個理想的一部分內容——甚至即是其全部內容。因此，從人格成形及其蓬勃興盛的發展的角度來看，承認具有高度的道德意義。

不同於這種思路，傅瑞澤將承認視作攸關**正義**的問題。她認為承認所涉及的主要不是某種理想的**生命狀態**，而是**社會地位**，因此她提出「承認的地位觀」（status model of recognition），即將承認與地位兩個概念結合（29）。承認的剝奪或扭曲是不正當的，主要原因在於個人或群體被剝奪了「社會互動中完整成員」的地位。這種完整成員的地位，傅瑞澤詮釋、界定為「參與的對等」（parity of participation）。

傅瑞澤認為，將承認放在社會地位的脈絡裡談，而不看作自我實現的問題，有幾方面的優點（30-33）。這些優點是不是都成立，在此不論[14]。不過傅瑞澤的說明中所提出的兩個觀點，因為與

---

14 在筆者看來，其中的第一項（即視自我實現為實質價值，故而在價值多元論的時代，無法取得各方的共識）即無法成立：我們完全可以想像，各方對於自我實現的具體內容會有不同的構想，但是對於自我實現這件目的本身，則均同意為最重要的人生目標。畢竟，「成為自己想要成為的人」可以是普遍的理想，雖然這個理想的內容注定因人而異。當然有一些關於人生的構想是負面、消極的，根本不會接受「自我實現」這種似乎以自我為中心關懷的思路；「棄絕自我」（self-abnegation）在宗教中並不罕見。不過棄絕自我也是一種安排自我、尋找自我跋涉之路的取向，完全可以視作一種自我實現的努力。此外，其中的第三項（即自我實現脈絡裡的承認理論，一定會將承認與推許看作同一回事），也很難成立：一個人可能因為種種原因，對於人生理想的想像是嚴重扭曲誤導的，我們可以設法指出其扭曲誤導，但是懷著遺憾

我們的關懷有關，值得標舉出來。一方面，由於地位觀強調的是
社會關係，而不是個人的心理狀態或人格的完整本真，地位觀之
下的承認不必涉及一套個人身分構成的理論（譬如泰勒的對話形
式的表現論，即屬於這種理論），而只需根據平等或者正義的要
求，關切制度以及人際關係即可。這種取向，除了理論上的簡明
與負擔較少之外，也涵蘊著策略上的彈性，即傅瑞澤所謂的「實
用主義策略」，我們在後面會談到。另一方面，將承認視作個人
的自我實現之條件或前提，涵蘊著實際獲得肯定乃是一項權利；
可是在傅瑞澤的理解中，自我實現的理論（她以洪內特為例）往
往將評價意義下的推許，看作承認的一環，結果，獲得推許似乎
變成一種權利，傅瑞澤譏為荒唐。她認為，雖然每個人都有權利
追求承認，但事實上獲得評價意義下的推許，卻不可能是一項權
利。地位觀所要求的承認，則正好不會有這種結果。由此可知，
將承認與評價分離，也是傅瑞澤思路的一個基本論點。

　　這樣一套關於正義的構想，由於同時涵蓋了承認與分配的訴
求，傅瑞澤稱為「兩面向正義觀」（35）。這套正義觀的核心價值
即是參與的對等：正義要求社會須如此這般安排，讓成員們能夠
在平等的地位上互動。這種對等的互動，需要主觀與客觀（或者
稱文化與經濟）兩個面向上的條件，即是資源分配與文化的承
認[15]。**分配與承認乃是正義的兩個面向，兩者不能相互化約，但又
包容在同一個正義架構之中。**由此，傅瑞澤證明了承認與分配必

　　的心情尊重當事人最後的（錯誤）抉擇。我們無須走上相對主義，認為價值
　　判斷必須內在於價值抉擇，因此不可能判斷某一種價值抉擇流於扭曲誤導。
15 傅瑞澤另外還提到第三個面向即政治面向，指的是政治制度上對某些人或者
　　群體──並非來自不承認、也非來自分配不公──的不利狀態，見該書 p.
　　68。

須並重；這是她的主要理論與政治關懷所在。

但是「參與的對等」，以及它所衍生的一套正義觀，基礎又何在？傅瑞澤認為，這套正義觀乃是「平等的自主性」（equal autonomy）這項根本道德理想的涵蘊與延伸（229）；她的邏輯是：為了滿足平等的自主性這項理想，人們應該獲得應得的承認（以及資源分配）。可是平等的自主性要如何理解呢？傅瑞澤提出參與的對等，即是為了賦予平等自主性更為具體的形貌。參與的對等性，展現了一種說法，對於「尊重（每個人的）平等自主性」這項核心價值提出一套詮釋，傅瑞澤稱之為「激進民主的詮釋」（229）。這套詮釋的特殊之處在於，它不會滿足於形式的平等：由於它是以「參與」這樣一種比靜態的、形式的公民身分來得更實質、豐富的概念為脈絡、為基準，視個人為社會互動中的完整夥伴，也就會要求「參與」的各類制度性先決條件——包括經濟資源和社會地位——能夠平等地落實。換言之，用「參與」來詮釋和強化自主性這個概念，比起單純地主張地位或者道德權利上的平等，更能證明承認與分配的必要。

在這裡不難看出，傅瑞澤確實不必訴諸玄妙複雜的身分成形理論，即可引進承認的概念：在參與的脈絡裡，承認直接關係到個人進入社會生活的時候能不能取得對等的地位。參與之所以不對等，傅瑞澤常舉的原因包括了各類種族、性別、社會身分、性偏好，以及其他文化、政治、宗教的歧視。這些歧視確實造成了參與時的制度性不平等。我們也不難看出，藉著平等自主的道德理念以及參與對等的正義要求，承認也取得了規範的意義：拒絕承認，不啻違反正義，也傷害到平等的自主性這項道德理想。

經過這些說明，傅瑞澤關於承認的基本看法，可以參照我們前面提出的三項問題逐一整理。

首先我們會注意到，傅瑞澤將實質的評價推許，從承認的領域排除了出去：如果獲得承認是一項權利，那麼既然實質的推許並不是權利所能保障的，承認便只涉及「尋求推許的權利」（32），卻不仰仗任何特定的評價結果。換言之，針對上述問題（II），承認是屬於對待方式的問題，而不是評價的問題。承認他人的平等參與權利，涉及了清除各項制度性的文化成見，但這並不代表針對文化價值本身作正面評價。在這個問題上，傅瑞澤的態度堅定明確：例如她指出，為了參與的平等，同性戀婚姻與異性戀婚姻應該取得相同的地位（均成為制度，或者均「去制度化」），但是其理由並不是因為同性戀「獲得倫理性的正面評價」，而是因為參與的對等「以本務論的方式」對同性戀者的主張賦予正當性（40）。承認與評價無關；承認與否的標準，完全在於參與的對等這項原則。

其次，針對上述的問題（I），傅瑞澤固然意識到著重普遍共有的人性與著重差異兩種視野之間的差別，但是她的理論架構使然，對於承認的要求來說，普遍與特殊之分只有策略的差別，不具有本質的意義。「參與的對等」這項正義標準，本身是一種普遍主義規範，不僅對所有人都適用，也賦予所有人平等的價值。但是，由於承認旨在「彌補社會的不正義」（45），而不是旨在滿足某種本質性的需求，故採取所謂的「實用主義策略」，認為要採取哪一個途徑，端視「參與的對等」作為標準會如何要求，從而隨個案不同，實現承認所需要的做法也會不同，時而要求承認某些人的普遍人性（例如針對種族歧視的受害者），有時又會要求承認某類人的獨特之處（例如針對女性的生育能力），並無定法。

第三，針對上述問題（III），有沒有可能，某項對象雖經

「參與的對等」要求我們承認，卻在評價的意義上無法獲得認同？傅瑞澤當然會否認這種可能，首先因為她根本不認為承認要仰仗實質性的評價來建立承認的正當性；也因為她相信，雖然承認的要求不會必然地都合理（當然會有不合理的承認要求），但是合理與否的判準並不涉及實質價值，而是根據「對等參與」受到了什麼阻礙或者扭曲來判定（38-39）。

　　綜觀傅瑞澤的整套理論，會發現「參與的對等」是其規範性論述的核心。可是為什麼「參與」會居於這麼關鍵、重要的理論位置？根據什麼理由，平等的參與最妥當地詮釋了對於個人自主性的平等尊重？為什麼參與能夠充任平等──以及如何承認──的判準？直觀上，用參與說明平等，不僅符合人的社會性格，也符合民主社會的公共生活理想。不過，參與與互動等概念本身的所指，並不是自明的。在較為一般的意義上，它們泛指一般社會人際生活的經營，其制度涵蘊並不很明確。在較為特定的、接近共和主義或者公民人文主義的意義上，它們又似乎偏離了傅瑞澤所要求的本務論取向，進而對於它所預設的憲政體制，設定了一些有爭議的前提。一旦參與的意義是在一套共和主義或者公民人文主義的脈絡裡理解，那麼參與所要求的「承認」是不是可以簡單地設定為一項憲政價值，也無法確定。例如，為了維護參與，承認這個概念所要求的是積極的公民認同、支持，還是消極的市民式的包容甚至於不在乎（indifference）即已足夠？畢竟，如何理解「憲政價值」，「激進的民主」並不是唯一的詮釋方向。

　　在下面我們會見到，羅爾斯對於「參與」即提供了相比之下更為明確的陳述，值得參考。

五、洪內特論承認：身分的成形

在傅瑞澤眼中，參與的對等是最高的政治道德原則，而實現這項原則，則要求經濟上的再分配與文化上的承認。如果說承認在傅瑞澤的理論中居於導出的（derivative）地位，並且與分配並列為正義的兩項內容之一，洪內特的觀點則將承認擺在核心的地位，將其視為正義的主要內容，至於分配以及文化領域裡的特定承認要求，則都是從基本的承認要求導衍出來的結果。

洪內特在兩個層面，說明承認何以在社會生活中具有這種核心的地位，一個是經驗的，一個是規範的。在經驗層次，他從社會理論與道德心理學著手。他認為，社會衝突的道德內容，必須用「承認」來展示和處理。第一步，他指出，根據歷史研究，社會「不正義」的經驗與認知，總是對應於應當獲得的承認遭到無理拒絕。經濟上不利與文化上受辱的區分，其實只是這個意義上社會「不正義」的兩種現象而已，都可以用經濟領域或法律領域的承認之遭剝奪來理解。這是他的道德心理學論點。其次，他指出「承認」這個概念如何取得了經濟或者法律的意義。與其抽象地談承認，洪內特企圖在歷史與社會的發展中尋找承認的具體形式。他認為，近代資本主義社會係由三個「承認領域」所構成，分別由愛、法律平等，以及成就（achievements）三種承認原則來節制[16]。以法律承認對於個人平等地位的尊重，以及按照成就承認個人的社會價值，乃是資本主義社會將先前等級社會中的「榮

---

[16]「愛」作為承認的一種形式，泰勒也曾提到，見 Taylor, *Multiculturalism and "The Politics of Recognition"*, p. 36. 不過他視之為私密領域內的事，與公共領域的承認有別，故未加討論。本文也將採取泰勒這個態度。

譽」（honor）概念民主化和績效化所造成的結果（138ff.）。除了私領域的愛之外，每個人還都期待自己受到法律的平等尊重，也期待能按照社會貢獻而獲得推許（esteem）。這種期待若是遭到否認，即構成了不正義，甚至引發反抗。在這個意義上，這三項原則，構成了洪內特心目中的正義原則。這是他的社會理論的論點[17]。洪內特這兩個部分的想法，雖然值得參酌細究，但在此不贅。

回到規範的層面上，洪內特從兩個方面著手，建立承認的規範地位。一方面，他說明了承認與理想的社會──「正義或者美好的社會」──之間的關係：承認緊密聯繫到一套有關社會的理念：「正義或者美好社會」這個理念，是以承認為核心的。何以如此？就個人言，承認帶來個人在道德方面的社會化，也就是個人身分的成形；另就社會言，承認帶來社會的道德整合，也就是透過承認，個人才正常地進入社會（173）。在這兩重意義上，社會的正義或者美好與否，均繫於它是不是能夠確保承認的條件獲得滿足，讓「一己的身分成形（identity-formation），也就是個人的自我實現（self-realization）」（174）之過程，能夠妥當地進行。換言之，由於身分成形與社會整合均需要以承認為途徑，所以承認關係到社會生活與個人生活的品質，當然構成了社會理想的主要內容。

另一方面，洪內特還進一步說明，承認與「平等的自主」是在概念上相連的。雖然如他（以及黑格爾、米德、泰勒等思想

17　但是洪內特說，這三個原則本身，並無法得出「文化正面承認之要求」；文化的承認本身有可能需要構成第四種承認領域，見Fraser and Honneth上引書 pp. 166-170。

家）所再三強調的，個人身分的成形需要以承認作為要件。但是「個人身分的成形」這件事本身之所以具有關鍵性的規範意義，是因為它乃是正義的涵蘊、是正義與平等的「目的或者理由」（176）。這中間的扣環，在於「自主性」這項出發點。一方面，所謂自主性，部分的意思即是要求人們形成自己的身分，因為形成身分即成為某種人、成為某種主體，也就是落實自主性；個人能夠按照自己的嚮往與期待，為一己的身分取得面貌與內容，亦即「實現自我」，豈不正表達了自主性？另一方面，洪內特強調，既然平等乃是正義的核心，而平等涵蘊著平等的各項權利，其中包含著平等的自主性，也可以見出正義會要求自主性的平等。從這兩方面來說，正義都要求身分的平等成形；那麼正義自然也就會要求平等的承認。洪內特在此的思路或有些複雜凌亂，卻依然說明了「正義所要求的平等的自主，涵蘊的正是讓人們平等地實現一己的身分」這個命題。既然這項目標、這個「善」繫於上述三項承認原則（愛、法律平等與成就），那麼這三項原則的道德意義也就明確建立了。

顯然，在「自主性」與「身分的成形」或者自我的實現之間，如何建立可靠的關係，是洪內特整個說法的關鍵。他認為這種關係不僅確實存在，也對襯出傅瑞澤關於參與對等說的任意性（179）。此外，承認自我實現這項「善」的關鍵地位，也彰顯了程序自由主義所壓抑隱藏的價值性預設（178）。可是我們仍可以問：所謂自主性涵蘊著自我實現，或者關於身分的特定主張，應該如何理解？

身分的成形或者自我實現，有兩種可能的理解方式。一種建立在某類關於人性或者人格的特定假定上，其實現或者成形，是指將該種人性或者人格發揚到圓滿極致。亞里斯多德常被視為這

種圓滿論（perfectionism）的代表。但是這應該不是洪內特的意
思。他強調資本主義社會有其獨特的承認原則，構成了現代身分
成形的正義原則，與前現代例如封建社會的等級制承認原則（榮
譽）有別（140），顯示他並沒有設定一套固定的有關人性或者人
格的形上假定，而是承認了身分或者自我的構想會隨著歷史在變
化之中。而如果洪內特的自我實現並不是一種特定的圓滿論理
想，而僅強調個人在身分問題上有自我決定的可能（其極端形式
例如沙特式的存在先於本質說），那麼如傅瑞澤所指出的，為了
避免對於持有不同人性論或者身分理念的人不公平，洪內特只能
將自我實現或者身分成形理解作一種形式的理想，即認為每個人
都應該有「機會」實現自我、形成身分，至於其內容則屬於個人
的選擇（225）。洪內特自己也表示，他的意思接近羅爾斯所謂的
「弱（薄）的善之理念」（259），也就是一種形式的要求，對內容
並沒有作規定。

　　可是一旦這樣稀釋他的主張，洪內特將「自主性」直接連結
到「身分成形」的獨特做法，也就無法成立了。何以如此？

　　將自主性或者身分的成形理解為一個形式的理念，可以進一
步分出兩種可能的意思。一個意思是，由於缺乏更高道德原則的
節制，人們的自主性無分軒輊，任何內容都可以作為身分的理想
而實現，也就是說任何的身分認同，都有權利要求（以及獲得）
承認。這當然是荒唐的：例如種族主義者，並沒有理由要求他人
承認他的這項身分理念[18]。洪內特也強調，個人的自主性之實現，

18　在這個「證成」或者判準的問題上，傅瑞澤比洪內特更有自覺，見Fraser and
　　Honneth書pp. 37-42。至於種族主義為什麼沒有資格要求承認，請參見上註
　　7。

有賴於提供承認的對方也是自主的，言下之意是基於平等自主性而建立的承認，本身即帶有內建的規範要求（259）[19]。可是這樣的交互承認要有可能，它所預設的平等自主性，顯然在「身分成形」或「自我實現」之外，包含了其他的內容。這種對於自主性的擴大理解仍然是形式的，也就是並沒有設定關於人性或者人格的實質內容，可是它又是具有規範意義的，要求對於某一些身分的成形，並不應該賦予平等的承認。這種自主性的概念，應該如何說明？

洪內特似乎認為，「平等」一概念已經足以表達這個要求，可是他的說法並不會比傅瑞澤標舉的「參與對等」更具體或者更清楚。不過，援用本文前面第二節所提出的三個問題來提問，反而可以凸顯洪內特賦予平等的具體想法。

首先，洪內特強調，「所有針對承認的鬥爭，過程上都展現著普遍與特殊之間的道德辯證……。」（152）這裡，洪內特主要是指法律上的承認，但是他將法律的承認如是詮釋：只有參考平等原則，指出某項尚未獲得法律考量的「差異」需要肯定，才有法律承認的鬥爭可言。換言之，洪內特視承認為平等原則的應用，至於差異是指共通性質遭無理的否認而受到了歧視（沒有做到前述普遍角度的承認），或者是指特色殊相遭淹沒忽視而沒有受到差別待遇，因此遭壓抑（沒有實現前述特殊角度的承認），都並沒有超出法律平等以及法律承認的範疇。這兩種情況，都是以普遍或者平等為圭臬，針對「對待的方式」進行檢討和要求。

---

19 黑格爾早已說過，只有一個自我意識才能藉承認關係讓另一個自我意識成形。不過，黑格爾還強調勞動的客觀化作用與中介作用，在晚近的承認理論中卻鮮少見到列入考量，其中緣故值得探究。

當然，洪內特關於這兩種情況的區分，對應於他有關尊重權利與
對成就的評價兩類承認之區分，要來得較為複雜。在權利領域，
追求承認的進行方式是導出平等權利的涵蘊，指出某種歧視造成
的差別待遇是錯誤的；在評價成就的領域，追求承認的進行方
式，則是改變現有的價值系統，讓原先因為文化偏見等等因素而
遭到貶抑的成就（例如女性的家務勞動），也能獲得應有的評價
甚至推重。但無論哪一種領域，洪內特的討論顯示，針對我們上
面舉出的問題（I），他意識到了承認可以根據普遍性在現有價值
體系下的涵蘊，或者現有價值體系下的歧視，分成兩類進行方
式，但是兩類方式均訴諸普遍的平等。

　　其次，針對上述的問題（II），即承認究竟是評價問題還是對
待方式的平等、正義問題，洪內特的答覆雖然也是較為複雜，但
並不曖昧。如上面所言，洪內特認為，承認的訴求，無論是在法
律權利的領域，還是在成就評價的領域，都歸於同一個以平等為
旨的共通架構，追求個人受到平等的對待。他的這個看法，直接
涉及了對於文化特色、文化差異的承認問題。文化特色的承認，
通常歸類為對於差異的承認，主張者不僅不願意訴諸超文化的、
普遍性的權利論，也不願意接受外在於該文化的評價標準。但在
洪內特的仔細分析之下，多數的文化差異訴求，其實都涉及了個
人或者文化群體中的個人的法律的平等，或者在強調某文化對於
整個社會的貢獻時，訴諸某種績效原則[20]。那麼在法律平等原則與

---

20 洪內特的討論相當複雜，其要旨在於根據各類訴求的目的和根據，區分各個
　訴求歸屬於什麼原則，我們整理簡列如下，藉以看出他的結論之歸趨。他認
　為，要求承認文化差異，

　　1. 若是旨在改善個人的處境，例如消除歧視、落實普遍的權利，則屬於法律
　　　權利領域（163）。

績效成就原則之外，文化差異的承認能不能構成一項獨立的原則？

經過層層剝離，洪內特認為，**對於文化特色本身，不可能在規範層面上要求給予正面的評價推許**。充其量，規範上只能要求人們對於特殊文化特色給予善意的注意，以便進行評價。如果文化特色適用一項獨立的第四項承認原則，其要求也只能限於這個程度（168-169）。換言之，洪內特清楚將承認的問題局限在對待方式、而不是評價的層面上。

既然如此，洪內特對於上述問題（III），答案也很清楚的是否定的。和傅瑞澤一樣，他根本不認為承認的正當性涉及評價意義的推許（或者說對於文化特色本身的推許）。**承認，並不涵蘊正面積極的評價。**

---

2. 若是旨在改善群體的處境，則可以分為三類：

  a. 旨在維護文化，抵禦外來的侵蝕，屬於法律平等（164）；

  b. 旨在要求資源或者保護措施，以促進共同體的凝聚，也屬於法律領域的平等（164-165）；

  c. 但是宗旨若是在於正面直接地承認文化差異本身，則再分為兩類：

    i. 要求某個群體的文化特色受到尊重或者注意，避免傷害尊嚴、限制自由等結果，屬於法律平等（166）；

    ii. 要求本身文化的目的與價值獲得推重，則超出了法律的範疇，進入了社會評價的範疇：

      甲、根據某種社會貢獻的論述，證明一己的文化對於社會有貢獻，從而獲得推重，仍然屬於社會評價，也就是仍然按照「社會貢獻」之類的普遍原則進行評價，不算是對於文化本身特色的直接承認（167）；

      乙、旨在文化特色本身獲得直接、不訴諸外在判準的正面評價推重；這是真正的「文化差異的承認要求」，可是洪內特在此劃下了界線：這種要求不可能具有道德上的強制性與約束力（168）。

　　基於這樣的分析，我們可以看到，洪內特談到承認的時候，強調法律平等與社會貢獻的平等評價，著意排除的正是評價意義下的推許。他所謂的社會貢獻，誠然預設了一套由文化所涵蘊的評價標準，不過這裡所謂的文化，意指一個社會的**公共**文化，而不是社群主義或者多元文化主義意義下的一般文化。當洪內特著意於法律平等與公共文化認可的貢獻平等的時候，他所想到的乃是現代政治與經濟生活裡的公民，而不是在特定文化或價值觀影響之下界定身分的「生活世界」的成員。需要說明，他本人並沒有做這樣的區分。可是他所謂的承認，完全需要在這樣的一個公民世界裡才能進行；也只有在這樣的世界裡，才能進行身分成形與自我實現。離開這個脈絡，承認不可能具有道德的強制性，也即是不會成為社會成員的義務。根據這個分辨，洪內特所謂的自主性，應該是指公民身分即政治意義上的自主性；這種主體藉著法律與社會合作的必要取得了平等地位，卻又先於特定的身分成形過程。這種主體如何可能？洪內特並沒有說明，但是羅爾斯的道德人／公民概念，似乎有助於彌補洪內特理論在這方面的疏失。

六、羅爾斯論承認：道德人與民主公民

　　其實，洪內特的疏失，在泰勒與傅瑞澤的理論中，也隱約可見：「尊嚴」與「參與的對等」，若是脫離了政治或者公民的脈絡，能夠成為一項道德義務嗎[21]？放到身分認同的脈絡中，承認

21　傅瑞澤對這一點有所意識，企圖擺脫泰勒及洪內特所著眼的身分認同和個人心理的面向（30-32）；可是她也並沒有強調一個獨特的政治範疇。

不確實是一個橫跨政治與文化之間、相當歧義的概念嗎？為了說明這種先於身分認同議題的平等主體要如何設想，也藉以顯示洪內特觀點的疏失，我們最後或可離開本文的脈絡，看一下羅爾斯有關道德人／公民的概念，以資展現以上三家有關公民身分之理解的不足[22]。在他的著作裡，羅爾斯並沒有特別討論到承認議題，可是他關於道德人的想法，有助於我們擺脫多元文化主義的牽制，**將承認的問題帶回公民的層次**。

身為本務論的自由主義者，羅爾斯並不是沒有關於「人性」的理解：人是「依其本性」自由、平等、理性的；這種本性構成了人的道德人格（moral person）。道德人格或者道德人具備兩項道德能力（capacities），分別為「正義意識」（sense of justice）的能力與「善之構想」（conceptions of the good）的能力。前者讓當事人能夠思慮、理解、應用、遵行正義的原則，後者則讓當事人能夠形成、修訂，以及追求一套理性的生命規劃。

羅爾斯根據什麼做出這種有關人性的說法？他的觀點，顯然與心理、社會或者形上學因素均無關。反過來說，多數情況之下，我們並不會這樣來看人或者人性，那麼我們的理由又是什麼？問題似乎出在「人性」這個概念太過於浮泛模糊，因此任何有關人性的講法，都顯得有些隨意和局部。「道德人的道德能力」，彷彿也很難逃過這個批評。

但是羅爾斯並不是毫無所本；他提出道德能力作為「人性」，

---

22 以下的陳述，大體係參考 Samuel Freeman, "Congruence and the Good of Justice," in Samuel Freeman（ed.）, *The Cambridge Companion to Rawls*（Cambridge: Cambridge University Press, 2003）, pp. 283-296 而寫成，並非筆者自己根據羅爾斯的著作所做的重建。

理由（這也是一個很有說服力的理由）在於：這是我們在進行**社會合作**的時候，對於自身以及彼此所**預設**的理解。如果想從事社會合作（而不是統治社會，或者操縱社會），我們就已經相信，同在社會合作中的人，不僅有能力追求一己的合理目的，也有能力選擇（以及擺脫）身分、信念，以及關於整體人生的這類目的；不僅會基於正義原則關懷自己的權益，也會以正義的原則對待他人。你當然可以不接受這些假定；你可以假定自己與人們都是由生理因素決定行為的有機體，也可以假定自己與他人都是非理性的自我主義者。但在這些假定之下，你不可能與他人進行社會合作[23]，尤其不會試圖找出正義的原則，以便在公平的條件之下與他人進行社會合作。這幾種有關人性的圖像本身（以及其他社會學的、政治學的、經濟學的、宗教的人性圖像）的對錯與妥當，並不是羅爾斯在這個脈絡裡有必要追究的問題；他所想要突出的是，當思考**公平地進行社會合作**的時候，我們是如何彼此相視的。所謂的自主性，他也完全是在這個脈絡裡來了解的。

這樣理解的自主的自我身分，有沒有「成形」或者實現和承認的問題？羅爾斯認為是有的[24]。一方面，上述兩種「能力」需要發展和施展，並且根據羅爾斯所謂的「亞里斯多德原則」，這種能力的發展和施展是一件「有價值／善」的事。這些能力的發展和施展，構成了所謂的本性之「表現」（expression）或者「實現」（realization）。當然，根據後期的羅爾斯所提出的新說法來

23　在不同的理論家的設想之中，人類在一起經營社會生活的方式，可以是合作，但也可以是弱肉強食，或者是高度紀律化的命令體系，或者是博愛互助，或者其他的方式。

24　以下的討論，大體參照Cohen（2003: 104-111），並非筆者自己整理羅爾斯原著的結果。

看，正義原則正是為了促成這兩項能力的發展與施展而構想的。換言之，羅爾斯相信，自主性需要以兩種道德能力的形式去成形與施展，而正義原則的功用之一，即在於促成這種自主性在公民的社會合作中成為現實。如果這也算是「身分成形」，那麼這裡所成形的身分，即是公民或者道德人的身分。這種身分可以進一步進入市民社會，取得其他的特色和認同，也可以為這些特色與認同要求承認。但是在政治身分優先的意義上，後面這類領域的承認與否已經會受到公民身分的節制，應該無助也無傷於公民的人格成形。

另一方面，道德人或者公民如何取得承認？羅爾斯對這個問題的處理，見他有關「自尊」（self-respect）之社會基礎的說法。自尊之所以可能，是因為正義意識的能力，賦予我們每一個人平等的地位：這種能力讓我們成為自由而且平等的人，其中正義意識更讓我們與其他人共同決定社會的正義原則，在集體事務上平等地參與了最後的權威決定。這種平等的地位，保證了我對自己的尊重，也保證了他人對我的尊重。公民的平等以及因之而來的自尊，並非寄身於我們的利益應該受到平等的考量，或者我們都具有平等的內在價值，或者都有相同的稟賦和利益（或者貢獻），而是寄身於我們對公共事務有平等的發言權和決定權。換言之，獲得承認乃是每個公民的權利，但是這種承認並不涉及廣義的身分認同，或者個人的特定信念、傾向、價值觀，而只涉及當事人在民主社會裡的公民身分。

七、結語

本文提出的問題是：承認是一項憲政價值或者基本政治價值

嗎？本文得到的結論是：如果在公平對待公民的政治自主性這項要求之下來理解憲政價值，文化或者身分認同意義下的承認，確實構成了一項憲政價值。這意思是說，「公平對待公民」可以作純粹政治性的理解，得到羅爾斯式的結論，即承認只限於民主社會裡的公民身分。本文梳理泰勒、傅瑞澤、洪內特三位重要的承認理論家，發現他們雖然根據不同的理論前提鼓吹承認，其實他們的結論，還是與羅爾斯的想法相合。他們三位，以及羅爾斯，都與多元文化主義的承認觀念有可觀的距離。

但是需要注意，按照泰勒、傅瑞澤和洪內特的論述，承認之所以成為一項具有道德—規範意義的價值，是因為它藉著對話表現論與身分之構成掛勾（泰勒），或者直接繫於「參與」（傅瑞澤）、繫於「身分的成形」（洪內特）這兩項具有道德—規範意義的價值。因此，參與和身分的成形所擁有的道德成分應該如何理解，才是他們的論證的關鍵所在。他們三位，似乎都不願意如羅爾斯一般，將視野局限在單純的「公民」概念上。他們都擔心這個概念太過於形式、貧乏。但本文的論證似乎顯示，公民身分或許確實貧乏而且「形式」，但是已經足以導衍出明確的憲政價值，其豐富的內容仍然不容忽視。至於更廣泛的承認當然有其意義與價值，可以在市民社會中盡量發揮：即使多元文化主義意義下的承認不構成憲政價值，並不代表它不具有重大、可貴的文化、社會，以及對個人的私人價值。

第八章

主體如何面對他者：

普遍主義的三種類型[*]

一、前言

　　在我們的概念架構中，「普遍」既與「差異」或者「區別」成對比，也與相互有別的個體成對比。但既然個體乃是由差異與區分所界定的，那麼在個體之外或者之上，有必要與可能設定「普遍」這個性質嗎？普遍主義與特殊主義，乃是對於「普遍」性事物之**可能**與**必要**的正反兩種回應。例如，面對著人與人在個性特質上無限多的差異，有沒有可能與必要設定一套普遍的人性？面對著眾多認知架構與詮釋的角度，有沒有可能與必要假定普遍適用的理性或者合理之判準？面對著人們在身分、處境、所

---

* 本文初稿曾在中央研究院人社中心政治思想專題研究中心所主辦的「政治秩序與道德秩序：現代性的規範涵蘊」學術研討會（南港：2010年4月29-30日），以及中國人民大學外國哲學研究所主辦的「普遍主義與特殊主義」學術研討會（北京，2010年10月30-31日）上提出報告。其後經審查通過發表在錢永祥主編，《普遍與特殊的辯證：政治思想的探掘》（南港：中央研究院人社中心，2012），頁27-52。這次收入本書之前，又做了一些修改。

得、能力等等方面的無限多區別，有沒有可能與必要要求一套在道德上普遍適用的對待方式？面對著各個國家、社會之間文化與制度上的多樣差異，有沒有可能與必要堅持政治、法律、社會方面的普遍權利[1]？普遍主義對這類問題提出了肯定的回答，即使這些普遍主義的說法本身還是言人人殊，十分多樣。

在今天，時代的精神取向與社會結構的變化趨勢均強調個體的獨特、多元：於是差異與區別在**存有**上而言似乎比普遍更為真實、在**認知**上無法化約、在**價值**上而優先、而積極差別待遇（即只要不造成剝奪，對待的方式容許差別）要比形式上的平等更符合**正義**的要求。最關鍵的是，在今天，主體的自我意識與身分認同取得了至高的優先性；但無論這主體指文化、國家、族群或者個人，主體在本質上即是特殊的、個別的，由它的獨特性、差異性（而非相似性、共同性）、它的「非我」所界定和維持。可是普遍主義卻似乎背道而馳，要以某種號稱普遍的本質、規範、價值，泯除這種差異或者分殊，結果壓抑、扭曲了主體。

既然如此，為什麼還有必要追尋普遍性的事物呢？本文認為，在主體與他者的互動方式中，「**說理**」扮演著關鍵的角色；可是要在正視差異的前提之下維持說理的可能，普遍主義正是一項必要的條件，是故普遍性、普遍事物不可或缺。普遍主義的必要在於，要證明某個信念或者行為是**妥當**的，也就是在某個意義上是**對的、好的**，一個必要條件在於能否提供具有**普遍性**的某些標準、原則、價值作為理由。理由須具有普遍性，是因為理由之所以能夠成為**理由**，不能只對當事人成立，還需要別人──也就

1　Seyla Benhabib, *The Claims of Culture: Equality and Diversity in the Global Era* （Princeton and Oxford: Princeton University Press, 2002）, pp. 26-28.

是「他者」——承認，在同樣情況之下因為同樣的理由確實可以
作出同樣的判斷。本文認為，由於一個理由必須對其他人也構成
理由，也就是理由必須具備某個程度的普遍性——這正是所謂
「普遍主義」之所以堅持普遍性之必要的考量：你判斷一件事是
對的、好的，需要當事人以外的其他人也能同意你這個理由足以
證明它是對的、好的。因此，要否定普遍性，可以出之以二途：
或者否定理由的必要，或則否定理由需要由他者來檢驗或者承認
構成了理由。換言之，所謂普遍，就是跨越了當事人的當下脈
絡，也能為他者——差異者或者差別者——所承認、接受[2]。

　　借用後文將會說明的「承認」概念，我擬稱這種普遍主義為
「承認他者的普遍主義」，因為這種普遍主義著重在為涉及對的或
好的評價性判斷提供理由，而理由的概念要求我與他者之間的相
互承認，即「承認他者」對於理由具有構成性的意義，從而尊重
了差異。不過除此之外，另外還有兩種類型的普遍主義。一種用
迴避的方式超越他者，轉而追求一種對於他者以及自身均中立、
超然的普遍性，不待與他者說理的過程來尋找普遍的理由；本文
稱之為**「超越他者的普遍主義」**。另一種普遍主義則否定他者，
強調自身作為主體，必須要求他者承認我的自主自足的主體性，
所用的手段卻是藉生死鬥爭降服對方，逼迫對方放棄自己的主體
性，接受征服者的普遍地位。這種觀點，假定了主體均為隔絕的
原子，之間並無說理的可能與必要。這種原子式的主體所能發展
出來的普遍主義，當然只能是虛假的普遍，本文稱之為**「否定他**

2　為什麼關於好與對的判斷及其理由必須具備一種對話的、公共的面向，需要
　　較為完整的哲學論證，在此暫不進入。本文只假定，理由這個概念本身即涵
　　蘊著公共的檢定之要求，不會是一種私人心靈的運作（包括訴諸權威）。

者的普遍主義」[3]。

　　本文認為，這三類普遍主義的分歧，起自各方對於**理由**的理解迥異，而不同的**理由觀**背後，其實預設著不一樣的**主體觀**。「承認他者的普遍主義」預設了主體並不是自在完滿的原子，反而必須藉著在主體之間發展出的相互主體關係，方能交換觀點，形成具有普遍效力的理由；「超越他者的普遍主義」認為理由必須超越各方的特殊觀點，因此個別的主體性並不是理由的構成部分，從而相互主體性並無必要；而「否定他者的普遍主義」則持一種自我肯定、自我設防的理由觀和主體觀，根本否定相互主體性是可能的。這中間的差別，以及其涵蘊，我擬借用黑格爾分析「承認」概念的架構來說明。然後，我將簡單描繪這三種普遍主義的內容，借用黑格爾的架構來分析其間的長短得失。

二、普遍主義的根本問題：說理如何可能？

　　在西方哲學傳統中，一直有一種在多樣之間尋找共通因素的驅動力量，推動著普遍主義問題意識漫長的形成過程。這個傳統假定，個別事物的差異與多樣即使真實，但在存在、認知（以及價值）幾種意義上卻並不是終極的；在個別事物的內部或者背後，或者在人類掌握事物時所用的概念之中，還可以找到一些共通的事物或者原則，才是個別事物的「真實」所在。這種出於形

3　Seyla Benhabib 曾區分兩種普遍主義：「互動式的普遍主義」與「取代式的普遍主義」，大致上相當於此處所謂的「承認他者的普遍主義」與「超越他者的普遍主義」。但她的問題意識與本文並不一樣，也沒有談到否定他者的普遍主義，故在此不加討論。見 Seyla Benbabib, *Situating the Self* (New York: Routledge, 1992), pp. 13-14.

上學與知識論關懷的普遍主義傳統十分複雜，不過由於與我們所面對的問題關係較為間接，本文並不擬有所梳理與討論。

本文所要發展的普遍主義，主要涉及**評價性的判斷之成立的條件**。這種普遍主義所處理的問題是：既然面對自己或者他人的信念與行動，我們不能不追問它們的妥當性，也就是它們是不是對的、好的，那麼這種判斷如何才能成立，而不只是判斷者的偏見、成見？如上所言，這取決於判斷者提供了什麼樣的理由。但這種理由需要具備什麼特性呢？又根據什麼故具有理由的效力？在這種問題意識之下出現的普遍主義於是主張，為了保證理由不是偏見或者成見，這理由必須經過他人理解和承認為理由，也就是他人會同意這理由確實構成了理由，並且對理由本身可以接受或者不接受。換言之，本文所理解的普遍主義，乃是一種對於**說理**的看法，要求我們作判斷時所依據的理由必須由差異的觀點所共同認可。這樣的理由，賦予「他者」一種**構成性**的地位，道地的「普遍」係由我與他者的合作構成，其中涵蘊著對他者平等與尊重的對待。

這樣一種普遍主義的概念，其實與傳統普遍主義的關懷並沒有完全脫節。所謂說理，也就是演證一個主張的正當或者妥當，當然需要訴諸在它之外的一個依據：個人抱持的「確定性」必須立足於某種在個人之外的基礎上。在古典思想中，這種客觀性寄身於實質的、已經客觀完整存在（out there）的形上學或者宗教預設上，例如柏拉圖式的實在主義，亞里斯多德式的目的論自然主義，斯多亞式的理性論，基督教式的一神論，古今各種自然法思維等等。到了近代，科學自然主義興起，思想家們於是退回世間來設定某種依然客觀普遍的人性、欲望、激情，以資支持特定的主張具有確定的理由。在這類自然主義之外，尚有另一條重要

的現代途徑，則是尋找理性或者思維的先天結構，以其先於經驗的地位保證其普遍性，再以這種普遍性保證特定判斷的妥當。

這些普遍主義的思路，無論訴諸超越或者訴諸自然、訴諸先驗的領域，均假定了某種客觀、現成存在的普遍性規範，作為個別事物的本質、源頭、理由或者支撐；因此所謂演證某項主張的妥當，即是訴諸這樣的客觀事物作為支持。可是到了近代，**在涉及實踐的脈絡之中**，由於客觀世界已經「祛魅」，無足以構成信念與行為的圭臬；尤其在文化與歷史多元論的挑戰之下，既有的道德與價值秩序並不具有絕對的權威。所謂演證一項主張——無論是信念或者評價——的妥當，已經找不到這種客觀現成的權威可以依靠，提供理由。這時候，說理的普遍主義一定得被相對主義（認為信念與行為的評價只是內在於判斷者視野的偏見、成見）所取代嗎？非相對主義的說理如何還有可能呢？

但是上述這類客觀實在論的說理觀，並沒有窮盡「說理」的可能範圍，「說理」——演證一個主張的正當或者妥當——除了訴諸一個客觀、現成意義下的外在權威，另一個意思是自行提出理由來支持自己的意見，並且這理由在**其他人**眼裡確實有是非對錯可言，可以進行批駁或者同意。一項主張的妥當與否，取決於是不是有足夠的理由支持；可是理由需要具備的基本條件，則是能夠與他人進行討論與批評、改正。這裡的想法是：說理就是面對他人（尤其是持不同意見，不同價值觀的其他人），與他人**合作**尋找終極而言最好、最對的行為與信念。「他人」之所以是關鍵，並不是因為某種較強的「共識」真理觀使然，而是因為（1）他人的介入保證了我不是在自說自話、不是在重複自己的成見，同時又（2）維持了我修改意見的機會，以及（3）保障了他者的差異地位。這三者乃是在今天所謂「合理」的基本要件，也是在

客觀權威闕如的情況下主張「好」與「對」的另一種基礎。因為他人的介入之必要，說理成為一種「相互主觀的」的活動；它所訴求的理由滿足了相互主觀性的要求，因此是普遍的。

在這樣的理解之下，說理這種活動當然預設、要求他者具有說理的能力。我們是不是願意承認他者具有這種能力呢？這涉及了「承認」這個議題[4]。

三、自我意識與承認：黑格爾的一個議題

「承認」指主體之間一種相互對待的方式。在今天，承認被賦予極高的道德與政治意義，個人或者文化之「自我」與身分認同能否完好地成形發展，「獲得承認」據說是一個關鍵因素，承認也因此構成了正義的一環[5]。但是**「承認」究竟是承認什麼**？自我與他者之間的承認關係，除了明顯的心理、法律與社會面向之外，在什麼意義上與自我之「構成」有關？黑格爾關於承認的經

4　本文作為研討會論文報告時，評論人蕭高彥教授曾質疑是否有必要從黑格爾的「承認」議題展開關於普遍主義的討論。本文採此進路的原因在於，黑格爾的「承認」概念，其實即是關於自我與他者之間**說理之可能性**的一種探討，並且突出了這種說理對於普遍性的構成作用。詳下文。

5　Charles Taylor, "The Politics of Recognition," in Charles Taylor, *Philosophical Arguments*（Cambridge, MA: Harvard University Press, 1995）, pp. 225-256；Nancy Fraser and Axel Honneth, *Redistribution or Recognition: A Political-Philosophical Exchange*（London: Verso, 2003）；錢永祥，〈「承認」是一項憲政價值嗎？——論承認的政治性格〉，見本書第七章。必須指出，在該篇文章中，筆者對於「承認」的理解並不全面，基本上局限於當代政治哲學討論的視野，對於「承認什麼」這個關鍵的問題只提出了一般性的說明（見該章第二節），殊為不足。

典論述，界定了這些問題的內容，值得稍加複習[6]。

在《精神現象學》論「自我意識」的一章，黑格爾帶出「承認」這個關係，意在說明一個論點：自我意識自許為獨立自主，但實際上他必須要藉另一個自我意識的承認，方克證實自己的獨立自足。用較為平白直接的話來翻譯黑格爾的想法：自許為主體者（個人、文化），必須要經由他者的承認，才能證實自己的主體地位，才能實現自己的自我形象。問題是：如何獲取這種承認？

黑格爾所謂的主體（自我意識）意思很特定明確：自我意識對於自己有一套設想與期待，他的信念與行動發自這種設想與期待，也可以根據這些設想與期待來證明為妥當與正當。換言之，主體的自我觀不僅決定了自己的信念與行動，還為這些信念與行動提供了理由。在這個意義上，自我意識乃是獨立、自足、自主的主體。

但是這樣的一種主體要以什麼模式存在？何謂信念與行動「由自己決定」？黑格爾提出了三種可能的模式，來展示這樣的一個主體是什麼面貌，又如何實際存在，即如何把自我意識的「確定」變成「真實（真理）」：**欲望、承認**，以及**生死鬥爭**。所謂自我意識在這三種模式之中存在，意思是說，只有一個能夠按照自我理解與期待去思考與行動的主體，才有可能以這三種模式存

6　黑格爾《精神現象學》第四章，〈意識自身確定性的真理性〉。黑格爾在自我意識章中的論證至為複雜，引起的詮釋也很多樣，但真以清楚明晰的問題意識取勝者不多。本文的理解主要依循 Terry Pinkard, *Hegel's Phenomenology: The Sociality of Reason*（Cambridge: Cambridge University Press, 1994）, pp. 46-63；Larry Krasnoff, *Hegel's Phenomenology of Spirit: An Introduction*（Cambridge: Cambridge University Press, 2008）, pp. 93-110. 限於主題以及篇幅，本文避免摘引黑格爾的文本來建構此處所呈現的論點。

在。可是黑格爾想要證明，這三種模式都無法落實這樣一個獨
立、自主、自足的主體之存在所需要的完整條件。這三種模式都
不是主體的理想存在模式。而之所以如此，是因為這個主體觀本
身有問題：自主的主體需要社會脈絡來讓他者承認，從而確證他
所認定的理由，但自我意識這種主體卻是一種「唯我」的原子式
主體，注定在它的三種可能模式中發現自身的不足[7]。

　　自我意識最自然（黑格爾的術語是「直接」）的存在模式，
黑格爾說是**欲望**：對自我意識而言，我能感覺到的欲望（以及欲

7　這種關於個體的想法，科耶夫應該是很好的例證。本文接受當代幾位學者對
　　於科耶夫的批評，認為科耶夫（創造性地）扭曲了黑格爾。簡言之，黑格爾
　　陳述「承認」概念，目的在於檢討自我意識的存在條件與不足之處；科耶夫
　　卻將自我意識的難局（主奴關係）視為主體在歷史中存在的常態，從而認定
　　「承認」這個關係本身只能以生死鬥爭及主奴關係的形式存在。尤其重要的
　　是，科耶夫對於主體的理解始終停在笛卡兒的「我思」，未能設想個人的社
　　會性或者互為主體性，見 Vincent Descombes, *Modern French Philosophy*
　　(Cambridge: Cambridge University Press, 1980), pp. 20-23; Judith Butler 也指
　　出，科耶夫繼承了古典自由主義、自然法傳統關於個人與共同體的理解，始
　　終強調個體性的優先（見 Judith Butler, *Subjects of Desire: Hegelian Reflections
　　in Twentieth-Century France* (New York: Columbia University Press, 1987/1999),
　　pp. 77-78；此外，施特勞斯認為霍布斯乃是黑格爾論述自我意識之構成的先
　　驅、在黑格爾眼裡霍布斯的自然狀態係「不馴的個體意志」狀態等論點，極
　　可能與科耶夫有相互影響，見 Leo Strauss, *The Political Philosophy of Hobbes*
　　(Chicago: The University of Chicago Press, 1963), p. 58, n. 1, p. 122。科耶夫詮
　　釋黑格爾所引起的討論已經很多（例如 Judith Butler 之書 pp. 61-79，以及下
　　引 Robert B. Williams 的書中相關章節），在此不多引。不過 Ethan Kleinberg,
　　Generation Existential: Heidegger's Philosophy in France 1927-1961 (Ithaca:
　　Cornell University Press. 2005）晚近出版，是一本很有幫助的思想史，已經有
　　中譯（陳穎譯，《存在的一代：海德格爾哲學在法國 1927-1961》[北京：新
　　星出版社，2010]），值得一提。

望所預設的需要與匱乏），在定義上即是**我的**欲望。在欲望的指揮之下，欲望主體的信念與行動係由屬於自己的欲望所決定，欲望也為它們的正當提供了理由。另一方面，欲望的對象相對而言只是有待消費的外物，是欲望方使它成為列入考慮的對象；對象本身並沒有內在價值，足以證明欲望的合理與正當。因此，若是主體按照欲望去界定以及消費對象，不就展示了自身乃是獨立自主的嗎？

可是在消費欲望對象的過程中，主體其實無法證明、驗證自己的獨立自主：第一，在欲望的模式之下，他無法離開欲望的對象；這種對象，成為他展現自己獨立與自足的必要成分。在這個意義上，他雖然聲稱對象從屬於欲望，自己卻仍然依賴於對象。換言之，出於欲望的信念與行動，仍然必須涉及對象：渴的概念包括了飲料、餓的概念包括了食物、性的概念包括了性對象。但這些對象雖是描述欲望時的一個必要成分，卻顯然無法用欲望來完全籠罩住：畢竟，對象與欲望並不是完全重合的概念。

其次，這種證實的過程永遠沒有結論：因為欲望會再生，欲望的每一次的滿足都是新欲望的開始。相對而言，既然欲望需要對象，那麼每次將對象消耗之後，欲望本身就又失去了一個驗證一己作主的機會。在這個意義上，欲望的證實注定是一個無止境的過程，不可能有結論。

其實，用欲望作為主體的存在模式，意思也就是將主體設想為一種有機生命。現在，既然主體的獨立自主不能藉著欲望的「內生性」（生於有機生命的內部）來設想，那麼可以將主體推到比有機生命高一個層次來理解，視為欲望的**挑選者**：是主體根據自己的理由在欲望之間作抉擇，選中了某個欲望，因此他的信念與行動即使起源自欲望，也係由他高一層次的理由來判斷選取

的[8]。自我意識包含欲望，但不再等於欲望，而是欲望的主人。自我意識不為欲望所制約，不僅只是有機生命，而是以另一種模式存在，能夠取捨欲望，這即是主體的獨立自足性格之所繫。可是這種高一層次的自我構成方式，要如何得到證實？

「**承認**」在這裡進場，也是在這個問題脈絡裡，「承認」作為一個黑格爾式的問題才呈現其全貌[9]。如果主體的自我期許、自我想像是指他能夠自行提供理由，在各種欲望之間取捨，決定自己的信念與行動，那麼需要證實的便是這些他所提供的判斷及其理由具有獨立於欲望的正當性、妥當性（否則理由與欲望本身有何區分？）。而要證實這一點，便既不能依靠對象本身、當然更不能訴諸欲望。現在需要的是「承認」：**由另外一個有能力提供理由的主體，來承認這個主體所提供的理由確實說得上是理由**。換言之，一個當下的「藉口」是不是構成「理由」，不能由當事人自己來斷言，而要看其他人是不是可能承認它是理由。這個想法是黑格爾在自我意識一章中的一個關鍵論點。它看來突兀，其實不難理解：**理由**原本便不同於欲望和偏好，必須訴諸超越了個別主體的標準，容許他人的檢驗與討論，也就是具有某種「互為主體」的性格。但是這種理由要有可能，一個基本條件在於某種公

8　黑格爾的三分法（欲望、承認、生死鬥爭），似乎沒有給今人所謂的「偏好」（preference）留下餘地。偏好雖非當下的欲望、但也不是有明確理由可言的選擇結果。當然，偏好對於解答黑格爾的問題——自我如何證明自己的作為選擇是正當的——不會有任何幫助。他完全可以忽略這個範疇。

9　這樣說是誇張了：黑格爾在其他許多著作中也談到承認，並且賦予承認更為多層面且廣闊的內容。見Robert R. Williams, *Hegel's Ethics of Recognition*（Berkeley and Los Angeles, CA: University of California Press, 1997）。但是在《精神現象學》的自我意識章裡，針對「承認」到底是承認什麼，確實提出了比較明確的陳述。

共的說理活動已經成為可能。這種可能性，進一步要求先有某種
公共的理性觀、理性的公共判斷標準。黑格爾分析「承認」這個
概念，指出了這些條件的必要性。可是在自我意識的階段，由於
「我」以自己為最無可矯變的確定性所在，這些條件卻都還沒有
出現。結果，自視為自主自足的主體，雖然為了證實自己的自主
性而要求承認，卻找不到條件去落實承認的基本要件，遂只能進
入生死的鬥爭以及主奴關係。

　　必須說明，在這裡所謂要另一個人「接受」我的理由才算承
認我，邏輯上其實是過高的要求。這牽涉到「承認」是承認什
麼？筆者認為，承認指的是承認對方為一己的信念與行為**提供理
由的能力**，以及承認對方所提供的**理由值得考慮**。至於考慮之後
是否**接受**，倒是次要的事情。那麼為什麼黑格爾要提出這種比較
強的「承認」概念呢？那是因為：要讓承認僅只涵蘊「值得考
慮」而不進一步涵蘊「同意」，也就是進入說理而不是單純的認
可或者接受（認可或接受都可以透過欺騙、脅迫而更輕易地達
成），需要承認的雙方擁有更多、更厚的說理基礎與說理的意願
跟空間；尤其關鍵的是，需要對於理由的**普遍性**有所掌握，不能
再認為理由僅是主觀的、特屬於當事個人的認知或者選擇。可是
在自我意識的階段，理由的互為主觀性格並沒有出現；相反，由
於自我意識僅指個人的獨立自足，而它所需要的承認乃是為了確
證這種獨立自足，於是要求承認變成了要求同意「我的」理由，
即便這種理由已經超越了（有機）生命所決定的欲望（恣意）層
次。

　　換言之，在論自我意識的一章，黑格爾採用「接受」這種比
較強的承認概念，正好凸顯了自我意識的霸道性格：自我意識會
要求「接受／同意」意義下的這種承認，乃是因為自我意識所關

心的僅是確認自身的獨立自主，而不是公共說理的可能性。自我
意識作為一種意識的模式，注定無法從「確定」轉為「真理」，
原因在此[10]。

正是在這樣的缺乏社會公共理性的狀況之下，對承認的追求
演變成了**生死鬥爭與主奴關係**。為了確證我的理由真是理由，係
由一個高於自然生命的主體所決定、高於一己的需求以及欲望，
也即是這理由是屬於一個「理性我」的，我得要求另一個理性我
來承認我的理由。但由於這裡的我只具有個人、主觀的意義，所
謂「承認」僅是一方接受另一方的主觀意見，也因此，任何少於
「接受」的承認，都不啻對於我個人的不承認，所以只剩下鬥爭
一途，無所謂考慮理由以及進一步說理的餘地。而又因為鬥爭中
需要證明我並不局限在有機生命的層次，反而屬於理性我，故而
我不惜丟棄血肉生命，所以這種鬥爭必以生死明志。只有不惜有
機生命而甘願一死的鬥爭，才能證實我的理由已經超越了有機生

---

10 一位審查人根據Christine Korsgaard, *Self-constitution: Agency, Identity, and Integrity* (Oxford: Oxfore University Press, 2009), pp. 190ff. 在private reasons 與 public reasons之間的區分，質疑筆者以他人的承認來建構理由的普遍性，所獲得的究竟是柯思嘉（Christine Korsgaard）所謂的「可以普遍化的私人理由」，還是「公共理由」。在筆者的理解中，柯思嘉所謂的公共理由是很強的要求，靠著這種其規範性適用於所有人的理由，人們在互動之中「一起商量」、得到「共同的決定」，「按照我們一起自由地選擇的律則一起從事某一行動」方有其可能。而私人理由即使可以普遍化，也只是說若我在某一情境之下按照該理由可以做某事，那麼你在該情境之下按照該理由也可以做該件事；普遍化的私人理由，並不代表該理由的規範力量跨越你與我，成為我們都得接受的理由。在本文中，筆者傾向於只要求私人理由的普遍化，而避開道地的公共理由。畢竟，這種**強**意義之下的理由應該是成就，而不是預設。普遍主義的要求，應該只要求尊重，並不要求同意。但這只是筆者暫時的想法，需要進一步的考慮。

命以及欲望的界線，進入了純粹由我個人決定的理由層面。在生死鬥爭之中，最後因為貪戀有機生命故而投降為奴的人，則也獨立自主地決定了以主人的理由為他自己的理由，放棄了自身以主體身分繼續說理的意願。

　　本文不擬繼續討論黑格爾論主奴關係的涵蘊。以上的重建，已經足以說明，在黑格爾的理解中，「承認」的問題脈絡，在於確證主體之說理的能力與所提供理由的普遍性格；說理既然不能局限在個人的理由，就要以承認為途徑，建立某種「相互主觀」的視野。**黑格爾的論證是說，由於沒有這樣的視野作為說理的背景與資源，對承認的追求就會蛻變成為生死鬥爭與主奴關係；而本文則希望顯示，有了這種視野作為資源，承認卻可以導出一種尊重並且重視他者的普遍主義。**黑格爾指出了問題所在，他的用意原本是要演證自我意識所要求的承認過於霸道，因而適得其反，有所不足。但是這個病理學的、關於限制的論斷，在當代的主體觀[11]手中，由於只強調主體的自主一面、只強調權力意志，卻被當成了一種有關主體關係的生理學的、常態的分析，認為主體之間的關係，完全是以生死鬥爭為途徑，追求對方降服意義下的承認——即一種由主奴關係所界定與描述的「承認」。這種情況之下，當代的一些主體觀反對普遍主義是很自然的，即使它們這種對普遍主義的理解其實是錯誤的。

11　科耶夫影響下的法國存在主義者如沙特，應該是這種主體觀的極端表現。但是單面地強調個人的自主與自足，早已是現代一種普遍的文化現象。至於主體之間的關係對於主體究竟有什麼樣的意義，筆者認為這種關係對於主體的**構成**有特殊意義，可是卻不是決定性的、本質論的意義，而是容許主體抽身反思的。因此，筆者並不願意接受形上學意義（構成意義）下的社群主義，卻不否認社群乃是個人實現自我以及經營人生時的重要條件與資源。

四、承認他者的普遍主義與超越他者的普遍主義

那麼說理要如何以承認為途徑，建立互為主觀的視野？在進入討論之前，有必要先區分三種對於他者——也即是對於承認——的態度。

依照上文，「承認」即是承認他者，**承認**他者與自己分享一套說理的義務、規範與資源，在一個互為主體的架構之內，形成具有普遍性的判斷。但在這個途徑之外，還有另外兩個可能，與它適成對比，須要加以區分。一條途徑是**拒絕**承認他者，以此拒絕說理，也拒絕普遍主義。此途繼續讓個別主體享受充分的自我確定，與他者展開生死鬥爭，自身以「普遍」自居，卻以降服對方為志。近代各種形式的「文化政治」，常是採取此一進路。另外一條途徑，則是**迴避**對他者的承認，但肯定普遍性。此途同樣不去鬆動個別的主體自身的封閉性的自我確定，但轉而追求一種中立、超然的普遍性，以資壓抑自我與他者之間差別的意義。這兩種途徑即使對普遍主義的態度相反，卻都堅守著主體性，拒絕了說理的可能。

在此，我們先區辨中立的普遍主義與承認的普遍主義。下一節，再探討文化政治對普遍主義的批駁；我們會看到，文化政治的批評實際來自誤解了普遍主義。

要求理由「互為主觀」與要求理由「超然中立」，其間構成有趣而富啟發性的對比。葛特曼與湯普蓀曾將民主社會中的說理所訴諸的「理由」背後的原則分為三類：利害（prudence）、相互（reciprocity）與超然（impartiality）[12]。這三種原則對於理由如何構

12　Amy Gutmann & Dennis Thompson, *Democracy and Disagreement* (Cambridge,

成，以及各種理由所預設的對於人與理性的理解，有不同的規定。
利害原則要求理由必須「相互有利」（mutually advantageous），
各造根據自己的利害計算，也就是考慮自己的實力、成本與可望
收穫，進行討價還價式的說理，最後達成的協議乃是在現狀之下
對雙方**各自**最有利的判斷。這種說理過程所根據的理由（利
害），都是雙方可以理解並且願意接受為理由，並沒有以一己的
成見偏見獨斷獨行，也容許他者在討價還價過程中扮演充分的角
色，並沒有霸道地加以忽視。但是，這種理由所反映的僅是各個
個人的私利以及其間的比較，對於「對」與「好」作了最褊狹的
解讀。同時這種說理還假定，提供理由的各造只關心自己的利
益，「他者」其實只是籌碼的擁有人，他的意義是由手裡籌碼的
數量所界定的；在這個意義下將他者列入考量，無足以保證我不
是在「我族中心」的範疇之內計算和思考，因為他的存在，可以
化約為一堆籌碼與一組量化了的利害而已，與我的利害同質，只
有量的差異。這種關於理由以及人的理解，都太簡化而且單薄，
其實並沒有真實完整地處理我與他者的關係。

　　因此，要藉著說理尋求一種普遍的理由，以便滿足理由成立
的基本條件，只能從「相互」與「超然」二者尋取。但是這兩種
原則的含意大相逕庭。就理由之性質與說理所設定的「他者」來
考慮，相互與超然兩種原則的重要差異在於，它們各自所要求的
理由，分屬於不同的種類，所預設的主體，也大異其趣。

MA: Harvard University Press, 1996），pp. 52-63. 在前面第六章中，我們已經敘
述過葛特曼與湯普蓀的相關論點，見第四節。嚴格言之，非民主社會不可能
允許說理變成公共性質的活動，因此可以先不列入考慮。至於這三個原則是
否窮盡了民主社會中說理的原則，沒有其他，則也待另外討論。在此，我只
想呈現「相互」與「超然」的對比。

相互原則所要求的理由，是其他人從一己的視野出發即能接受的理由，葛特曼與湯普蓀稱之為相互可接受的（mutually acceptable）；而**超然原則**所要求的理由，則是一般性的、超越性的理由，需要各造壓制或者擺脫了個人獨特視野的局限之後才能認可，兩位作者稱之為普遍可證明的（universally justifiable）。

這兩種理由所產生的普遍性，因此也有關鍵的不同。相互可接受的理由所具備的普遍性，是在差異的基礎上、以差異為前提而形成的，對於差異有高度的尊重；普遍可證明的理由，則是在否定差異的基礎上，以擺脫差異為前提而取得普遍性，視差異為干擾，有待熨平或者掃除。相應於兩類理由與差異的關係，兩類說理對主體的理解也很不同。在相互模式下，主體必須根據自己的差異特色衡量對方的理由，可是在超然的模式下，主體卻是一種抽離的身分，所有人都相同，一如在羅爾斯無知之幕後面的主體。

循著**相互原則**所要求的模式，這種捲入了不同觀點與主體以追求認可的過程，大致上具有如下的特色：

1. 這個過程並不設定一種抽離的主體，而是從具體特定的主體出發，不僅避免了哲學上的多餘假定，也明確表達了對於個人的特殊性有所尊重；

2. 這個過程所處理和接納的理由，並不是另有獨立源頭的、其妥當性業已獲得先然保證的理由，而是有條件的（contingent）、經建構而逐漸形成的理由，從而容許個人的自主性在思考理由與評價理由時，有其發揮的機會；

3. 這個過程承認，主體之間的差異為各造的理由之所以相異的正當原因，因此它所面對的理由照顧到了差異，從而容許多元的存在；

4. 這個過程也注意到，歷史文化情境脈絡等的相對性，乃是造成理由之相異的一個正當原因，因此必須面對與跨越，從而有助於引入更豐富的思考資源；

5. 這個過程要求人們作為理由的提供者與評價者，具有平等的權利與地位；這種權利與地位的平等，建立在意見、利害、身分，以及生活的經驗（以及其詮釋）應該受到平等的關懷與尊重。這說明，平等在此的意義不止於形式的平等。

這些特色的完整涵蘊，一時之間還難以理清頭緒。不過明顯可見，它們帶出了多面的、強大的規範性要求。

經過以上的對比與說明，說理普遍主義的特色可望逐漸浮現。必須強調，在歷史上普遍主義一向即自許承擔著進步與批判的職責，但是由於傳統的普遍主義無法給普遍事物一種非形上的、非霸道的、非權威的源頭，以至於普遍主義逐漸失去了這方面的可能貢獻。但是**相互原則**所開啟的普遍性，則能夠設定一些從特殊主義來看屬於烏托邦的價值與理想。靠著這類規範性的設定，「**進步**」與「**批判**」兩種普遍主義思考的重要功能，在理論上似乎比較可能取得有說服力的陳述。

五、否定他者的普遍主義：文化政治

如果在說理的過程中，可望產生普遍主義，並且這種普遍主義並不仰仗一種抽離、先驗的公式，而是有待平等的差異主體來合作形成，為什麼在不同的宗教、國族、文化之間不容易見到這種說理的局面，反而在相遇之時，往往形成嚴重的衝突，進一步促成了「普遍主義乃是不可能的、偽裝的」這樣的結論，構成了**文化政治**的出發點？為什麼前述的「拒絕承認他者」，或者黑格

爾所描述的生死鬥爭與主奴關係的結局，典型所在竟是這種或可泛稱為「文化」的主體彼此作為「他者」相對峙的局面？從18世紀的赫爾德開始，文化特殊性與普遍主義的緊張關係開始受到重視[13]。到了今天的多元文化主義，對普遍主義的抗拒，已經直接以文化意識與文化主體為主要論據。確實，「文化」可以說在本質上就是特殊的；文化與普遍主義之間，似乎有其內在的緊張；據說號稱為普遍的文化應該正名為「文明」，而文明當然就標誌著真實、道地的「文化」之死[14]。

　　必須指出，在涉及文化的脈絡裡，普遍主義的問題一定會牽涉到太多政治、歷史與族群鬥爭、壓迫的事實，當然不再是單純的「說理」之可能性的問題。但是我們也必須強調，說理的問題並沒有消失，**因為「文化」仍是需要說理來檢討、批判與證明自己的內容之正當的**。說理的活動本來假定，「這個信念或行動是不是對的或者好的」與「**我的**這個信念或者行動是不是對的或者

13　很多人（包括筆者在初稿中）受到伯林（Isaiah Berlin）的影響，常以為赫爾德乃是文化相對主義、文化民族主義的始作俑者。（其實伯林的實際論點要更複雜。）但這一流行的誤解，已經受到糾正。赫爾德一方面是文化的多元主義者，另一方面又設定了起碼的共通人性（他的Humanity概念），以及共同的人類福祉。見 Vicki Spencer, "In Defense of Herder on Cultural Diversity and Interaction," *The Review of Politics*, 69(2007), 79-115；Sonia Sikka, *Herder on Humanity and Cultural Difference: Enlightened Relativism*（Cambridge: Cambridge University Press, 2011）, pp. 42-43. 感謝一位審查人在這個問題上的糾正與建議。

14　普遍的文化應該正名為「文明」（Zivilisation），而「文明」即是真正的「文化」（Kultur）之死，正是德國當年「反現代性」運動的主張之一。史賓格勒認為文化完全「實現自己」之後，「文化突然僵化了，它節制了自己，它的血液冷凍了，它的力量瓦解了，它變成了文明。」陳曉林譯，《西方的沒落》（台北：桂冠圖書公司，1975），頁90-91。

好的」乃是同一個問題，「我的」一詞不會給它增加或者減少正
當性，所以雖然大家會有不同的看法，但是其間經過討論爭辯而
形成判斷，乃是各方都應該接受的過程。不過到了一種特定的主
體觀或者身分觀開始主導，「**我的**」一詞反而變成了關鍵所在：
由於信念、行動所表達的乃是我的特色、我的觀點，其理由來自
於我，所以，對它們的評價，直接構成了對於「我」作為特定主
體的評價，因此上述兩個命題不再是同一個問題。後者所涉及的
是我的身分所在，我之本人；對我的信念與行動有所質疑，即是
針對我之為我所發的質疑。這種質疑，所根據的理由與標準必然
來自於我之外，注定挑戰了我的自主自足，故而構成了對我的
「不承認」或者「扭曲的承認」。相對地，既然我要自成標準，裁
決一切信念與行為，我也不能輕易地承認其他異於我的自我。這
種情況之下，主體或者身分成為絕對的原點。

　　這種將焦點凝聚在自身之身分認同上的主體觀，所涵蓋的不
只是個人主體，更包括了各類集體性的主體，例如宗教、民族、
種族，以及文化。這類事物或者被賦予主體的形象和功能，或者
它們構成了個人之主體性的界定性的、構成性的要素。但是，由
於它們都自許為自主自足的主體，便會爭取自身作為評價與判斷
的標準，不能夠接受外來的、他者所提供的標準。這種「標準之
爭」，構成了「文化政治」。一如一般政治所爭者在於支配關係，
**文化政治是文化之間以文化為形式進行的支配與反支配鬥爭，所
爭者即是誰的標準居於支配的地位**。標準與我相異者，即構成了
他者。而拒絕承認他者並且進而設法支配他者，不是罄竹難書的
歷史事實嗎？多少世紀以來的種族歧視、殖民主義，以及各類強
勢中心文化對於弱者、後進者、邊緣者、異端者的壓迫與侵略，
以扭曲的方式多少說明了文化政治的形貌與意義。在這無窮的壓

迫之間，「文化」所提供的標準並不只是表面塗抹的煙幕、口實，更是一個必須占領的陣地。強者對於弱者的支配、剝削以及汙名化，通常表現為強者的普遍者姿態：強者代表的是某種具有普遍妥當性的文化，而弱者則需要自貶為特殊者，「承認」強者文化的規定。這種歷史景觀，是大家都熟悉的。

文化政治的研究者，對於文化政治的這種特色瞭然於胸。張旭東指出，文化衝突其實是「普遍性—特殊性之間的辯證法」：任何一種文化意識，都必須要「將自己作為一種普遍的東西再一次表述出來」，不然的話，它「就只能作為一種特殊性和局部的東西，臣屬於其他文化或生活世界的更為強大的自我期許、自我認識和自我表述」[15]；酒井直樹說明，「我們通常所謂的普遍主義，乃是自許為普遍主義的特殊主義」，「西方必須將自己呈現為普遍者，將特殊者歸屬於其下。西方本身乃是特殊，可是它又構成了普遍性的參考點，他者相對之下承認自己只是特殊。」[16]每一種文化，本質上都認為自己是「普遍」的，即自己的價值與規範對他

---

15 張旭東，《全球化時代的文化認同：西方普遍主義話語的歷史批判》（北京：北京大學出版社，2005），頁1-2。

16 Naoki Sakai酒井直樹, "Modernity and its Critique: The Problem of Universalism and Particularism," 見他的 *Translation and Subjectivity: On Japan and Cultural Nationalism* (Minneapolis: University of Minnesota Press, 1997), p. 155, 157. 需要強調，酒井直樹所關心的問題與張旭東並不一樣。酒井意在同時批判普遍主義與特殊主義，指出它們之間的共生合謀關係。他最終提出魯迅式的「拒絕主體」的反抗，以求維持獨特的他者地位，躲開與西方的相互界定命運。對這種思維來說，維持獨特的、不確定的個體身分，才是正確的抵抗之道。自主與說理，當然只是主體欲望的幻覺。張旭東則意在確立普遍性與特殊性的辯證，指出成為普遍乃是一種文化責任。酒井會認為張旭東落在民族主義式抵抗的窠臼當中，而張旭東則會認為酒井的思路只會導向解構，包括解構「中國」，結果陷入西方霸權的陷阱。

者也是適用、妥當的。可是將文化視為主體之後，這種確定性要
獲得他人的承認，就只能以船堅炮利來勒索。承認不會是對等
的：強者會用自己的普遍標準去看弱者，認為弱者只是某種局
部、特殊的文化；而強者則會要求弱者按照強者的自我認識去看
強者，將強者的價值與規範視為自己嚮往、追求的天經地義的標
準。這種鬥爭的局面──文化交會之時必須追求「承認」；而
「承認」乃按照強弱的不對等來進行；承認的結果是強者被視為
普遍的事物，但弱者仍然必須反抗──乃是「文化政治」的結構
性思路。在這種思路之下，「他者」的獨立自主只能靠鬥爭來維
持，不可能作為平等的說理對象出現。照這種邏輯，相互性原則
毫無意義，自然也就不可能設想一種承認他者的普遍主義了。

　　為了化解文化政治這種高度鬥爭性、侵略性的問題意識，當
前一種最盛行的、放棄了評價職責的回應，便是退回文化相對主
義或者多元文化論：讓各種文化各行其是，避免將某一文化的標
準強加於其他文化之上。可是這種回應雖然立意去中和文化政治
的侵略性格，卻完全沒有挑戰文化政治的前提：即視文化為自主
自足的主體，**具備完整的內在標準**，足以判斷信念與行為的對錯
好壞。

　　但是文化能夠比擬於個人，作為完整的主體存在嗎？那麼它
與個人是什麼關係？個人又應該如何看待文化對他的要求？進一
步言，文化與個人是否類似，都需要「承認」方能形成自我？

　　無論文化壓迫還是文化反抗、侵略性的文化政治抑或包容性
的文化政治，似乎有一套共同的假定，那就是**將文化視為一種自
主自足的主體**：文化政治在族群、身分與文化之間設定密切的本
質性關係，三者相互界定，形成了一種超級政治主體。文化被主
體化，被視為一種整合而有意志與命運可言的人格，是一個民族

的自我意識所在，也是其成員界定身分認同的依據所在。即使某些時候，文化與民族脫鉤，也仍然要與各種次身分團體結合在一起，作為該團體身分的指標，構成一個團體的人格與性格。文化的主體化推到極端，變成人們依附在文化身上，由文化用認同感來塑造人、凝聚人，形成身分，由文化給社會生活提供規範與價值，提供集體的形貌與發展方向。換言之，文化的主體化帶來的便是文化為主，個人為從，文化不再為人所用，個人反而得用文化來界定自己，集體也要靠文化來鑄造成形。文化被視為抽離於個人生活的一種物化（reified）、異化的自存之物。這種情況下，文化的意義當然是高度政治性的。人群之間、社會之間、民族之間的衝突，即使不可能僅僅是文化的衝突，也很容易表現成文化衝突。

「文化」應該如何理解，並不是本文可能回答的問題。但是相對於**物化的文化觀**，我們或許可以反轉而從一種發展的方向去設想，文化乃是由人們生活中隨時隨地的詮釋、創造、混合、使用與評價所構成的。在一方面，個人需要現成既有的文化來詮釋與規範生活中的各種情境；但在另一方面，個人又不是文化的容器或者載體，而是時時在塑造與利用文化的主體，讓文化有所發展與變化。這種主體身分，至少有兩方面的意思。**第一**，文化乃是個人作為人所亟需的資源，攸關個人在各方面的成長與發展，與世界互動的能力與機會，自我形象的塑造，以及維持自尊，因此文化是至為重要的一種資源，需要受到保護與尊重。可是既然作為資源，它的價值便是工具性的，不能與個人的內在價值相提並論，也不能顛倒其間在價值意義上的先後。**第二**，個人面對自己的或者他者的文化，面對個別文化中所包含的規範與要求，始終需要保有進行評價的可能（這其實是一種知識上的、也是道德

上的責任）：個人的文化認同不可以緊密到無法拉開空間，無法
批評與評價、修改，甚至於加以拒絕的程度。即使是**我的**文化，
我也要知道它（的某些細節）是不是對的、好的。這個說法有兩
項涵蘊。**一方面**，任何文化都會藏汙納垢：文化通常包含著一些
歧視、殘虐與壓制的成分，須要警覺與檢討。把「文化」視為通
體聖潔的神牛，認為它一定有理由存在，甚至一定是好的、對
的，只是浪漫的幻想[17]。**另一方面**，所有的文化都應該受到尊重，
不應該受到歧視與汙名化；但是尊重不同於正面評價，不是推許
或者肯定。到了評價的層面，無論是推許一種文化，或者是批判
某種文化，都需要我們展示評價的標準，對於文化作出客觀的評
價，不能以主觀的偏好與欲望為準[18]。這不啻是說，文化的正當性
與價值，需要客觀的確證，亦即需要經過前述的說理過程。總而
言之，文化不僅不應該被物化為拜物教的聖物，不僅需要接受檢
驗與評價，並且這件工作會提出了「文化的評價如何可能」的議
題。這類議題，卻正是文化政治所忽略的重要問題。

　　所以，文化之間（或者說承載文化的主體之間）確實仍有承
認的問題存在。要讓對文化的評價有其可能，就要正視文化為一
己的正當與價值所提供的理據。不幸的是，依照前文所述黑格爾
的分析，個別而自主的主體相遇之時，相互所要求的承認，會以
生死鬥爭為形式，終於演成主奴關係。同樣的，文化得為一己的
判斷與行動提供理由，並且是自以為普遍有效、正當的理由。但

---

17 納斯鮑姆說得明快：「文化會傷害人」──「文化多樣性與語言多樣性確實
　非常相像。這個類比的麻煩在於，語言作為語言本身並不會傷害人，可是文
　化的各種實務卻時常傷害人。」Martha C. Nussbaum, *Women and Development: The Capabilities Approach* (Cambridge: Cambridge University Press, 2000), p. 50.
18 Charles Taylor, "The Politics of Recognition," pp. 253-256.

是這種性質的理由，根據定義即對他者適用，因此需要他者的承認來提供確證。可是由於主體化了的文化與「他者」缺乏互動與說理的共有資源，個別充滿自信的主體會用鬥爭與征服的手段需索、強求這種承認。結果，文化的主體化導致了文化政治對於「他者」採取主體式的強硬態度。這種情況之下，文化政治所理解的普遍主義，注定是一種否定他者、主張本身之普遍地位的普遍主義[19]。

六、結語

本文利用黑格爾對於自我意識的分析與批判作為架構，說明說理需要他者的承認，但是這種承認的意圖，在一種預設主體的自主、自足封閉性格的脈絡裡，只會導向鬥爭。那麼承認如何才有可能？這需要為說理找到一種互為主體的、社會性的脈絡[20]。藉

---

19 在這裡，應該討論法農如何陳述殖民主義與承認的問題，以及他對於黑格爾「承認」模式的批判以及發展，但本文力有未逮，只能省略。法農在 *Black Skin, White Mask* 一書中，有專章討論 "The Negro and Recognition"，其中有一節論 "The Negro and Hegel"。法農描述了殖民者如何根本否定了被殖民者的「承認」，但他並沒有因此否定普遍性這個理想。Charles Villet, "Hegel and Fanon on the Question of Mutual Recognition: A Comparative Analysis," *The Journal of Pan African Studies*, vol. 4, no. 7（2011）正面探討了相關的文本，對筆者很有啟發。

20 「互為主體的、社會性的脈絡」是某種純粹形式的架構，抑或也包含實質的價值、某些人類共通的基本價值？這類基本價值的普遍性又要如何證明？而所謂形式架構與實質價值真能截然二分嗎？這些問題，在本文中已經無法討論。本文只是想要指出，普遍主義的意義需要釐清，並且有其關鍵的作用，不容簡單的、出於誤解的否定。

著這種脈絡，主體對於他者的說理資格與說理能力有所承認與尊重，說理方有可能產生普遍主義所追求的普遍性。本文借用葛特曼與湯普蓀的三種說理原則指出，對待他者的態度（承認、迴避、拒絕）涵蘊三種普遍主義的可能，但其中只有「承認」的態度指向真正的普遍主義。最後本文指出，「文化政治」對於文化的拜物教，複製了黑格爾所批判的自我意識，只能取得虛假的普遍主義。

第四部

對話與質疑

第九章

演化論適合陳述自由主義嗎？

——對哈耶克式論證的反思[*]

一、前言

　　對自由主義理論感興趣的讀者，可能都會注意到，在自由主義思想的發展史裡，有兩種相當不同的論證傳統，發揮過主導的作用，分別為**契約論**與**演化論**。為什麼某些自由主義理論要循契約論發展，而另一些理論則寧可取演化論的進路？這兩種論證途徑，究竟具有什麼樣的關係？兩種取徑，各有什麼得失優劣之處？它們之間的選擇，對於所展現的自由主義形貌，又有什麼影響？雖然這些相互牽連的問題很重要，形諸文字的深入討論似乎還不多見。

[*] 這篇文章最早是參加香港中文大學中國文化研究所「中國近現代思想的演變」學術研討會（2001年8月23-25日）的論文，後來又分別在中央研究院中山人文社會科學研究所、中正大學哲學研究所、東吳大學哲學研究所的研討會上做過報告，得到一些批評和回饋；最後，本文發表在《臺灣社會研究季刊》46期（2002），頁173-191。兩位審查人的意見，也迫使我三思文中若干陳述。對這些幫助，在此必須致謝。

演化論作為一類有關生命與社會型態之變化的一般性理論，
其本身的對錯長短，非本文所能深究。本文僅擬針對演化論與自
由主義的關係加以觀察，希望證明自由主義與演化論之間有著相
當緊要的差異；因此，自由主義者使用演化論的概念架構陳述自
己的主張，有其並不適宜之處。當然，演化論是一個頗為駁雜的
論述傳統，不可能簡化定於一尊；不過，各類「演化」理論，不
可能不具有某些共通的特色。在本文中，演化論並不特別指任何
一種特定的生物學演化理論。本文所謂的「演化論」，泛指一類
有關接續性變化的觀點，18世紀以降在法國、英國，以及德國的
思想家之間開始出現、流行，而後逐漸取代原先一套預設著靜態
存有或者固定本質的傳統世界觀（其中所謂的變化，充其量只是
一種重複再現），特別是基督教的創世論所涵蘊的本質主義。這
套觀點，在許多領域造成了翻天覆地的革命性影響，社會理論也
不例外。就自由主義而言，應用演化論的先例並不鮮見，19世紀
英國的斯賓賽（Herbert Spencer, 1820-1903）和美國的薩姆納
（William Graham Sumner, 1840-1910），都曾經旗幟鮮明地企圖根
據演化論建立一套以放任為主要特色的自由主義，但這些理論今
天已經少有人理會。到了20世紀後期，則以哈耶克（F.A. Hayek,
1899-1992）為演化論自由主義的主要理論家[1]。主要通過哈耶克的
論述成就和影響，演化論與自由主義的關係在今天不僅獲得廣泛
的肯定，甚至於被視為天成的夥伴。本文即擬以哈耶克為例，檢

1　文獻裡將這三位自由主義思想家的演化論一併討論的不多，筆者僅見過Ellen
　　Frankel Paul, "Liberalism, Unintended Orders and Evolutionism," *Political
　　Studies*, 36(1988), pp. 251-272. 這篇文章並沒有提到我在下文裡所強調的評價
　　標準的問題；它提到了個人在演化論裡遭到忽視的問題，不過並沒有提出較
　　為詳細的說明。

討演化論取向的自由主義會引起什麼問題。當然，無須贅言，指出演化論與自由主義的差距，並不等於證明了契約論才是論證自由主義的妥當形式。

二、演化論的基本主張

社會演化論是一種什麼樣的理論傳統？分析「演化」作為說明社會變化的一個獨特範疇，我們似乎可以說，演化論作為一種社會觀，需要主張下列三個基本命題。第一，人類社會的演變構成了一個發展的序列，序列裡的每一個階段，都是前面一個階段經過調整之後的改善狀態；所謂改善，意思是說適應力較差的成員遭淘汰，剩下的成員均具有較高的適應力。第二，這種發展，動力來自社會各個成員相互之間，以及他們與環境的互動和調適。第三，此種發展的方向，既非由在先的計畫或潛在基因所決定，也不賴外在於演化過程的力量來指引。嚴格言之，放棄這三個命題之一，我們就離開了演化論的基本立場，轉進到了有關變化的其他論述範疇。換言之，為了使演化與機械因果性的作用、生物界個體的發育成長，以及人事領域有意識的行動幾類變化過程有別，「演化」這種變化過程需要具備幾項特色：

第一、演化不同於由**外力**有意造成的改變，它乃是**自發**的發展。它也不是從任何主體（神或者人）的**意向**所導出，並不是由這樣的意向進一步設計、落實而成；換言之，演化不受任何指令系統的指揮，也不受某種具體主角的意圖來操控；它排除了干預的可能與必要。

第二、演化不是某種本質性的**內因**所促成的改變。它不同於出自本性的、預定的成長；它沒有既定的腳本，也沒有在先的目

的；因此，演化論與一般所理解的目的論相斥，也就是說，社會
的發展並不是旨在滿足一個已經設定在先的實質狀態，或是設法
實現某種「潛能」、某種內在的目標。

第三、演化不僅企圖說明社會的變化，還賦予社會的變化某
種價值的涵蘊，因為演化論必須認為，這種由演化所帶來的變
化，構成了接續的**進步**。這裡所謂「進步」，可以做各種不相同
的詮釋，不過至少它指適應能力的積累形成了更好的生存機會。
演化的進程之有其價值、結果之所以可欲，理由至少在此[2]。

這三項特定立場，共同呈現了一個「社會藉**自發**的**調適**過程
產生**較好**的事態」的變化景觀。這是演化論的基本主張所在。

無疑的，思想史上出現過的各類演化理論，通常要來得更為
複雜豐富，不能如此徒具骨架地原則化、系統化。不過即便如
此，我們也必須承認，在歷史上，演化論之所以能夠結合近代的
進步信念，形成一股強大的思潮，強烈吸引了眾多思想家，往往
正是因為演化論具有一種**自成一格的目的論**的色彩：不用假定任
何內在動力、引導性的目的因，或者外來的努力，演化居然會自
行浮現其明確的方向性，也就是說，凡是演化的結果，即是演化

2　這個說法會引起爭議。論者會指出，演化並不一定涵蘊進步的觀念，因為
　演化——特別是晚進生物學領域的演化論——完全可以擺脫「進步」這個屬
　於歷史哲學的概念，即使「進步」的意識型態在歷史上曾經促成和利用過素
　樸的、常識領域的演化論。關於這個問題，我無力多做討論。不過，演化論
　作為近代世界垂兩個世紀而仍健在的一股思想潮流，與演化論近數十年來作
　為絕對科學性的一套理論，似乎還無法劃出清楚的界線；因此，企圖將進步
　這種文化意識型態與（「科學的」）演化論分家，至少在一般人——以及許多
　演化科學家——的意識裡是很困難的。這個論點取自 Michael Ruse, *Monad to
　Man: The Concept of Progress in Evolutionary Biology*（Cambridge, Mass.:
　Harvard University Press, 1996）. 筆者感謝洪裕宏教授指出這個問題。

的機制原本保證會實現的，而這個結果正好也就是較好的、可欲的、可以稱之為「進步」的。這似乎是一種理論上最精簡節約而所得到的結果卻最理想的「進步」論述。但是，這也正好是演化論思維模式的一個基本困難所在。這套信念的兩個成分：演化方向由演化機制本身促成決定，以及演化結果的可欲，都預設了演化朝向著某項明確的目標。可是，讓我們看清楚：演化論如果具有這個意義上的目的論成分，那應該只能說是一種「空」的、或者說「未定案」的（open-ended）目的論：演化會帶出什麼結果事態，在原則上並不能夠事先逆料[3]。不作這個區分，演化論就無法與各種實質的目的論（例如亞里斯多德式的目的論）有所分辨。演化過程注定要實現的，也就是演化論所許諾的，固然是「適者生存」這個看來明確具體的預測；不過不難看出，所謂「適者」，其實與「演化結局的倖存者」乃是同樣的意思，前者由後者界定，並沒有獨立的實質內容[4]。如果演化論無法提供獨立於「演化結局的倖存者」這個概念的理由或標準，去指認與界定「適者」，那就不啻是說，演化論並沒有提供獨立的評價標準來賦予「適者」具體的內容，對於演化結果自然也就並沒有明確的依據去作實質的評價。可是不少認同或者主張演化論的人，卻往往

3　哈耶克對這一點看得最為清楚。見 Friedrich A. Hayek, *The Constitution of Liberty* (Chicago: The University of Chicago Press, 1960), pp. 40-41（以下引此書簡寫為 *CL*）；Friedrich A. Hayek, *Law, Legislation and Liberty,* vol. 1: *Rules and Order* (Chicago: The University of Chicago Press, 1973), pp. 38-39（以下引此書簡寫為 *LLL* 1）；Friedrich A. Hayek, *Law, Legislation and Liberty,* vol. 2: *The Mirage of Social Justice* (Chicago: The University of Chicago Press, 1976) pp. 23-24（以下引此書簡寫為 *LLL* 2）。由於寫作時手邊資料不全，本文引用哈耶克主著時，未能如願利用鄧正來先生的漢文譯本。

4　A.G.N. Flew, *Evolutionary Ethics* (London: Macmillan, 1967/1970), pp. 13-15.

以為「演化結局的倖存者」既然是「適者」，就一定具備著某些
優點、長處或者價值，大家必須認可、取法，因此演化也就指示
了某種方向，甚至可以由觀察其法則，進一步發現這種方向的實
質內容，從而有規範性的理由去期待演化過程所設定的價值的實
現。但是，在概念上，演化論只要企圖維持其「演化」性格、維
持**演化**這個變化範疇的獨特地位，不與**機械**的運動規律（例如完
全無目的──因此本身也說不上有無價值──可言的星球運
轉）、**生物**的預定成長（例如種子長成大樹，雖然可以說實現了
其目的，可是除非先認可了某種至善論[perfectionism]，通常我
們不會因此就賦予這個所實現的狀態本身什麼價值），或者**人力**
的設計使然（例如對於目的的追求，即是肯定了某種價值）混
淆，就正好不會具備這一層含意[5]。

　　哈耶克的思想誠然複雜而且精密，可是他的演化論論證，在
結構上仍然充分體現著上述三項有關演化的特色的理解。我們應
該說，比起許多社會演化論者，哈耶克對於「演化」作為獨特的
變化範疇的理解要來得更為純淨完整。在此，我不準備討論哈耶
克理論的具體內容；對於他極有啟發性的「自發秩序」理論，我
也不準備懷疑其妥當性[6]。以下的敘述，旨在呈現他的思想中的演
化論成分，以及演化論以何種方式成為他的自由主義的論據。

5　以上關於演化論的說明，完全來自概念的分析推導，目的在於將演化與其他
　　有關變化的思考範疇加以分別。它只是一個哲學性的「工作定義」，妥當與
　　否留待方家評論、改正、修補。對於演化論的了解，牽涉到很多複雜的問
　　題，在此不能深入。我相信，這個定義若有不妥之處，並不至於影響到後文
　　的論證。

6　本文的論點正是：即使哈耶克的演化式社會理論完全正確，也無足以構成一
　　套完整的自由主義，因為自由主義需要進一步的**評價**成分。

哈耶克社會理論的核心概念，就是他所謂的「自發秩序」。就**理論**的層面而言，唯有自發秩序才能說明，在個別個人的知識極為有限[7]、每個人的目的各行其是、對他人的行為難以臆測、而環境又不斷改變的種種現實條件之下，為什麼不僅個人通常可以超出己身知識的限制而達成自己的目標，並且還可以進行社會的合作。在**規範**的層面，自發秩序則指出自由的重要價值，因為自發秩序不僅涵蘊著個人根據自己的目的運用（遠超過自己所擁有的）知識的可能，這種秩序本身，也要依靠每個個人擁有選擇與行為的自由才能維繫，完全不是某個指揮中心（「計畫」）的意圖與意志所能創造的。

演化論的三項要旨，在哈耶克所述的自發秩序身上，均有相應的表現。

首先，就其**來源**而言，自發秩序可以以「無主」二字形容：它不隸屬於特定的環境條件、不從屬於特定心靈的運思構想、更不附屬於特定的目的。哈耶克強調，自發秩序雖然是人們行為的結果，卻非出自人們的設計。在排除「設計」這個成分的同時，哈耶克企圖說明，自發秩序的成形、運作，與產生的後果，均不是任何意志、意圖，與目的所指引的。相反，所有有意識的行動，都屬於個人或者群體極為局部範圍內的活動與互動；可是這

7　哈耶克所謂的「無知」，有其相當廣泛但也相當特定的含意，包括了知識只能零碎、分散地由無數個人所擁有；知識始終在成長之中；知識包括了一大部分的默會之知（tacit knowledge）；知識所需要處理的具體環境條件變化無窮；個人對於自己行為的結果所知極為有限；個人對於自己與他人的行為之間的相互影響無法逆料掌握；個人無法知道他人的行為，等等。關於知識的限制，哈耶克的著作裡時見發揮，不需引述。較集中的敘述可以參見 *CL*, ch. 2; *LLL* 1, pp. 13-15。

些只具有局部意義的有意識活動，居然能夠匯集而**自發地**形成一種沒有意識可言的整體秩序狀態。自發秩序之起源於無數個別個人的有意識活動，說明了它跟自然界獨立於人力的目的性成長（內因）不是同一回事；它成形於眾多行動不自覺地、自然地形成秩序，則說明了它不是有意識的、針對了特定目的（外因）的產物。自發秩序的演化性格在於，在排除了「自然成長」（by nature）與「人力設計」（by convention）這兩類範疇之後，只有演化作為第三種說明秩序性的獨立範疇，才能說明自發秩序的來歷（*LLL* 1, pp. 20-21）。

　　其次，所謂用演化說明自發秩序的成形與演進，就是指出抽象的行為規則（制度與習慣），如何通過一套模仿和適應、修正的**機制**，由人們在並不完全明瞭其所以然的情況之下採用、依循，從而自發地形成社會秩序。演化的機制主要有二：選擇（selection）和適應（adaptation）。可是由於規則的抽象性格（從環境與目的抽離），由於它們所凝聚沉澱下來的文化遺產——知識與經驗的積累——超越了個別個人所能掌握的目的、後果，以及牽涉到的一時一地環境特色，每個個人選擇、調整和適應規則的理由，必然受到一己知識與關懷的限制，並不是這種規則被群體採用的終極理由。換言之，社會秩序的形成和演變，自有其演進的機制，不是人們基於有限知識與特定目的的考量與抉擇所能說明的（*LLL* 1, pp. 17-19）。哈耶克由此推論，人力有意識地干預社會制度既無必要、又屬徒勞，只是開啟了「到奴役之路」罷了。

　　第三，自發秩序的演化性格，還可以從上述演化機制的**效果**來看。個人遵循規則時以無知和出於一己特定目的為特色；相對之下，規則的演進（也就是採用、調整或者捐棄），取決於它們是否增加了採用它們的群體的成功與存活機會。對哈耶克來說，

這種成功與存活的意思除了狹義的「適者生存」之外，還有更積極的一層價值，那就是知識的累積、有效利用，以及「新的可能性」的推陳出新。在這個特定意義上，自發秩序的演化，乃是推動文明的發展與進步的動力。這種在演化和進步之間的關係，為哈耶克證明了自發秩序不僅是一種描述性的理論，也是一種規範性的理想：演化不僅說明了社會秩序的形成和變化的道理，還說明了為什麼這套秩序是可欲的（desirable）[8]。進一步，哈耶克甚至於認為人類的價值觀和各種評價標準，以及道德的規則，均屬於演化過程，由演化塑造成形，也須受到演化過程裡成敗結局的檢驗[9]。

8　哈耶克明白反對由演化論推導出「演化倫理」，不過他的反對理由，似乎局限在反對從「不可能定案」的演化過程導出演化的法則定律（laws），並未涉及演化論的倫理涵蘊。見 LLL 1, p. 24。至於演化或者自發秩序是否具有規範性的涵蘊，John Gray, *Hayek on Liberty*, 3rd ed., (London: Routledge, 1998), p. 119 的否定答覆顯然需要商榷。如果如 Gray 所言，哈耶克認為自發秩序僅是一套「價值中立的說明架構」，他在著作裡對於自發秩序的無數肯定、推重之詞，就實在無法說出道理，他對自由主義的肯定，也必須與自發秩序這套社會理論脫鉤。這當然是很難想像的。哈耶克無法明白陳述自發秩序觀念的價值內容，不是因為這套觀念在價值上中立，而是因為他既想要維護演化的自發性、客觀性，又想要維護演化結果的可欲性，卻又不願意將「凡是演化的結果都是好的」視為一個定義問題。下面會見到，這是演化論思考模式的一個內在缺點。不過說到最後，我相信，哈耶克賦予自發秩序的價值內容，根源在於他有關文明之「進步」、有關不斷的追求新事物、新的可能性的價值信仰；而這些，皆寄身在對於演化之後果**可欲**的信念上，雖然他明白承認，演化的後果我們不可能預測，它帶給各個個人的命運的影響，也不見得一定是有利的。在筆者看來，這是一種相當奇特的道德信念和心態，可參見 CL, p. 398, 400。

9　關於道德規則，見 CL, pp. 62-63；關於價值以及評價標準的相對性，見 CL, pp. 35-36。

三、演化論與自由主義

　　在哈耶克的著作裡，用演化論陳述自由的價值，大體上出以如下的形式。有見於所有的個人均注定相當的無知，自發的秩序不僅是一個現存的事實（否則無法說明為什麼相對無知的人們通常依然可以達成自己的目標），並且是一個可欲的事態（因為個人達成自己的目的，以及文明和進步，繫於自發秩序所提供的知識資源，也繫於演化的過程經由適應和選擇促成新事物、新的可能性出現）。這種情況之下，由於自由──「讓每個人根據自己的知識追求一己的目標」──不僅是使社會秩序成形的一個要因，也有助於實現這種可欲的事態，因此，**自由的價值**得到證立，而管制與計畫的不可行，以及應該容許演化自發地進行，也就成為明顯的結論[10]。

　　除了對於自由這項價值的肯定之外，演化論與自由主義作為一套反對國家干預的政治學說的關聯，在於演化論強調，在自發演進的情況之下，一種在某個意義上最有利的社會秩序可望出現[11]。既然如此，**政府的干預**，充其量只能局限在維持自發秩序這個功能上，超乎於此則非但沒有必要，甚至於會得到更壞的結

---

10 這裡我們觸及了一個關鍵的問題：對於哈耶克來說，自由只具有工具價值，有助於實現某一種有價值的事態，抑或是自有其本身的價值，需要無條件的肯定？這個問題太複雜，本文不擬討論。筆者自己的初步想法，請參見本書第一部，特別是關於「個人的最高層級的利益」的分析。

11 這裡所謂最有利，包括了滿足多數人的需要、文明的發展、變遷的機會、新事物出現的可能等等。可是需要強調，哈耶克不僅不認為這類利益是針對個人而發的，也不認為這類利益會令個人感到幸福滿意（*CL*, pp. 41-42），更不認為這類利益的分配，與個人的「貢獻」、德性或努力有關（見 *LLL* 2, p. 74）。

果。自由主義的傳統，對於這種反干預、反設計的取向，通常較為認同。不過，除了這個消極一面的關聯之外，演化論對於自由主義還有一個正面，並且也更具有一般意義的涵蘊：演化所得到的結果自有其價值、自有其正當性，**不需要接受一個在演化過程之外的價值標準**來衡量，或特定目標來指引。自由主義感受到演化論的誘惑，多半來自演化論這種似乎可以完全排斥人力干涉、又不需要設定某種價值標準，但居然得到「最好」結果的自許。

這個「演化之外再無評價標準」的立場，應該說是演化論的必然主張。不難想像，演化的進行與轉折應該有自己的理由（雖然在這種並無「意圖」可言的脈絡裡，「理由」一詞似乎並不妥當），否則外在的理由即可指揮演化進程；演化的結果應該自有其意義和價值，否則我們即有理由根據外在的價值標準去指揮、拒絕或者中斷演化的進行；所謂演化的「自發性」，在排除人力干擾這層意思之外，也就是要說明，演化乃是一個自有其邏輯與正面後果的進程。如果在演化的過程之外，還有獨立的標準來衡量演化的方向和方式，演化就喪失了它的自發性，甚至於喪失了它作為一個說明變化的獨立範疇的存在意義[12]。

關於這一點，哈耶克說得相當清楚。演化自有其邏輯，自有其優勝劣敗、讓某個群體得勢而某個群體遭淘汰的道理。由於人的知識有限（這類無知包括關於演化勝敗的邏輯、關於人們選擇某項規則的結果、關於所追求的目的牽涉到了什麼因素），演化的詳情並非任何人能妄作價值判斷的。一切的好壞價值之分，取決於選擇了某一項價值或目的的群體是否能夠生存延續，而不取決於這個群體或其中個人的當下目的或者信念（*CL*, pp. 35-36）。

12　說明「變化」的幾種可能範疇，請參見註5處的正文。

就社會秩序而言，任何一項規則在演化過程裡的價值，取決於它
是否有利於維繫整個從特定目的抽離了的秩序，以便於無數個人
追求各自迥異的目的，而不在於在特定情境下應用該規則所得到
的結果有什麼價值（*LLL* 2, pp. 15-17）。由於沒有人能知道，個別
規則乃至於整個秩序究竟要追求或可望達到什麼結果，也就沒有
人能夠引某個目的或者標準為理由，來要求更改某項規則。其
實，各項價值或者倫理規則是否有利於社會的繼續存在，我們最
多只會有局部的了解；而環境的不斷改變，也使我們無法確定一
項有效的規則是否能夠繼續有效。社會標準必須在不斷的競爭中
間，不斷證明自己有利於文明的發展（*CL*, p. 36）。

　　19世紀的演化論者，往往企圖用演化來界定是非、善惡、好
壞等價值概念，或者主張用演化作為這些概念是否適用的判準[13]。
哈耶克在這類問題上顯得較為謹慎。有時候，他似乎視演化本身
為一個中立的過程，其工具價值在於促成新的可能性出現，新的
調適能力得到發展，最後促成一個有動力、能進步的文明得以成
形。可是這個文明理想、這種「為了活動而活動」（movement for
movement's sake）（*CL*, p. 41）的想法，究竟是不是一種外在於演
化論的獨立理想呢？問題不在於「文明」、「進步」之類概念是否
具有獨立於演化的固定意義，而是在於當哈耶克認為它們有其價
值、足以證明自發秩序也因而有價值的時候，他所提供的評價理
由（新的可能性、更成功的適應、較大的知識能力和存活機
會），是否應該了解為只有在演化論的架構裡才具有自明價值的
評價理由？如果他要堅持演化論的妥當性與獨立性，他就不能在

13　A.G.N. Flew, *Evolutionary Ethics*（London: Macmillan, 1967/1970）, ch. 4對這類
　　想法提出了很切要的批評。

演化過程之外另覓價值根據。事實上，如本文上一段有關無知的
討論所示，哈耶克不能承認任何獨立於演化過程的價值認定。換
言之，我們不得不說，哈耶克作為演化論者，邏輯上就不應該提
出獨立於演化過程的價值立場[14]。在這個意義上，他不以為人可以
依據任何外在理想或標準來干預演化過程，乃是一項定論。為了
演化論的理論融貫，我們可以說，哈耶克繼承了演化論的一般傾
向，不會接受用演化過程之外的價值標準來作為批評、影響演化
方向的理由。

四、自由主義與演化論的差異

　　評價問題可以說是演化論的致命難題。一旦涉及評價問題，
演化論面對著一些棘手的概念性困擾，似乎很難解脫。舉例以言
之，演化過程裡產生的事物，是否根據定義（「來自演化」）即是
具有某種價值的？而一個事物是不是演化的結果，有沒有很明確
的標準？特定就自由主義所關切的議題而言，人類歷史中一些與
自由主義明顯不符的制度，應該算是演化的結果（因此應該有其
理據），算是演化的結果但是仍有理由指其為錯誤（根據什麼理
由？），還是我們擁有獨立於演化論的其他標準，可以來判斷這
種事物並不是演化的結果[15]？

14　其實，哈耶克對於自由、個人尊嚴等概念，當然絕對肯定其獨立的價值。可
　　是如我們後面所言，這類真正屬於自由主義的堅持，在演化論的理論架構裡
　　其實找不到位子。換言之，哈耶克對於個人自由和個人尊嚴的堅持如果是自
　　由主義的核心命題，就正好說明了演化論不適合作為自由主義的理論架構。

15　誠如一位審查人指出的，哈耶克並不認為「凡是自發演化而成的必然都是有
　　價值的、都是好的」，也沒有說演化生成的社會規則與法律就無從批判。確

在此，我不處理這些問題；我們甚至完全不直接對演化論的妥當性有所質疑。我們只關心一個問題：面對一個「自發」形成的秩序，自由主義會取何種態度？

這個問題，哈耶克的答覆是：面對自發的演化過程，自由主義當然沒有必要，也沒有能力去做任何事。沒有必要，是因為演化過程自然會帶來可欲的結果；沒有能力，是因為沒有人完全理解演化的機制與意義。他特別強調，任何人──尤其是自由主義者──都不可能指責這樣一個演化過程的結果是否合於「正義」，因為演化的結果並不是任何明確、具名的主體所造成的。正義概念預設了能夠負責任的主體，而社會正好不是任何主體的有意創造：這就是哈耶克極有名的「社會正義概念對自發秩序不適用」的主張（*LLL* 2, pp. 68ff）。

可是我們必須再三強調，自由主義不能避開評價的問題。自由主義不只是一套關於制度之**來歷**的理論、一套贊同或者反對某種制度安排的態度，更是一套規範性的理論，旨在為贊成或者反對某一套制度安排提供理由，最終對制度的道德妥當性提出評價。眾所周知，跟其他政治立場比起來，自由主義確實更願意承認社會各個生活領域的獨立與自主，因此它與自發秩序的想法是

實，試舉一例，哈耶克自己曾指出三種情況，說明為什麼演進而成的法律仍需人力立法來更正補救，其中一種情況，就是「過去的發展是錯誤的，結果形成了不正義的後果」，例如幾種階級不公的歷史先例。（見*LLL* 1, pp. 88-89）。但是所謂錯誤與不正義，判斷標準是從何處──演化過程抑是理性建構──獲得的？這中間界線的模糊，請參見下面註20。Chandran Kukathas, *Hayek and Modern Liberalism*（Oxford: Clarendon Press, 1989）, pp. 158-159也批評謂，哈耶克正好無法提出判準，指認什麼（源自演化的）法律是惡法、不正義的法，因為依照哈耶克的定義，源自演化的法律所具備的一般性與平等適用性，直接便界定了法律的正義性格。

很親近的。可是如果因此就以為，自由主義必須承認社會一切
「自發」運作的結果，那就是很嚴重的誤解了。相反，由於自由
主義肯定自發秩序、肯定了市場的重大功能，不願意藉重新設計
制度直接實現某種道德原則，它反而更不得不在面對自發的演化
結果之時，注意這些結果是不是符合自由主義所秉持的基本道德
要求。換言之，由於自由主義持有某種道德原則、由於自由主義
並不認為人可以一本烏托邦精神將自發秩序根本地更換為某種更
好的秩序，它反而更需要秉持獨立的評價標準去面對自發秩序運
作的結果。這個說法，可以從兩方面來發揮，分別涉及（1）評
價時考慮的單位，以及（2）評價時切入的角度。

　　第一，毫無疑義，自由主義是一種嚴格的道德個人主義，也
就是說自由主義制度所關心的權利、利益與負擔，首要是指由**個
人**去擁有和承受的權利、利益與負擔（也就是以個人為單位，不
可以按照跨個人、超個人的單位——大多數人，「社會」、階級、
族群、性別——做累積、平衡、結算）。進一步言，自由主義的
個人主義，首要是一套以個人的自由與平等為基本價值的個人主
義，因此如何理解個人的權利、利益與負擔，也要受到個人的自
由與平等這兩項原則的節制。這種道德性的個人主義，會強調對
個人要持有平等的關懷與尊重。此說含意之一，便是個人之間分
隔，個人所享有的效益或者福祉不可以相互取代[16]。準此，社會的

16　據羅爾斯的說法，效益主義主張個人的效益可以以集體為單位在個人之間比
　　較和加總，即顯示了效益主義忽視了個人之間的分隔而不可取代（separateness
　　of persons）。見 John Rawls, *A Theory of Justice*（Cambridge, Mass.: Harvard
　　University Press, 1971/1999）, pp. 24-27. Will Kymlicka, *Contemporary Political
　　Philosophy: An Introduction*（Oxford: Clarendon Press, 1990）, pp. 33-35有富啟
　　發的討論（此書在2002年已有新修訂版，見 pp. 35-37）。

福祉、公共的利益，乃至於文明的發達、新事物的出現，誠然都
是有其正當性、很有其價值，甚至需要個人為之有所奉獻讓步的
目標。可是奉獻什麼？讓步需要循什麼樣的程序進行？又有什麼
事物乃是個人之為個人的基本條件，因此完全不容讓渡？要回答
這些問題，需要一套原則性的道德理論，配合著一套關於社會基
本制度的規範性理論，作為分配權利、利益與負擔的張本。各種
自由主義，對這套理論的構想不會一致。不過，只要自由主義堅
持個人本位，堅持每個個人同樣的，但是又絕對不可替換的重要
性，它的道德理論就必須針對個別個人的權利、利益與負擔如何
獲得平等的關懷與尊重提出原則性的說法。

　　對比之下，任何一種演化論，都是以**物種**或者**群體**為演化、
適應、存活或者滅亡的單位。演化的過程和結果，不僅在理論上
不以個體為單位，並且個體在其中的命運，也根本不是估算演化
成敗的著眼點所在。這種情況之下，演化過程對於個人命運的影
響，既不具有道德意義，自然也不會從屬於道德角度的考量。因
此，演化論與上述道德性的個人主義是相衝突的。自由主義只要
忠於自己的道德個人主義立場，就需要先獨立發展出一套有關個
人基本權利、利益、責任的理論。然後，它不能不去檢討演化過
程的結果，是否有什麼違背這些道德原則之處。演化對於個人命
運的影響，在自由主義眼裡，不可能是在道德上中立的；這些影
響即使有演化論的堅實學理依據，甚至具有明確的演化利益、演
化理由，也不是自由主義必須接受的。

　　這個說法，不免令人生疑：如果演化論是一種關於社會制度
的妥當理論，自由主義與之衝突是什麼意思？這就連接到了我們
其次一層的考慮。自由主義面對自發秩序——包括市場，或者任
何有自主運作可言的社會領域——這個概念，會持什麼態度？如

前面所言，自由主義不僅承認社會生活的領域眾多，並且極為強
調這些領域的自主性格。它不僅承認社會生活相對於政治權威的
自主性，並且也會肯定社會各個領域之間的相互獨立。換言之，
自由主義對於各個領域的自主運作和自主形成的規範，只會表示
支持、不會想要用某種實質的價值觀去取而代之。因此，自由主
義對於哈耶克的目的多元論毫無異議，也會承認社會生活不能以
一種實質目的作為目標，形成一種人造秩序。對於市場配置資源
的效率（效率與公平當然是兩回事），自由主義更不以為有其他
制度可以輕言取代，因此自由主義會尊重市場的自由與自主。不
嫌誇大，自由主義大可以像哈耶克所為，賦予自發秩序和市場制
度一種類似自然界規律的「天成」地位；也可以如哈耶克所言，
從這種天成地位得出自發秩序沒有分配正義與否可言的結論[17]。在
這個層次上，自由主義與演化論並不衝突。

　　可是這並不代表，自由主義對這些自發秩序或者市場的運
作，不能持有批判的態度。顯然，上述的自由主義規範理論，由
於其高度的規範性質，必須具有獨立的地位，不可能是演化的結
果[18]。相反，自由主義可以承認演化是一件事實，並且有其重大意

17　cf. *LLL* 2, p. 32, "Nature can be neither just nor unjust." 黑格爾早提出了同樣的
　　說法：「我們不能見到占有和財產的分配不平均，便說自然界不公正，因為
　　自然界不是自由的，所以無所謂公正不公正。」（范揚、張企泰譯，《法哲
　　學》，第49節）可是由於黑格爾掌握到了「自然所成」和「社會面對其後
　　果」之間的分野，他對問題的認識，要比哈耶克來得細緻：「沒有一個人能
　　對自然界主張權利，但是到了社會狀態中，貧窮問題立即呈現為某個階級遭
　　到侵權。怎樣解決貧窮，是推動現代社會並使它感到苦惱的一個重要問題。」
　　（同書第244節，譯文略有更動）

18　哈耶克不會同意這個說法；他認為，不僅對於演化結果做批評是可能的，並
　　且必須出之以「內在批評」的形式，也就是根據演化得到的其他規則，檢討

義，但是同時又堅持用獨立於演化的道德理論來規範、調整演化
的結果。羅爾斯在討論天生資質、社會位置的差異所造成的正義
問題時，清楚說明了這種態度：

> 天生的分配既非正義、也非不正義；人們出生在社會的某一
> 個特定位置上，也沒有不正義可言。這些都是純粹的天成事
> 實（natural facts）。可是制度如何處理這些事實，卻有正義
> 與不正義可言。[19]

推廣而言，這個態度——在「天成事實」與「如何面對這些
事實」的道德意義之間有所區分——會認為，個人所承受的傷害
的來源何在（無論自然或者人為），與應不應該設法防止傷害發
生、降低傷害的程度、彌補傷害的後患，並不是同一個問題[20]。晚

某一項規則的合宜與否。（*LLL* 2, pp. 24ff.）不過這種想法，忽略了道德反省
的應然特性，也就是獨立於人類歷史處境的超越性，即便道德反思本身並不
外在於歷史。至於這種反省立場的來源，是不是一定要靠某一種抽象、建構
出來的、普遍性的道德理論，見 Michael Walzer, *Interpretation and Social
Criticism* (Cambridge, Mass.: Harvard University Press, 1987)的質疑。社群主
義者一般都會提出類似的質疑，但是必須注意，社群主義並不必然認為，對
「事實」、對於社群的歷史傳統的產物，不需要有相對獨立的批評檢討標準。
另一方面，契約論是不是產生這種規範的最佳途徑，當然還值得討論。「原
初情境」裡能進行什麼樣的推理與選擇，哈耶克也大可以提出知識論的質
疑。

19 John Rawls, *A Theory of Justice*, p. 102.

20 Judith N. Shklar, *The Faces of Injustice* (New Haven: Yale University Press,
1990), p. 81. 哈耶克認為，只有特定主體故意造成的事態才有「正義」與
「不正義」可言，而非人力故意造成的事態，一如自然界的災難（例如地
震、風災），只可以稱之為「不幸」。施克拉書中對哈耶克有直接的批評，見

近隨著基因科技發達而出現的基因倫理學，充分說明了這個分
野：基因對於個人命運的影響，涉及自然界的偶然，顯然沒有道
德問題可言；可是一旦基因科技已經能夠防止或者緩和基因對於
個人命運的影響，基因的偶然性雖然並沒有改變，因此依然不構
成道德的問題，人類應該如何運用基因科技，卻構成了明確的道
德問題。這個區分，在人類的道德態度中，居於十分基本的位
置。一項「不幸」，只因為其**起源**在自然，就解除了人類面對它
的道德責任，其實忽略了道德需要相當幅度（至少超越了自然條
件）的人類主動性，才有存身餘地。準此，一旦自由主義基於道
德立場，認定演化的過程或結果對於個人造成了傷害，妨礙了個
人作為自由而且平等的個體的權利與利益，便會要求提出補救、
協助的制度設計。面對這種情況而無所作為的自由主義，業已違
背了自由主義所應該堅持的道德個人主義。在這個意義上，自由
主義與演化論不會始終同流。用演化論陳述自由主義，卻正好掩
蓋了自由主義的這個關鍵的批判一面。

---

pp. 76-82。施克拉所發展的一個一般論點甚至認為，（人為的）不正義
（injustice）與（自然造成的）不幸（misfortune）之間的分野，是一種政治上
的選擇，而不是固定的簡單規則，見p. 5。這個問題，其實可以用哈耶克的
區分來表達。在歷史上，黑人受到非人的歧視和奴役壓迫，可是奴隸制度在
歷史上存在久遠，並不是任何人一時的有意設計的產物，是否正好屬於「是
人們行為的結果，卻非出自人的設計」之類？那麼奴隸的遭遇應該算做不幸
還是不正義？難道自由主義會認為，奴隸制度不該用人力（尤其是國家的力
量）加以終止嗎？其實，關於性別體制、資本主義，以及其他許多我們生活
在其中的制度，都需要我們警惕到類似的問題之存在。相比於其他淡化個人
責任的政治理論，自由主義的道德一面，特別有助於我們提高這方面的警
覺。

五、結語

　　本文根據自由主義的規範性質和關懷所在，對於演化論是否適合作為陳述自由主義的架構，提出了一些質疑。演化論強調演化過程的自發性格，不能接受獨立於演化過程的價值標準和理想。某些自由主義者有見於演化論所強調的自發觀念，適足以排斥政治干預以及烏托邦社會工程，於是見獵心喜，取演化論作為陳述他們自由主義的架構，完全可以理解。但本文以哈耶克為例，說明這樣做是有問題的。

　　可是我們必須承認，哈耶克的理論，要比19世紀的演化論者複雜。除了自發秩序的理論以及演化論之外，哈耶克似乎還持有某種有關自由的道德理論，這套道德理論卻獨立於他的演化論[21]。不過必須指出，到了思考制度的時候，哈耶克這套道德理論並沒有發揮批判或者規範的作用。為了突出演化過程與自發秩序的正當性、可欲性，他並沒有讓他的獨立道德理論發揮獨立的功能。

　　哈耶克對此似乎有所自覺。他告訴某些憂心的讀者，使用演化論陳述自由主義有其問題，因為在演化論的架構裡，個人自由不再是「一項不可或缺的倫理預設」、一項獨立的價值，而是一套有關自由社會之利益的理論所帶來的副產品。他解釋謂，**他使用演化論僅是針對尚未信服自由之價值的人所設計的論證方式**（*CL*, p. 6）。可是如本文所言，自由主義與演化論之間的關係，並不只是這樣的策略問題。它們兩者分別位在規範與經驗的層次，並且自由主義必須認定規範層次的考量有其優先性，可以臧否、

21　哈耶克關於自由的道德理論也很複雜而引起爭議，見Kukathas, *Hayek and Modern Liberalism*, ch 5。

改變經驗層次上的演化後果。一旦承認這一點，哈耶克也就承認了自由主義相對於自發秩序、相對於演化論，在規範意義上是具有優先性的。這種情況之下，用演化論陳述自由主義，自然是有問題的。

第十章

多元論與美好生活：

試探施特勞斯政治哲學的兩項誤解*

一、前言

　　從 1990 年代以來，西方政治、社會哲學快速地引進中國大陸，構成了中國思想界的一個新生趨勢。這個趨勢應該如何解讀，它的方向與影響應該如何檢討，都涉及了二十年來中國社會轉型的文化面向，自有其重大意義，可惜著意於此的著作還未多見。其實，深入理解哪些政治哲學的議題吸引了中國知識分子、什麼樣的政治價值取得了較廣大的認同，應該都足以見微知著，

---

* 本文發表在《復旦政治哲學評論》2010 年第 1 卷第 1 期，頁 61-77。當初鄧正來先生創辦該刊，邀我擔任學術委員，並要求我投稿。如今正來兄已於 2013 年 1 月份英年去世，在此我要表達一份惋惜與追思的心意。發表之前，《復旦政治哲學評論》的審查人提供了全面而周詳、仔細的批評與不同意見，讓筆者更清楚地認識到這篇文章的特色與局限，在此謹致謝意。劉擎、周保松、周濂三位學友（他們都在自己的著作中討論過施特勞斯及其思想的是非得失）的批評與建議，我盡量在文章中有所回應，但仍然很不足，在此向他們致謝也致歉。

在相當程度上反映了中國知識界的政治傾向與理論視野，進一步也反映了當前社會轉型的動力、前景與所造成的不滿。

在這個廣闊多樣的領域中，所謂施特勞斯式的古典政治哲學之進入中國大陸，似乎引起了比較多的爭議。眾所周知，施特勞斯主要是由劉小楓與甘陽兩位先生引介到中國的。他們兩位為什麼要特意引介施特勞斯[1]、他們的引介是不是翔實正確[2]、這番引介的正面貢獻為何[3]，都甚受矚目。不過，更重要的問題是：他們接受施特勞斯思想的方式，是否缺乏了一分必要的反思、質疑？施特勞斯本身所引起的爭議所在，主要集中在他對於西方現代性的激進的批判，以及這種批判所涵蘊的對於啟蒙價值和自由主義原則的否定。本文認為，施特勞斯式政治哲學的內容雖然很豐富，

---

1 劉小楓本人對此曾提出三點具體的說明，見〈施特勞斯與中國：古典心性的相逢〉，《思想戰線》35卷2期（2009），頁59-65：為了擺脫百年來對西方現代種種主義的盲目而熱烈的追求；為了檢討現代之後西方文教制度的學理基礎，尋回古典的原則，挽救我們作為學人的道德─政治品質；為了擺脫以西方現代之道來衡量中國古典之道的習慣立場（這段綜述裡的各個字眼均取自劉小楓的原文）。水亦櫟則幫他們兩位解釋道，「……甘陽和劉小楓同時在斯特勞斯那裡看到了解決中國現代性危機的希望。斯特勞斯幫助劉小楓重新堅定了尋找絕對的一元論價值的信心和意志，而斯特勞斯幫助甘陽找到了通過研究偉大經典著作讓傳統重新活到現代的可能性」，〈政治與哲學：甘陽和劉小楓對斯特勞斯的兩種解讀〉，《開放時代》（2004：3），頁66。

2 這個問題當然值得追問，不僅因為如何詮釋、呈現施特勞斯本身即是棘手的問題，更因為「如何詮釋呈現」這位從古典立場──而不是從另類現代或者後現代立場──反現代的思想家，反映了中國學人本身的視野與心態。目前，似乎還沒有見到研究施特勞斯思想整體的中文專書；這個情況之下，除了施特勞斯本人著作的繼續翻譯之外，晚近西方研究施特勞斯的幾本著作，或許也值得盡快譯成中文，供讀者對照參考。

3 在他們（以及施特勞斯）的影響之下，例如引起了重視、編譯和重讀古典經書的熱潮，或者檢討人文教育的內容等等，都值得肯定。

也能注意到西方現代性在思想上的一些缺陷與困難，但是這套政治哲學本身的概念架構較為粗糙，沒有意識到它所假定的一些前提其實混淆了某些應該重視的區分。結果，這整套政治哲學的基礎並不穩當。

施特勞斯的政治哲學旨在重新尋找「本身即善或者對」（the intrinsically good or right），建立客觀普遍的善惡對錯標準。為了這個目標，他涉及了眾多的議題，不過其中基礎的論點可以歸結到三項主題：第一，批判以歷史主義與實徵主義社會科學為代表的**價值相對主義**；第二，根據「自然正確」這個根本概念，重新確認**客觀、絕對意義上的美好生活**；第三，從這種美好生活的概念，尋找**美好政體**的原則。這三項主題，在劉小楓和甘陽介紹施特勞斯的著作中都居於關鍵位置：雖然陳述的路徑與方式不盡相同，但是從批判自由主義以及價值多元論出發，進而肯定古典政治哲學對於客觀道德原則的嚮往與堅持，再進而提倡重讀領會古代經典，最後寄望於中國古典傳統協助解決中國的「現代性危機」，則大致呈現了施特勞斯政治哲學在中國語境下的面貌[4]。

4　施特勞斯所謂現代性的危機，在西方思想史上的發展是從馬基雅維利開始，歷經他所謂的「三波」，直到尼采、海德格爾為顛峰。施特勞斯對現代性危機的另一種陳述方式則涉及廣義的方法論，針對歷史主義（以海德格爾為代表）以及事實價值二分的社會科學實徵主義（以韋伯為代表）作檢討。施特勞斯對自由主義的價值多元論進行批判，乃是上述兩種陳述方式的綜合，似乎並不構成一個獨立的議題（即使自由主義價值多元論本身既不只是一套思想史的趨勢，更無涉於歷史主義或者實徵主義）。應該說，施特勞斯批判自由主義價值多元論，主要在於針對二次戰後的廣義自由主義文化而發，目的在於清掃路障，以便提出和展開他自己的問題。但由於「本身即善」這個概念，在今天的「話語」中只有藉著排除「相對的善」才能呈現，在這個意義上，施特勞斯對自由主義價值理論的批判，在概念邏輯上又居於核心的地

　　於是我們讀到了劉小楓以伯林為對象，重演了施特勞斯對價
值多元論—相對主義—虛無主義—蒙昧主義這套環環相扣每下愈
況的墮落史的指責[5]；甘陽則借用同樣的指責，聚焦於「權利先於
善」所預設的價值多元論，針對當代自由主義發展出同樣的批
評[6]。在另一方面，施特勞斯對於「本身即善或者對」之可能與必
要、對於何謂「美好人生」、美好人生需要什麼樣的政治共同
體，以及這樣的政體如何構成等等問題的處理，也構成了劉小楓
與甘陽論述的基礎，甚且對於不少大陸學者以及學子，產生了可
觀的吸引力。

　　不過，上述施特勞斯的三項主題，原來即是棘手的哲學難
題，其本身的糾結內容亟待清理（先不論歷代以及今天無數思想

位：他的「善」的理論，只能是當代形式下各種思考價值問題的方式之一，
與自由主義的方式相互界定。不提自由主義的價值觀，施特勞斯的「自然正
確」將孤懸空中，用意全失。

5　劉小楓，《刺蝟的溫順：講演及其相關論文集》（上海：上海文藝出版社，
2002），特別是其中〈刺蝟的溫順〉一篇，頁170-237。施特勞斯使用這些字
眼、以及它們所指的現象之間的連鎖關係，見Leo Strauss, *Natural Right and
History* (Chicago: University of Chicago Press, 1953), pp. 4-5；Thomas L.
Pangle, *Leo Strauss: An Introduction to his Thought and Intellecrual Legacy*
(Baltimore, MD: The John Hopkins University Press, 2006) 的第一章的陳述更
為明確而清楚，特別見pp. 15-22。劉小楓沒有如此系統地陳述這套關係，不
過在他的筆下，從多元論到相對論、從相對論到必須承認「我們應該怎樣生
活——這樣的問題根本無法也無須回答」、再到「法西斯主義難道不是一種
價值觀點」，彷彿是伯林必須走的一條路。見上引書pp. 177-184。劉小楓居
然會舉法西斯主義也是一種「價值觀點」來反諷伯林，倒是令人為劉先生感
到尷尬了。

6　甘陽，《政治哲人施特勞斯：古典保守主義政治哲學的復興》（香港：牛津大
學出版社，2003），頁65-72。

家的鋪陳經營如何眾說紛紜）。在釐清施特勞斯的論點有什麼預設（或者混淆）之前，我們很難確定這樣一套以「反對價值多元論」以及「追求客觀終極的美好人生（以及相應的政體）」為主要議題的政治哲學，是不是也有其盲點？

在本文中，我將設法指出這套政治哲學的若干盲點。我希望證明：**第一**，它混淆了價值多元論與價值相對論，因此沒有注意到多元論與普世主義搭配的可能；**第二**，它對「美好人生」的理解失之於專斷而簡單，而若是深入追究，我們會發現施特勞斯對這個理想取得內容的條件、它在制度方面的要求，以及它與多元論的關係，都有相當關鍵處的誤解。

二、價值多元論與普遍主義

如上所述，施特勞斯認為價值多元論乃是現代性的病灶所在，衍生了相對主義以及虛無主義等等症候[7]。劉小楓和甘陽無異議地接受了施特勞斯這個說法，並分別以伯林和當代自由主義如羅爾斯為例，指出施特勞斯式政治哲學的慧見。甘陽關於自由主義的說法有不少簡化舛誤，周保松先生曾經提供完整縝密的糾正，在此不贅[8]。至於價值多元論的問題，由於問題本身格外重

7　這個主題，在施特勞斯本人的著作中、以及寫他的二手文獻中，常居於最醒目的位置。請見 Leo Strauss, *Natural Right and History*, chs. 1 &2，以及上引的 Pangle 書，或者 Catherine & Michael Zuckert, *The Truth about Leo Strauss: Political Philosophy and American Democracy*（Chicago: University of Chicago Press, 2006）.

8　周保松，〈自由主義、寬容與虛無主義〉，《中國學術》22期（2006），頁 1-39。

要，在中文世界積累的誤解也特別嚴重，我們正可以接著劉小楓關於伯林的討論，檢討在一個多元時代中價值普遍主義的可能性。本文的意見是：關於伯林、關於價值多元論所牽涉到的一些哲學問題、關於多元情境中如何維持普遍的道德原則，劉小楓的議論都步武施特勞斯，因此不夠準確、深入。他們的一個共同盲點是：沒有認清多元主義與相對主義乃**分別是對於兩類問題的回答**，因此根本屬於兩個不同的範疇。

要區分多元主義與相對主義的範疇差別，伯林是一個方便的例子，因此我們還是從伯林這裡開始談。

1. 伯林：一元論與多元論

一元論與多元論之辨，乃是伯林一生有如刺蝟般始終關懷的「一件事」。伯林認為，這個分辨乃是西方思想古早以來的一個根本議題，到了啟蒙與反啟蒙兩種思潮衝突的時候，以最清晰的面貌出現。由於反啟蒙思潮的立足點之一即是文化獨特性這個現象，於是普遍主義與相對主義的對比，就構成了一元與多元之爭的一個重要面向。結果，啟蒙運動預設了普遍主義以及一元論，反啟蒙運動則針對性地對於特殊與個體，以及多元論格外著重[9]。

普遍主義與一元論似乎是很自然的搭配：諸多現象與各種理想的分歧多樣只是表象，經過妥當地理解之後，它們終極可以納入一個融貫的一元體系，而此一體系則適用於一切對象與社會。反啟蒙思想家從各個方面挑戰這種一元與普遍的世界觀，企圖突出個人與個體文化的獨特性。在他們的觀點中，相對性與多元論

9　Isaiah Berlin, "The Counter-Enlightenment," in *Proper Study of Mankind, An Anthology of Essays*（New York: Farrar, Straus and Giroux, 1998）, pp. 243以下。

的結合也是最自然的：分歧與多樣乃是事實，真理與價值因此只能是相對的，啟蒙運動那種一統融貫的絕對性要求，不啻削足適履。

綜合言之，歷史上的啟蒙與反啟蒙，分別傾向於在一邊的**普遍主義與一元論**，以及另一邊的**相對主義與多元論**，其間爭論構成了啟蒙與反啟蒙的主要內容。到了今天，啟蒙與反啟蒙作為歷史運動，雖然不再界定我們的思想爭執所在，可是一元、多元、普遍、相對的糾結，卻仍然是敏感重要的思想議題。從關於現代性或者後現代性的廣泛爭議，到社群主義、多元文化主義、女性主義、後殖民理論等等特殊論的思想取向對於自由主義之普遍論所做的批判，從馬克思主義的普遍歷史敘事遭到冷落，乃至於20世紀德國的非理性主義反現代思潮、日本的「超克現代性」思潮、今天流行的東亞論述、具有中國特色的發展道路等等個別的、區域性的對普遍主義現代性的拒斥，眾多思想爭端，都以不同方式在經營上述的思想母題。換言之，**普遍──一元**與**相對──多元**的糾葛，今天繼續騷擾著我們，而施特勞斯式的「自然正確」理想，無妨看作是針對這個糾葛的一種快刀斬亂麻式的回應。

2. 價值多元論與價值相對論

有意思的是，到了今天，「普遍──一元」與「相對──多元」這兩組看似自然的搭配，正好顛倒反轉了。**一方面**，價值多元已經構成「事實」，被看作任何涉及社會集體生活的思考都不可迴避的預設[10]。韋伯與伯林更戲劇性地視多元為世界與人生的本來面

---

10 稱價值多元為「事實」，而不稱它為好事，不願意賦予它某種倫理的、歷史哲學的，或者知識論的基礎與評價，正是因為持此說者想要避免將價值多元

貌，乃是價值**本身**的邏輯性質（即不可共量比較、不可相互化約，以及不可兼顧共存）使然，各種價值之間的抉擇並無客觀原則可以作為依據，從而對現代處境中的個人構成艱難的考驗。其實，這個認識，在洛克談宗教寬容、在美國聯邦黨人談自由必然造成朋黨的時候，就已經很成熟了[11]。價值多元乃是人生常態，而一元論（無論是企圖將多樣價值**整體化**為一個涵蓋全面的「幸福」概念，或**同質化**為「效益」之類一元單位的化約論，或者是相信人生中各類價值可以有秩序地和諧並存的調和論）如果仍有理論的可信度，可能更多地反映了哲學家的霸氣與童騃。

隨著一元與多元的勢力消長，**另一方面**，多元卻不再必然與相對結盟。事實上，伯林在頌揚多元論之餘，完全拒絕了（全盤的）相對主義[12]。韋伯的多元論是不是涵蘊相對主義也許尚有爭論

論化為一種關於價值的理論、避免捲入實質性的爭議。這本身是一種**自由主義的**價值多元論，而不是**單純的**價值多元論，因為它並不與價值一元論形成對立的主張。類似的區別，請見 Charles Larmore, *The Morals of Modernity* (Cambridge: Cambridge University Press, 1996), ch. 7所分辨的「價值多元論」與「合理的不同意」。

11 當然，洛克與聯邦黨人指認多元論之事實的時候，根據的理由完全與韋伯、伯林不同。他們正好不訴諸一套價值理論，及對於價值的「本性」有所主張。他們所根據的，毋乃是人類本身的特色。

12 理論上的說明請見（例如）"Alleged Relativism in Eighteenth-century European Thought," in *The Crooked Timber of Humanity* (London: John Murray, 1990), p. 79以下，或者 "Does Political Theory still Exist?," §7, in *The Proper Study of Mankind*. 至於他自己，當他被問到「你不認為，普遍性的原則跟文化相對主義適成對比？」時，他的回答是：「不，我不認為如此。」見 Ramin Jahanbegloo, *Conversations with Isaiah Berlin* (London: Phoenix Press, 1992), p. 37. 安德森指出，伯林的良苦用心在於「在不放棄道德普遍主義的條件下維護文化相對主義」。見 Perry Anderson, *A Zone of Engagement* (London: Verso,

餘地；可是不要忘記，對韋伯[13]（以及尼采、沙特或者類似以「抉擇」處理價值問題的思想家）來說，多元情境之下的抉擇絲毫不失其「存在」意義下的**絕對**性格（韋伯稱之為神與魔鬼之間的選擇，或者沙特眼裡無所謂理由的「投入」），只是這種絕對抉擇的妥當性無法取得普遍的（學術性的）**證明**罷了。但在「證明」的相對性之外，韋伯完全不會承認人的價值抉擇本身只具有相對的地位，──借用他在另一處的傳神譬喻──「像計程車一樣，可以呼之即來，揮之則去」。

　　這就牽涉到了價值多元論與價值相對主義的分辨[14]。**首先，如果「價值相對」的意思是說各項重要的價值「一樣好／一樣對」，**價值多元論並不會主張相對主義，因為從多元論所主張的價值之間**一般而言**（而不是因於文化差異等造成）的不可共量與不可共存，只能推出各項基本價值無法用一把共通的尺來度量，也無法在一個立場中兼顧，因此無法「客觀」地判斷其間的高下，卻沒

1992), p. 245. 在此需要說明，伯林並沒有說一切價值都是普遍的；他會承認──沒有人會否認──某一些價值確實特屬於某些特定文化、時代或者個人，但是也有一些價值屬於人性或者道德的要求，甚至於（如本文所主張的）構成了任何評價都需要的前提條件。因此他只反對全盤的或者極端的相對主義，並沒有否認價值相對這個現象本身的時常存在。這個區分與本文的論證關係不大，在此存而不論。

13 可參見韋伯論學術與政治作為志業的兩篇演講，特別是關於學術的一篇。

14 以下筆者區分一般性的價值相對主義與群體（主要是文化）之間的價值相對主義，只是對「相對主義」的一種理解方式，並且並不是當前哲學界的主要討論方式。前者主要涉及價值本身的特色，後者則涉及價值之承載者或者選擇者如何關連到價值選擇之妥當性；前者視妥當性繫於價值本身所攜帶的客觀性質，後者視妥當性既涉及被選擇之價值的特色，同時也涉及選擇過程本身的特色。

有說這些價值都具有一樣的價值（worth）或者一樣的正當性。要得到這個意思的價值相對主義，我們得先主張「無法比較的東西就是有一樣價值的東西」。但是價值多元論必須接受這種荒唐的主張嗎？

伯林與韋伯有關價值多元論的陳述，集中在價值**本身**的邏輯特性上，認為多元乃是價值本身一種客觀的事實。但是價值之無法共量與兼顧，只是價值問題的面向之一。因於這個面向，我們無法從價值本身「讀出」各自的相對「價值數值」，因此無法根據這些價值本身的「客觀數值」去在其間做好壞高下輕重的比較，或者對它們進行權衡妥協。這是韋伯與伯林的主張，卻不是價值多元論需要接受的唯一結論。價值問題還有另一個面向，那就是當事人與他所選擇的價值的關係。自由主義主張多元論，著重的主要是這個面向。不錯，價值**本身**無法共量，因此我們無法抽象地比較其間的高下好壞。但是作為選擇者，我們並不是像技術人員一般，無所謂地拿一把客觀的標尺判讀各項價值的「價值數值」，然後根據這些數值做出選擇；相反，從事選擇的時候，我們有自己的獨特的比較標準。之所以要使用某個標準而不施用另一個標準，正好有我們自己的特殊考慮，這類考慮決定了我們每一項特定選擇是來自什麼**理由**。選擇不僅僅是比較價值的客觀特色，同時還涉及了判斷各項特色對我們個人有什麼意義。不將主觀的意義列入考量，根本無所謂選擇這回事。

但這不是又會陷入**另一種意義下的價值相對論**嗎？那就是，價值判斷其實是有標準的，只是這類**標準內在於特定文化、社會、時代、觀點或者個人**，即內在於特定的選擇者，不可能找到跨越這些限制的共通標準，來衡量、品評個人的價值判斷。在這個意義上，每個人（文化、社會、時代等等）的判斷之間都不可

能比較出是非高下，因此，價值判斷的妥當性只能內在於某個範圍界域、因此只具有**相對**的妥當性，根本無所謂在價值的對錯好壞之間作客觀的比較[15]。

但是讓我們面對上述「理由」這個概念的一項特色：一個理由，如果其妥當或者有效只能**內在於**產生它、認可它的那個系統，對其他系統即毫無效力，豈有可能符合我們對於「理由」的理解與期待？這種理由，與成見、偏見等無足以成為理由的「藉口」要如何分辨？所謂理由，原本便旨在設法展示自己的主張有所依據，藉以說服異議者，因此必然會引發他人的同意與不同意（一個說法無法引發他人同意或者不同意之反應者，也不構成理由）。而無論同意或者不同意，都表示外在於該系統的人已經在進行理解、衡量、判斷，並且使用到了某種超越該系統的標準。可是如果理由的成立竟然只能內在於它所出現的那個系統，那麼外人的衡量判斷便也只是施用成見。換言之，這種情況下，其實沒有什麼「衡量判斷」可言。這時候，雙方都只是在重覆自己系統內部的**成見**，實際上無所謂「理由」，更說不上合理的同意與否，當然也就沒有衡量判斷可言。這不啻是說：理由與成見乃是同一回事，並無分辨的可能。價值相對主義者一旦認為理由與成見並無分別，那麼她所堅持的就已經不是她自己的價值信念是合理的，而是所有的價值信念（包括她自己的價值信念）都不可能是合理的。這是價值相對論的主張嗎？當然不是，這是價值的不可知論，或者即是虛無主義，因為虛無主義才會主張「所有的價

---

15 伯林本人便主要從這個角度理解相對主義。見 "Alleged Relativism in Eighteenth-century European Thought," pp. 80. 施特勞斯式對自由主義式相對主義的批評，也集中於此。

值信念都是成見，都不算值得推崇、信仰的價值」[16]。

3. 從理由推導普遍主義

　　一旦從這個意義下的**理由**著眼，價值多元論與價值相對主義
便告分家。自由主義的獨特觀點正是從價值問題的這個「理由」
面向出發的，而不是如伯林、韋伯一般，先設定了某種價值理
論。自由主義重視這個面向，是因為理由這個因素涵蘊著個人選
擇的**自主**成分（而非選擇的結果有什麼實質特色），而自由主義
必須著意維繫這個自主成分。價值的意義不僅在於其客觀的地位
具有什麼「價值因子」或「價值成分」，更在於它乃是特定人的
特定選擇。尊重個人，意思是說必須尊重每個人的選擇的權利，
也就是不以一己的好惡成見壓抑對方的選擇機會與選擇結果。但
是另一方面，由於這種尊重乃是尊重一個有理性反思能力的自主
人，它還帶出了**理由**在判斷價值之高下好壞時的重要地位──自
由主義相信人的選擇帶有評價性的理由。因此自由主義並不是僅
僅堅持價值多元論；它更堅持人們要為自己的選擇結果與其間的
是非善惡高下之評價，**相互提供理由**。自由主義若是單純強調
「價值多元」，卻忽視「理由」這個面向，那就是誤解了自己的根
本思路，放棄了自主性的要求。

　　在自由主義看來，價值多元論說的是：每個人選擇的結果不
會一樣，因此選擇所認定的價值呈現多樣。但是自由主義會跟著

---

16 或許這即是施特勞斯能夠從多元論、相對論一路直通推到虛無主義、蒙昧主
　　義的思路所在？但這條思路的關鍵，不是在批評價值多元主義，而是在於它
　　認定「理由」這個概念無法成立，價值選擇背後的理由屬於蛇足，並無意
　　義。這個跡近荒唐的想法，當然不是施特勞斯所能接受的。

強調，選擇不可能僅只是表達當事人的欲望偏好，而是受到了理由的決定性影響：理由是選擇的一項構成性因素；理由的差異，乃是造成選擇之間差別的最重要因子。唯有從一項選擇背後的理由，才能說明所選擇的價值為什麼真是你所要的、真有其價值；而理由也只有經過主體之間相互的交代與詰疑，才能取得其可信度、證明其妥當性。選擇若是沒有理由，或者其理由所反映的只是當事人的恣意偏好，那麼該選擇或許仍屬於權利的範圍，卻無所謂價值，並不可能跟其他選擇「一樣好／一樣對」。毋庸贅言，你的理由是不是能成立，是不是禁得起別人的檢討，甚至於能逐漸發現他人的理由更合理、更高明，也就是說他人的價值選擇比你合理、高明，都無法決定在先，而只能在這樣一種說理過程中逐漸呈現[17]。

當然，這不是說「理由」便可以豁免於價值相對論的現實考驗。但是理由之所以成為理由，正好不能局限於所選擇的**一階價值本身**的特色，而是要聯繫到對說理雙方都成立的共通價值，理由才能發揮功能。選擇者必須用對方能夠理解與同意的立場，來說明自己根據什麼標準或者考量做出該一選擇。通常，這種能為對方理解與同意的立場並不是一蹴可就，而是需要反覆的深化與擴張，找到的標準與考量對他人才具有說服力。但是這個過程，以及其所設定的目標，卻是必要而且合理的，因為價值即使多元，但是人們做選擇卻不是僅在意價值本身的內容，消極被動地

---

17 這一條思路，對當代的讀者來說並不陌生：審議民主與哈貝瑪斯的溝通理性均以各自的方式與理論脈絡，經營同一套邏輯：即從某一種看似分歧的實務（溝通，或者公共討論），藉著這種實務必須預設在先的前提（哈貝瑪斯的「妥當性主張」、審議民主的公共理性），證明跨越分歧的可能性。

受制於「不可共量」，而是有背景來由、有目的、有原因、有動機、更有當事人自己的價值取向與自我認識作為根據和脈絡。這些，構成了特定的評價脈絡，其健全與合理，正好是當事人需要展現辯解的。妄想否定這些因素在評價中的角色，便根本沒有理解什麼叫做評價、何謂選擇，以及價值之間的比較如何進行。結果當然即無說理的必要與可能，從而價值多元論才會淪為主觀恣意的價值相對論，甚至於虛無主義。

可是顯然，要讓這樣的價值選擇及其理由有可能，便需要假定**超乎一階價值本身**的理由是可能的。而這種能夠針對不同的一階價值展開「共量」的理由，豈不正指向所謂的「普遍」嗎？能讓兩個人討論誰的價值選擇更高明的「理由」，一定超越了當事人雙方自己所選擇的理由；在這個基本的意義上，該理由已經具有最雛形的普遍性了。當事人也許不會很快在理由上取得一致，因此他們會繼續爭辯、尋找更普遍（意思是說更能迫使對方承認）的理由。這種理由會跨越文化、社會、時代等等，其普遍性也就更高。那麼，有沒有徹頭徹尾普遍的理由？伯林認為有。他強調一種跨越文化、時代、族群等等的普遍人性：他說，有一些理由我們必須拒絕，因為在「人」的意義上它們是無法理解的[18]。但即使在這個最高程度的普遍性之外（或者之下），價值多元論一旦設定「理由」的概念，便也設定了普遍主義的可能與必要。在這個意義上，多元主義與普遍主義乃是結合在一起的。

不錯，屆此只是問題的開始：我們應該對這種**「理由」意義**

---

18 伯林曾數度表達這個論點，可是幾乎從來沒有加以發展，所引起的注意也不如他的不可相容─不可比較論。可參見 "Does Political Theory still Exist ?", §§7 & 8, in *The Proper Study of Mankind*.

上的普遍主義再多做些說明[19]，尤其應該將它與**「實體」意義上的普遍主義**——也就是歷史上乃至於今天以「普世價值」名義出現的各類普世理想——做適當的區分。很多普世價值，表面上看來以某種超越性的，或者宗教、形而上的源頭為根據，彷彿以實體的方式存在；其實，它們乃是理由意義上的普遍主義所承認的妥當理由，其普遍性足以作為最高層次的理由，支撐較低層級的價值選擇。它們之所以具有這個地位，很可能如伯林所言，來自我們對於「人」的某種根本理解。但由於這個問題過於複雜，在此只能存而不論[20]。

以上的分析如果成立，無足以證明施特勞斯心目中的客觀終極的「本身即善或者對」的價值觀是不可能的，但足以證明，多元論不需要墜入相對主義、虛無主義。另一方面，由於多元論不能輕易否定掩蓋，那麼若不得不從多元論出發而仍然試圖得到客觀、普遍的價值判斷，我們便應該循追尋理由的途徑發展經營其間的結合。政治哲學完全不需要像施特勞斯一樣，在相對主義、虛無主義與一元絕對主義、客觀主義這兩個極端之間作非此即彼的抉擇。相反，政治哲學是可以同時認定多元論與普遍論的。

---

19 「理由意義上的普遍主義」，在本書第六、七、八各章均有所討論。

20 讓我舉一個常見（但其實極端複雜）的例子：「人權」。人權是一項實質意義下的普世價值，抑或是一項具有極高普遍性的理由？在實質意義上，人權有其特定內容，來自我們賦予人的某些特色，並且立足於特定的歷史、文化基礎上；但在理由的意義上，它的意思是說：「涉及每個個人最高層次利益（即美好生活）的意願與利害，應該列入平等的考量，並且其他的價值都要從屬於這種考量的結果。」筆者相信，後者比前者在理論與實踐上都更為妥當；並且，當有人以特殊文化、政治理由來反對人權時，後者比前者更能夠回應這種挑戰。

三、美好人生、社會正義、多元論

一旦將多元論與普遍主義結合，並且面對多元情境下的說理必要時，要求我們的價值選擇滿足理由意義下的普遍主義，便會產生一個狀況：在任何一個時刻，我們所認定的終極價值，都還有待進一步的詰疑與理由。易言之，個人的價值認定即使在主觀上具有絕對的確定性，客觀上卻仍然屬於臨時性的（makeshift），並且當事人在「投入」之餘，不得不承認這種臨時性格。而既然終極價值不能免於這種臨時性格，那麼仰仗終極價值來提供意義與價值的個人生命，又如何可望毫無疑義地「美好」呢？

1. 美好生命與個人自主

對於「美好生命」的問題，施特勞斯有明確、直接的答案：盡人之「性—自然」（nature）即臻於美好人生[21]。這個說法，在今天的規範倫理學中通稱為完美論（perfectionism）。完美論認為，「性—自然」指一些內生於人性而界定或者構成人性的性質，一些使人成為人、活得像人的特質，例如某些能力或者活動；而美好人生，即繫於將這些性質發展到最高的程度、讓人性的核心特質得以充分實現[22]。換言之，藉著發展人性之中居於關鍵地位的某些特質，俾使人成為完滿的人，充分實現人性的可能，即臻於美

21　"The good life is the perfection of man's nature. It is the life according to nature."
Leo Strauss, *Natural Right and History*, p. 127.

22　完美論還有另一種形式，同樣認為某些事物或者活動直接有助於人之生命的豐富蓬勃，由而界定了人生的是否美好。這些事物或者活動（例如文化、參與公共事務、藝術創作）客觀存在，並非人性內在的成分。不過這並不是施特勞斯的思路。

好的人生。而那些為了達到這個目的而需要的性格特質，便構成
「善」或者「德性」。

　　對於這種完美論，本文無法正面地討論。不過對比於上述終
極價值的臨時性格來說，施特勞斯本人似乎也注意到，他這種關
於善的說法其實是後設性質的，只是為人類求索「善」指出一個
方向，並沒有指出善（或者「性—自然」）的內容；因此他時常
區分「擁有」真理與「追求」真理：哲學乃是「追求」，而不是
「擁有」[23]。那麼，他是不是會承認，上述所謂的臨時性格，也適用
於我們在任何一刻對於「善」，或者對於「性—自然」的認識，
——即使他堅持這些概念本身乃是全然客觀而恆定的？

　　施特勞斯對這個問題似乎沒有直接回答；至少他沒有追究一
種臨時性的善觀對他整套哲學的涵蘊；劉小楓則說到哲人與先知
的不同在於「哲人的審慎懸置了對美好生活的可能性的斷定」，
像是也接受了某種「臨時性」[24]。不過，分析地說，無論是不是認
為終極價值受制於某種臨時性，關於什麼是「終極價值」、什麼
是美好人生，我們都必須承認，這兩個概念還受制於另外兩項至
為根本的條件：一是所謂的「認可限制」，另一則為「可修改的
限制」，對可能的善概念形成了規定。這兩種限制都涉及維持個
人的自主，表面看來僅能說是「現代」的產物；可是必須注意，
它們的理由並不特別局限於現代，而是因為「有價值的生活」這
個概念本身便**要求**人不可能只是某種價值或者某種生活方式的容
器，它**規定**了美好生活不可能在無意識中完成；質言之，**有價值**

23　例如Leo Strauss, *An Introduction to Political Philosophy: Ten Essays*（Detroit:
　　Wayne State University, 1989）, p. 5（即"What is Political Philosophy"）.

24　劉小楓，《刺蝟的溫順》，頁226-227。

的生活一定是包含著自主性這項因素的生活。結果，這兩項限制迫使美好人生的概念**始終**保持著其臨時性格。

認可限制（endorsement constraint）不難理解：任何關於美好人生的概念或者構想，無論其客觀的妥當性如何無疑，都必須經過當事人**自己的認可**，才能取得充分的「美好」地位。換言之，假定某種人生的構想客觀言之——例如根據神意、根據自然、根據科學或是歷史規律——確實是最美好的，但若是無意識，或者受強迫，或者出於誤解而過這種人生，比起經過當事人的理解與認同、採納而過這種人生，其美好當然要打折扣。假定信仰某一種宗教能帶來終極的救贖，換得最美好的人生，可是我卻在既不明白其奧妙、又心不在焉的狀況下草草接受該信仰，我能算是獲得了美好人生嗎？所謂「幸福的傻瓜」——人在不明就裡的情況下活出了美好的人生——是不是在邏輯上即不可能？這情況之下，是不是這個人可能感覺很快樂或者春風得意，但是他的人生仍然稱不上「美好」？

至於**可修改的限制**（revisability constraint），同樣強調當事人的**自主追求**這個因素，並不外在於美好人生或者終極價值之概念，而是其中的一個**構成**部分。「美好人生」這個概念有其內在的一種緊張性格：我在**當下**認定的美好人生，無論內容為何，在概念上（邏輯上）便注定不會等同於**真正**的美好人生。為什麼？因為必須承認，並且實際容許，對於美好人生由什麼構成，我們當下的想法也許有誤、更可能改變想法。但這還不是重點所在；重點所在是：在一套美好人生的設想與我本人之間，誰居於優位？誰聽誰的？如果我只知道（或者只能）死心塌地地接受某種關於美好人生的理念（即便假定它是完全正確高貴的），只能過這種人生，既無懷疑的動機，也沒有改弦易轍的餘地，我豈不是

無異於該一理念的容器或者承載者，豈還有評價、考量、選擇的
可能？可是一個在這種意義上被剝奪了選擇與改變可能的生命、
淪為某信念之容器或者承載者的生命，豈有可能還是美好的？在
這個意義上，「美好人生」這個概念，原本就**應該**是臨時性的；
它的有待更正與發現，跟我們所認定的價值觀之有待詰疑與提供
理由，在含意上其實如出一轍，相互呼應[25]。

用這樣高度抽象的概念分析方式，指出「美好人生」這個理
想由於必須以人的自主性為其構成條件，因此必備這種暫時性
格，對自由主義抱有懷疑的讀者當然不會滿意。筆者自己也不禁
要琢磨，人類面對一項生命的理想時，終極而言究竟是「選擇」
抑或是「被選擇」？堅持自主性在美好生活裡的構成地位，「終極
價值」會不會就淪為魚與熊掌，即使崇高至極，卻由人品頭論
足，並無終極性可言[26]？但是如果只堅持終極價值的客觀與超越
地位，個人的理解、判斷、躊躇、追尋竟然只扮演偶然的、外在

---

25 這兩個重要的論點，來源應該是德沃金。參見Ronald Dworkin, *Sovereign Virtue* (Cambridge, MA: Harvard University Press, 2000), pp. 242-245；Will Kymlicka, *Contemporary Political Philosophy: An Introduction* (Oxford University Press, 2002), pp. 214-215.

26 真正具有終極地位的價值，泰勒稱為「構成益品」或者「道德源頭」，因於它們，生命中的美好事物才使得生命美好；它們「鼓舞與感動」我們去追求生命中的美好事物。見Charles Taylor, *Sources of the Self* (Cambridge, MA: Harvard University Press, 1989), pp. 93-94. 泰勒強調，道德源頭對我們應該具有**強制性**，亦即對我們構成了絕對地召喚或者命令，並不容我們稱斥論兩挑撿取捨，至於它是內在或外在於我們則屬次要；見上書pp. 94-95。另可參見Charles Taylor, "Iris Murdoch and Moral Philosophy," in *Iris Murdoch and the Search for Human Goodness*, Maria Antonaccio and William Schweiker, eds. (Chicago and London: University of Chicago Press, 1996), pp. 3-28, 特別見pp. 14-15。關於泰勒的觀點，請參見本書第十一章。

的角色，與當事人的生活之道德意義並無本質上的關聯，豈不是根本忘掉了這究竟是**誰的**人生？何況，一個人面對某種超越價值時的投入，若是沒有一絲懷疑與掙扎的成分，豈不正因為缺少了即使「令神發噱」[27]但卻適足以表現個人尊嚴的一個階段，而顯得廉價猥瑣？這個問題太過於棘手，更涉及了人類如何面對「超越」的議題，在此必須懸置。不過上述的關於人生理想之臨時性格的基本想法，對於我們的道德論述與政治論述，仍然有著可觀的啟發，不能忽視。德沃金曾用概念分析指出，「當下所理解、信仰的美好人生，不會是真正的美好人生」；麥金太爾則用完全不同的分析指出，「人的美好人生，乃是用來追求人的美好人生的生命」[28]。這個想法，即終極價值與美好人生等概念，不可能是一種具體的狀態，而只能是一個涉及**不斷**追尋、學習、發現、更正等過程的暫時性結論，可能有兩方面的啟發。

　　一方面，對於嚮往「美好人生」、追求「人生意義」等等而以為有現成答案「在那裡」的人，上述想法是一種警惕與針砭，可以減少人類的自大與妄想。作為人類，在人類極其有限的條件與限制之下，期待終極價值與美好人生以完整、具體、確定的方式在生命的某一個時間點上出現，不僅如上面所論證，在概念上

27　Milan Kundera, *The Art of the Novel*（New York: Harper & Row, 1988）, p. 158; 此處引自 Charles Larmore, *The Morals of Modernity*, pp. 169-170. 應該指出，昆德拉為什麼說神看到人思考就發笑？倒不是因為蜉蝣想窺天地造化顯得可笑，而是因為「人愈思考，彼此的思想就**分歧**愈大」。

28　Alasdair MacIntyre, *After Virtue*（Notre Dame, Indiana: University of Notre Dame Press, 1984）, pp. 219. 劉小楓也有完全一樣的說法：「哲人生活方式的美好，恰恰在於認真琢磨美好生活的可能性——思考何為美好，作為一種生活方式本身就是美好的。」《刺蝟的溫順》，頁227。

不可能，其實徒然反映了人類一種童稚的自大傲慢（hubris）。試想：以人類生命的短促、加上道德能力與認知能力的有限，居然期待「美好人生」以其全部的確定性、客觀性、不容置疑的地位在某個時空被我們掌握，豈不是如井蛙論天、夏蟲語冰嗎？我們對人生應該抱持什麼樣的期待？──這個問題牽涉深遠廣泛，在此無法深論。但是上述多元論與普遍主義的結合，畢竟有助於提醒我們應以更謙虛的態度面對人生的將就（makeshift）性格，也是值得進一步參考的思路。

　　另一方面，上述關於理由普遍主義的理解，以及接下來指出美好人生的理想注定是將就的，又可以推導出對於社會與政治制度的要求。施特勞斯的政治哲學裡，有沒有這一面的思考呢？這個問題，劉小楓與甘陽發揮不多，但我們有必要稍加探究。

2. 美好人生與正義

　　施特勞斯很關心社會如何是最美好的，因為他認為好的社會最有利於人的成為完美[29]。但社會或者政體如何協助人們盡其性（自然），取得美好人生，施特勞斯的分析並不是很清晰。他對於社會與政治制度誠然有明確的要求，例如他對於「什麼樣的人應該取得統治權力」，即有明確的說法，並賦予政體的這一面很大的意義。可是這一面與個人生命之臻於美好究竟關係何在，他並沒有夠明朗的交代。

　　無論如何，施特勞斯對於古典自然正當的詮釋與重建，至少

---

[29] "In order to reach his highest stature, man must live in the best kind of society, in the kind of society that is most conducive to human excellence. The classics called the best society the best politeia." *Natural Right and History*, p. 135.

透露了他認為「正義」乃是社會以及政體最重要的德性；正義即是讓每個人獲得「根據性—自然」對他好的事物，而只有智者，才知道對人一般而言以及對個別個人而言什麼事物是好的（因此智者應該取得權柄與權威）。施特勞斯進一步將城邦的正義表達為一個原則：「各盡自己的稟賦，各取自己之優點所配得上得到的。」[30] 這個原則，跟「盡性即為美好人生」的想法顯然相通，因為從盡力實現「性—自然」以臻美好人生這個問題意識的角度來說，施特勞斯的美好人生觀，注定是一種從資質稟賦（endowment）出發，追求成就（achievement）或者表現（performance）來陳述、建構的人之概念，而**稟賦、成就**，或者**表現**一旦成為美好人生的關鍵面向，相應的正義概念自然就是某種以優點長處或者應得（merit/desert）為導向的正義觀。

這樣子的人之概念、這樣一種正義觀，是不是能夠成立？在此，我們無意另立門戶，提出與施特勞斯的正義意見對立的另一套分配原則。相反，我們希望回到問題的架構本身，正視一項在當代政治哲學中習見的區分，顯示他在社會正義議題上的這種結論，應該受到挑戰。

施特勞斯說，「盡性」這個要求原本假定了「並非每個人都平等地具備了足以臻於完美的性—自然，或者說並非所有的『性—自然』都是『美好的性—自然』」[31]。而即便我們假定了性—自然的平等分布，我們也要假定其結果——臻於完美人生——不會是一樣的（例如因為教養不同），而是有高下之分的。

---

30 "...from everyone according to his capacity and to everyone according to his merits." *Natural Right and History*, p. 148.

31 上引書，pp. 134-135。

這樣一種不平等主義，問題並不在於它主張以不平等的方式對待人，而是在於概念上的不足。不足在於它沒有意識到「道德人」這個概念的獨特性。只要開始從**道德角度**考慮應該如何對待一個人，該人就作為**道德人**存在，而道德人這個身分，一定要與人的實際狀況——即每個人的「性—自然」乃至於教養——有所區辨。人的道德地位、道德能力與人性的實況或者可能的發展，從道德角度言之乃是兩回事：在人性上有實質缺憾的人（例如理性能力較差，或者較為怯懦、自私，又或者由於出身教養較差，因而追求完美的熱情較淡），在很多方面或都可以歸入一種「較低」的範疇，但是很難想像，在什麼意義上這種人的**道德地位**也比較低？進一步言，資質、成就、表現這幾種面向，都屬於人的事實層面；它們之中究竟有多少成分屬於「道德上沒有道理」（morally arbitrary）的結果，既非當事人所能負責、也因此並非當事人所應得（或者應該承受其後果），施特勞斯這套人觀與正義觀並沒有列入考慮。相對的，若是如羅爾斯以及其他當代的自由主義者[32]，用無知之幕遮蔽這類在道德上言之沒有道理的、事實性的地位與能力，找到「道德人」，從其平等的道德能力與道德地位出發，認定人的能力在於追求一己的美善人生、在於遵照正義

32　在這裡，我要包括新亞里斯多德主義者如沈恩以及納斯鮑姆（甚至也包括馬克思）等人的「運作—能力進路」（functioning-capabilities approach）。他們雖然也談人性以及人性的運作表現、發展騰達，卻是針對人的基本「像人的」生存之諸般運作、以及這些運作所需要的能力（利用和轉換資源所需的能力）來談，而不是針對實質意義上的「性—自然」的運作成果來說的。因此，他們列入「事前」考量的資源、機會、權利範圍，比羅爾斯還要深廣。參見 Martha Nussbaum, *Women and Human Development: The Capabilities Approach* (Cambridge: Cambridge University Press, 2000), ch. 2.

原則與他人相處，然後追問這兩項能力的運作與落實需要什麼樣的政治、社會，以及物質條件，從而要求社會制度要提供這些條件，顯然才重視了對個人的「公平」。施特勞斯式的政治哲學只識「自然人」，屈從於「性—自然」賦予個別個人的條件，從而重視資質、成就與表現；羅爾斯式的政治哲學則正視「道德人」的存在，理解到這類條件與個人的道德權益無關，認為公平原則要求忽視它們，進而要求彌補自然與社會條件對個人的剝奪，以便提供每個人公平的生命機會。從這個角度來觀察，施特勞斯與自由主義乃是兩種政治哲學，其間的差異很大，我們在其間應該如何選擇呢？

　　這個問題，由於牽涉到兩種政治哲學陳述問題時所使用的概念架構大異其趣，兩者對人性、道德、正義等概念的基本理解相去很大，不可能有簡單的答案。但是一個簡單的回答方式是：假定了道德人的概念，則**事前**的——展開生命過程之前——的平等主義分配才有可能，從而，這樣的社會對於成員的生命是有**平等的關懷**的，每個人追求美好生命的機會是受到照顧的。如果只能「按照優點長處／應得」考慮分配問題，則由於優點、長處、應得乃是成就或表現，屬於「**事後**」的結局，那只是一種獎勵或者回報，而不是對當事人的協助。這種情況之下，我們有理由說這種社會缺乏對於成員的**平等關懷**。這中間的差異，多少顯示了施特勞斯式菁英主義與羅爾斯式平等主義政治哲學的基本特色，或可作為我們在其間評價、選擇的參考。

3. 美好人生與多元論

　　前面我們討論過，施特勞斯對於現代性的價值多元取向極表不然；尋找古典政治哲學的「自然正當」概念，原本旨在回歸一

元、客觀的價值系統；劉小楓與甘陽介紹施特勞斯，理論與實踐的關懷也在此。不過，施特勞斯的思想，真能排除價值多元論嗎？「自然正當」可以為客觀、一元的價值或者規範提供基礎嗎？檢視施特勞斯闡釋美好人生這個理想時的邏輯，可以發現，從完美論的前提，他並不能推導出一套唯一的美好人生概念。

完美論問道：什麼東西使人生最美好？強調「性—自然」的完美論者答覆說，發展人性（或者人性中間某些核心的性質和能力）到最高的程度，乃是達成這個目的的不二途徑。美好的人生，即是一個人性蘊藏的潛能臻於蓬勃興盛狀態的人生。

這項要求，似乎規定了一個明確的規範或者標準，足以判斷什麼樣的人生是美好的，或者人應該追求什麼樣的人生目標。但是這能得出一元論嗎？顯然有困難。完美論即使設定了一項明確的核心人性，也無法從這個核心人性，推論出美好人生只有一種（或者一個面貌）。例如，施特勞斯指出，古典思想家視「言說、理性或者理解力」為人與動物靈魂的差別所在，因此是人性的最重要特色[33]。他從這個例子說明人應該殫思而活、追求理解、以及慎思而行。但是，從這個一元的完美論理想，若不附加其他足以服人的限定，可以推出不止一種美好生活的方式。廚師、數學家、文學家、生意人、手藝工人、戰略家，豈不都在發展、運用人性中的思維與理解能力嗎？何況，舞蹈者、運動者或者畫家所運用的能力，不止於思維與理解，更可能包括人性中的其他能力。古典思想家當然可以為各種能力規定價值的高下，可是除非另外提供說明，這類規定並沒有一定須要接受的理由[34]。易言之，

33　"speech or reason or understanding", *Natural Right and History*, p. 127.

34　例如為什麼詩人、工匠的能力，要比哲學家的能力來得遜色？此外，人類身

如果不假定人性只有一種詮釋、不假定這種詮釋下的核心能力只有一種發達與實現的途徑，則有資格稱為「美好」的生命理想與生命面貌不會只有一種。

其實，施特勞斯雖然假定了對人性的單一詮釋，卻仍然承認，一方面，人的能力不同，因此追求完滿的途徑不一，例如有人需要指引，其他人則無此需求；另一方面，人性本身也有雜多的內容，「好」的人性成分須要與壞的人性成分區分。他強調，依照古典思想家的看法，事實上「性—自然並沒有給所有人一樣的稟賦向完美前進，或者並非所有的『性—自然』都是『好的性—自然』。……此外，不論天生的能力之差別，個人追求德性的執著也不會一樣。」[35] 換言之，由於「性」中間的成分因人而異，又因為意志以及環境因素的影響，每個人臻於完美的途徑與程度不會一樣。不錯，這仍然屬於完美論，仍然強調人性中間有客觀的「好」存在，需要發展培育，但在涉及美好人生的時候、終極價值的時候，卻只能「低度決定」，也就是說，只能提出一個方向，卻不能規定美好人生的具體面貌與內容。在這個意義上，完美論的「自然正確」，並不會涵蘊美好人生或者終極價值的一元論。

上的一些為惡的能力，不僅是動物所沒有的，也具備了強大的力量。但是這些人類為惡的能力也是比動物的能力更有價值的嗎？那你得先說明「價值」的度量標準，尤其需要設定一些道德性質的門檻。請參見下註引文。

35 "Not all men are equally equipped by nature for progress toward perfection, or not all 'natures' are 'good natures.'"... Besides, regardless of differences of natural capacity, not all men strive for virtue with equal earnestness." *Natural Right and History*, p. 135.

四、結語

　　本文旨在從兩個有限的議題著手，檢討施特勞斯政治哲學的概念預設。施特勞斯對於價值多元論發動猛烈的抨擊。在這方面，本文認為，他混淆了價值多元論與價值相對論，也因此未能注意到價值多元論與普遍主義搭配的可能性。這種搭配的基礎在於，從理由的概念出發，可以得到「理由」意義上的普遍主義，而這種普遍主義，與「實體」意義的普遍主義是有區別的。

　　施特勞斯的另一個重要主張牽涉到美好生活的可能性。在這個方面，本文首先指出，美好生活這個概念與個人自主有一種內在性的關連，因此任何美好人生的構想，都有其「臨時性格」。其次，追求美好生活，對於社會權利、機會、資源的分配方式自有其要求。施特勞斯一本他的完美論，從成就與表現的角度來思考分配議題，本文認為他混淆了人的道德地位與人的德性地位之間的重要分野。第三，本文進一步指出，美好生命這個概念，本身並無法鞏固任何一元論的價值觀；相反，美好生命似乎總是容許多樣的追求與實現方式，因此它本身其實有著多元論的涵蘊。這可能是施特勞斯始料未及的一個結果。

　　經過如上的分析，看來施特勞斯政治哲學的基礎比較鬆散脆弱。他無疑有一些慧見，特別對現代性的潛在危險有其針砭效應。但是他的整個立論，無論是消極的批評方面，還是積極的主張方面，如果不經過進一步的析辨與補強，不一定能夠成立。中國知識分子想要從他學到檢討現代、復興傳統的經驗，可能應該更為謹慎與批判才是。

第十一章

如何理解儒家的「道德內在說」：

以泰勒為對比

一、前言

儒家思想的用心之處浩瀚，幾乎涵蓋了整套人間秩序與天人關係。不過它屬於**哲學**領域的核心議題，應該說集中在理解和論證「道德的實踐之可能性與條件」。針對個人一己生命去「培養德性的主體」[1]，乃是它心目中道德實踐的關鍵一步，其下一步才涉

---

* 本文最早係在政治大學哲學系暨國科會「中國哲學與分析哲學」學術研討會（2005年9月16-17日）上發表的論文。會後經過較大幅度的多次修訂，在《政大哲學學報》發表。幾位匿名審查人，對本文提出過建議和質疑，但可惜在此定稿中尚未能圓滿回應。對他們的幫助，謹此致謝。

1 牟宗三，《中國哲學的特質》，頁11。此書原出版於1963年，今收在《牟宗三先生全集》卷28（台北：聯經出版公司，2003）。牟宗三著作浩繁，涉及本文主題的卷帙篇章不勝枚舉。為了求簡便，本文主要以此書的陳述為代表。在此需要強調：本文並不是要檢討牟宗三、徐復觀、余英時幾位先生的相關思想全貌，更非志在探討儒家龐大傳統的整套理論建樹。本文只是想要勾勒一個儒家有關道德實踐之觀點的**模型**，然後挖掘這個模型在哲學上的見地與缺陷。這個模型本身，相對於儒家歷來各家以及三位先生的思想和著

及政治理想以及廣泛的家國、社會生活如何體現「道」的理想。在個人層面，道德實踐至少應該牽涉到兩個方面：一是如何陳述與證明、肯定相關的道德理想，二是如何將這些道德理想表現在個人的性格以及行為上。只以道德哲學作為關照的焦點，誠然是一種對儒家思想較為褊狹的理解，但是由於儒家對於道德實踐的重視，說它的核心**哲學**議題在此，應該並無太大的爭論[2]。

儒家的道德實踐觀應該如何理解，牽涉到對於整套儒家傳統的解讀，非筆者的學力所能置喙問津。不過，當代幾位對於儒家傳統認同較深的思想家和思想史家，出於他們所關懷的詮釋視野，在這個問題上用力極勤極深，為這種道德實踐觀提供了相當明確的陳述和經營，值得重視、討論。本文將根據徐復觀、牟宗三兩位新儒家代表人物，以及與新儒家思想或有距離的余英時的部分著作，理解儒家的道德實踐觀。然後，我準備借用當代哲學家泰勒的類似問題意識為對比，提出一種途徑，理解儒家的道德哲學觀點在什麼意義上是有道理的，並探討它的含意與限制。本文認為，這三位當代思想家用儒家傳統的語言和思想史的概念架構所發展出來的陳述，有助於我們了解歷史上儒家道德哲學的根本想法。不過，由於他們的問題意識不夠完整徹底，雖然看出了儒家道德哲學在尋找什麼，但這套想法的**所以然**──亦即脫離了歷史儒學的架構之後，要如何展現其中的意思與理據──還嫌不

作，無疑只是高度簡化後的骨架；文章的結論，因此至多也只適用於這個骨架。

2 必須說明，由於儒家思想所關懷的範圍涵蓋極廣，它其實完全有潛力發展關於形上的、心靈的、知識論的哲學議題。不過到目前為止，儒家的哲學工作者的這種開發工作似乎還沒有顯著的成果。

夠清晰和深入。泰勒的著作，在一定限度內，或能提供一些理論上的啟發。

二、道德內在說[3]：徐復觀、牟宗三與余英時的詮釋

儒家的道德實踐觀，是一套什麼樣的想法？

根據徐復觀先生的說法，儒家思想的產生，繫於一個將「天命」逐漸內化為人性內在潛能的思想發展過程。自周初到春秋時代，「天命」一向被視為行為的「根源與保障」[4]：人間道德的根源，要在天地的道德法則中追求。直到孔子，「開闢了內在的人格世界」[5]，認為「性」係由天所命，那麼既命之後天道成為人之性、進入了人心／身之內，所以可以由人從內部建立道德自主性，形成道德的根源。徐復觀稱儒家為一種「道德性的人文主義」[6]，即意在強調儒家自孔子開始，將道德的權威或來源從天轉到

---

3 「道德內在說」一詞，來自徐復觀先生，見下面註8。筆者曾將儒家的「內在說」譯作innerism，乃是極為勉強無奈的譯法，在此將就暫用；德文的Innerlichkeit，或許更為自然貼切。筆者的依據是牟宗三先生曾寫道，內在的遙契即是「把天道拉進人心，使之內在化（innerize）」（《中國哲學的特質》，頁41-42）。看起來，牟氏採用這個（可能是自行創造的）英文字時，並未深究它是不是妥當的選擇。另外一個可能的選擇是immanentism，不過這個字眼可能完全壓抑了儒家所在意的超越源頭，也容易與某些神學的思路混淆，故不取。

4 徐復觀，《中國人性論史：先秦篇》（台北：臺灣商務印書館，1977年三版），頁30。

5 《中國人性論史》，頁69。

6 《中國人性論史》，61頁；徐復觀，《學術與政治之間》（台北：臺灣學生書局，1985年台再版），頁309-310；徐復觀，《儒家政治思想與民主自由人權》（台北：八十年代出版社，1979），頁61。

人的重大意義。這種想法之所以為人文主義，是因為道德的目標
或規範，不必再假神、天，或其他的超越權威來頒布，而是要由
人在一己的「天命之謂性」領域之中發現或者建立[7]：「知天命」，
即「對自己的性，自己的心的道德性，得到了徹底地自覺自
證。」[8]因此，這種道德性的人文主義，涵蘊著徐先生稱為「**道德
內在說**」[9]的一種想法，即道德資源內在於人的「性」。

　　徐復觀說明儒家的「道德內在說」，分為兩個方面。一方面
即強調個人具備著內在的能力，去設定和實踐道德的善或者規
範。如何證明這種能力的確存在、它又如何呈現、淹沒甚至失
敗，徐復觀並不以為是一個嚴重的理論問題，需要獨立處理。另
一方面他又強調，這種設定與實踐道德價值的過程，是一種發展
「自覺的精神狀態」——即「仁」——所引發的「無限要求」的
過程。這裡所謂的無限要求，包括了一方面無限要求自己人格的

7　道德目標是「**發現**」的（已經存在才能發現）還是「**建立**」的（建立之後才
　　真存在），是關於價值的兩套看法，背後的人性與形上學預設也是很不同
　　的。後文認為儒家是一種道德實在論，似乎排斥了「建立」價值的可能而只
　　能「發現」。但是，如果儒家的道德實在論確實是在實踐脈絡裡才有意義，
　　需要道德實踐來「充顯恢宏」，那麼僅說「發現」顯然不妥，「建立」也是其
　　中一個成分。後文提到泰勒的「表達論」，便試圖在簡單的「發現」與「建
　　立」之間，另外開闢一種思考道德目標的途徑。

8　《中國人性論史》，頁88。

9　《儒家政治思想與民主自由人權》，頁59。在此有必要說明，在今天，「內在
　　超越」或者「內向超越」之類的用詞，要比「道德內在說」更為常見。本文
　　之所以沿用舊稱，主要是為了突出這是一種有關道德之本性（the nature of
　　morality）的觀點：道德即是致力於落實「天命之謂性」之原則的各項涵
　　蘊。「內在超越」或者「內向超越」強調的重點，則傾向於說明如何企及道
　　德生活所追求的價值源頭。毋庸贅言，後者乃是前者最核心的一個部分，不
　　過「道德這回事的本質」與「道德目標循何途徑企及」，仍然是不同的問題。

建立即「忠」，一方面對他人感到無限的責任即「恕」[10]。徐復觀的意思似乎是說：人一旦在「仁」的狀態下自覺到了己身的道德可能性，**自然就會／意思就是**自覺有**義務**去發展與實現這種道德可能性。

　　無論如何，徐復觀的陳述，帶出了幾個需要繼續追問的問題：（1）內在的**道德人格**，是如何構成，方足以呈現其道德性格的？例如它與各類**自然**的本能、人欲、自然理性的關係應該如何設想？（2）這種內在道德人格的「發展」與「實現」，又是一個什麼樣的過程？是已經成形只待「發現」，還是以某種形式「潛伏」而必須「培養」，還是位在兩種可能性之間的某種模式？（3）這個過程所指向的道德目標、道德規則，如何確定其為正確？天道的道德妥當性似乎來自定義：天道定義上**即是**道德妥當的。但我們真能正確地認識、詮釋天道？又如何確定自己或者他人心中被激發的道德意識，正是正確的而不會出錯、誤導？（4）進一步言，這裡所謂「正確」，似乎涵蘊著某種標準。那麼是以天道與性作為標準嗎？但是如果天道與性所包含的道德目標與規範，已經明確、具體到了能夠作為標準的程度，人的實踐又給它們的要求添加了什麼？（5）這種個人的努力的成果，與天道以及性究竟是什麼關係？如果將個人的道德實踐比擬作一個蓋房子的過程，它難道只是某種將既定藍圖化為實屋的過程？還是說，道德實踐的過程，對於藍圖，對於事先腦子裡、圖紙上的屋子理念，尚有更為積極的功能，例如釐清、界定、修改、增飾等等？而反過來說，在這個過程裡，「天」還有作用嗎？人的道德成就除了彰顯人性之外，還可能具有「超越」的性格嗎？

10《中國人性論史》，頁91。

　　針對仁以及道德內在論的內涵，徐復觀在著作中前後多次加以解說，但似乎均不曾直接處理上述的幾個問題。他對於儒家思想的陳述展現，確實觸及了一些關鍵的主題，但是他所提供的分析與答案，應該還需要進一步推展。我們可以說，徐氏對於儒家的道德思想提供了一套饒富哲學啟發的陳述，但是也暴露了一些棘手的哲學問題有待解答。

　　牟宗三先生嘗明言，中國哲學特重主體性與內在道德性[11]。在探討道德實踐所涉及的理想如何設定，以及如何在行為、人格上實踐該理想這兩個基本問題時，他雖然沒有明確使用「道德內在說」這個名詞[12]，但也說到了「天道的內在化」，亦即確是循著「道德內在說」的架構來發揮的。他接受徐復觀有關憂患意識的說法，敘述天命、天道如何透過憂患意識「作為人的主體」、透

---

11 《中國哲學的特質》，頁4。

12 牟氏賦予儒家這套觀點的正式名稱，應該即是他後來所謂的「**道德的形上學**」（與牟氏所謂康德的「**道德底形上學**」適成對比），亦即「從『道德的進路』入，以由『道德性當身』所見的本源（心性）滲透至宇宙之本源，此就是由道德而進至形上學了，但卻是由『道德的進路』入，故曰『道德的形上學』。」《心體與性體》第一冊（台北：正中書局，1968），頁140。牟氏最重要的論點在於，儒家的道德形上學足以在人的道德性體、心體與宇宙的性體、心體之間建立「聯繫」（這是筆者暫時使用的詞，避開牟氏所用的「滲透」、「灌注」等更為具象的字眼）。在閱讀牟宗三著作的過程中，筆者感到最困難的地方，即在於確定他心目中此處的聯繫，應該如何理解。無論如何，這種**從人心窺天心**的壯圖（即「基於道德」去談形上學，而不是像董仲舒之類基於宇宙論談道德），涉及的棘手問題很多，其何以「可能」也有待探討。本文旨在理解「道德內在說」的理論架構，並用泰勒的提問方式，顯示這個架構需要設定一種超越的善之源頭。至於道德內在說涵蘊著什麼樣的形上學結論，是很棘手（但也有趣）的問題，卻並非本文的有限架構所能探討的。

過「敬」構成了主體性。一旦天道灌注於人身,即成為人的「性」。所以天道與性命的相貫通,即是中國思想的「中點與重點」所在。「如是自不能不重視主體性,自不能不重視如何通過自己之覺悟以體現天道。」[13] 換言之,牟宗三與徐復觀一致,先提出一個由「性與天道」公式所表達的人文主義的想法,強調個人承受天道,內在具備了道德的能力與資源,足以設定與肯定道德理想。接著,他們兩位均關切這種內在的能力或者意識,如何在言行人格中「踐仁成聖」,終於「體現天道」。「道德內在說」這個概念,看來是足以概括儒家一路(至少當代新儒家)關於道德實踐的說法的。

　　身為哲學家,牟宗三對於道德內在說的經營,要比徐復觀來得更為細緻[14]。首先,他形象明確地將道德的實踐描述作一種「遙契性與天道」的過程:人的內在道德性格,在實踐中的落實或者具體顯現,就構成了「遙契」性與天道。什麼叫做遙契?簡單地說,即是「與宇宙打成一片」[15]。複雜些說,遙契有超越與內在兩種方式,超越的方式經由「下學上達」,帶人「知天命」,進入對於超越的天的「敬畏」;內在的方式則將人帶入一個「誠」的境

---

13 《中國哲學的特質》,頁26。

14 牟宗三的完整理論,應該見他的《心體與性體》,特別見第一部第三章,其中他企圖說明,在什麼意義上道德主體乃是一個「天道性命相貫通」的主體。本文的假定是,這樣的主體概念陳義太高,不能作為探討道德實踐之意義的出發點或者設準。畢竟,我們為什麼不能說,道德關心性命的保全與人間苦難的減少,更甚於性命能否上接天道?因此,本文將只涉及有關道德內在說或者「道德的形上學」的最低度陳述,亦即僅假定價值的客觀性和道德實踐的某些基本特色,要求我們承認某些超乎利害或者規則普遍性的標準。在這個限制內,牟先生的大體看法是可以確定的。

15 《中國哲學的特質》,頁31。

界，「傳統思想中高高在上的天道……完全可被人通過仁與誠去體會、去領悟」[16]。讀者當然會希望看到更深入、完整的解說。不過，牟宗三此處的敘述有些混亂、零碎，在此將不再討論。

接下來，牟宗三想要將兩種遙契方式，歸類為兩種原則。這裡就涉及了道德實踐與「性與天道」之間的關係，值得進一步分析。

牟宗三分別用「客觀性原則」與「主觀性原則」，稱呼兩種「遙契」性與天道的方式背後的原則。從他的敘述中，我們大致可以推知，他認為客觀性原則著重天道的獨立自存與自足，作為某種形上學的實體存在，並不需要借任何人格性的機緣去與人心接壤；主觀性原則則強調，內心道德感在踐仁的過程中上達天德之際，還有其積極的功能，對道有著「充顯與恢弘」的貢獻[17]。牟宗三借用「人能弘道，非道弘人」（主觀性原則）以及「天行有常，不為堯存，不為桀亡」（客觀性原則）兩條古訓，生動地說明這兩種原則的強烈對比。

這種更具體的說法，促使我們重複前面針對徐復觀所發的問題：（1）人的道德實踐與道或者天命的關係，即使如牟氏所言至為密切，但究竟應該用什麼樣的概念來分析和描述？人性的道德資質與其道德意涵，除了仰仗儒家傳統中的天命說法之外，有沒有其他的途徑來陳述和確定？特別是如果「天命」這個概念已經逐漸失去了意義的時候？（2）道德上「善」的目的與「對」的規範，人是如何發現或者設定的？它們的善與對，係根據什麼標準而言？性與天道在什麼意義上提供了這種標準？（3）進一步言，

---

16 《中國哲學的特質》，頁41。

17 《中國哲學的特質》，頁46。

人的道德實踐，對於性與天道好像是有貢獻可言；但所謂「充弘」——即「充顯與恢弘」——是什麼意思？牟宗三曾用基督教的神作為「道」，需要耶穌作為人格來彰顯為例，說明主觀性原則。但是這個自有其迥異的神學思路（道成肉身以及耶穌為人類贖罪）的例子，真能幫助我們理解儒家另樹一格的道德內在論嗎？

　　人的道德實踐，用什麼方式「聯繫」到天所代表的價值源頭，余英時先生的論述，提供了另外一種理解的途徑。不同於徐、牟二位，他並沒有使用「道德內在說」或者「道德的形上學」這樣的名稱。不過，他用「內向超越」[18]說明儒家的價值觀所具有的價值特色，與徐、牟二位的理解是有相通之處的。余英時將問題具體、清晰地界定為「價值的來源問題，以及價值世界和實際世界之間的關係問題」[19]。中國文化與西方文化均認定價值的源頭是超越性的，不過，中國文化追求價值之源的努力是向內而不是向外的，也就是「內在／內向超越之路」。道德意識內在於

---

18 「內在超越」的說法，熊十力、唐君毅、牟宗三幾位先生都早有發揮，但這個概念當初是如何出現的，筆者並沒有去追索源頭。余先生原先使用「內在超越」一詞。後來由於常有人用西方神學的 immanent transcendence 觀念來理解附會，引起了許多爭議，他遂改用「內向超越」（inward transcendence）。見沈志佳編，《中國知識人之史的考察：余英時文集第四卷》（桂林：廣西大學出版社，2004），頁24註14。針對儒家思想使用英文的 inward transcendence 一詞，似乎首見於 Benjamin I. Schwartz, "Transcendence in Ancient China," *Daedalus*, Spring, 1975, p. 63. 他是在 Karl Jaspers「軸心時代」的「哲學突破」脈絡裡談這個問題，見他為 *Daedalus* 該期所寫的導言。余先生曾數度引用該期的討論。

19 余英時，〈從價值系統看中國文化的現代意義〉，收在氏著《中國思想傳統的現代詮釋》（台北：聯經出版公司，1987），頁7。

人性；其源頭雖在天，但是其實現則落在心性之中。余英時根據
內在超越與外在超越這一對概念，在中西文化之間作了別有見地
的區分，是他很知名的一套說法。這套說法至少在結構上延續著
徐、牟二位的思路，一方面從源頭著眼，強調「性與天道」的承
接關係，強調個人承受天道，內在具備了道德的能力與資源，足
以設定與肯定道德理想。接著從實現著眼，這種內在的能力或者
意識，如何在言行人格中「踐仁成聖」，終於「體現天道」，構成
了中國思想的主線，余先生也作了詳細的舉證敘述。

　　余英時指出，中國思想史上有過許多關於人的道德本性的論
證。不過，這類哲學或者科學的的證據居於次要的地位。「古今
無數道德實踐的實例已足證明人是天地間唯一具有價值自覺能力
的動物了。」[20]余先生於此強調道德實踐預設著人的價值自覺能
力，是為了聯繫到「中國人認定價值之源雖出於天而實現則落於
心性之中」，從而說明為什麼中國思想家會認為，「向內」藉著盡
心，居然可以達到追求價值之源的目標。余先生追溯各家關於
「心」與「道」的關係的見解，確定了「超越性的『道』已收入
人的內心」。因此，「道的唯一保證，就是每一個知識人的內心修
養」[21]。對於余英時來說，這種關於道德實踐的獨特思路，在中國
思想史上已經經營得很深，其實際影響也瀰漫在中國的社會與文
化之中。他的關懷在於描繪這套思路的面貌，展現其思想史、乃
至於文化的意義，甚至於對比出中西價值系統的差別；至於這種
思路在哲學上如何釐清和證明，尤其是其成立的條件是什麼，都
並不是他的關注所在。

20　上引書，頁20。
21　見《中國知識人之史的考察：余英時文集第四卷》，頁20-22。

三、道德內在說的兩個前提：天道的地位與道德實踐的意義

到此為止，根據上引三家的說法，歷史上儒家的道德內在說的基本想法，似乎可以總結為幾個命題：

一、人類透過憂患意識的啟發和感動，意識到天道乃是一己道德生活的目的與典範，亦即意識到自己有能力與責任在行為與意向上追求、體現天道。人之成為道德人、具備道德能力，起自這種意識。

二、這種意識代表天道進入了人性、甚至構成了人性裡的某些成分，亦即天道所標舉的道德目標和道德規範，不再是一個彼世的超越理想，而已成為人性裡的潛在成分。亦即道德所要求的事物「內在」於人性／人心。

三、因此，對於天道的追求並不是（例如像基督教那樣）全盤地貶抑和放棄自我的心與性，而是認識、彰顯人性之中由天道所灌注的那些因素。道德生活即在於透過修養和言行，將這些因素表現出來。道德生活的意義，因此即在於藉著道德實踐，將天道從潛在狀態化為現實。

四、道德實踐的深重意義，在於個人可以藉這個過程與天道「相契」，其中包括對於天道的認識，而天道亦得以藉這個過程獲得「實現」[22]。

---

22 晚近有關儒家「內在超越」論的討論，不僅以上所引的徐、牟、余三家。不過這些著作，多係對前兩位或者三位的回應或者發展。其中較為重要的包括了湯一介，〈論儒家哲學中的內在性與超越性問題〉，收在張頌之編，《二十世紀儒學研究大系，卷12，儒家哲學思想研究》（北京：中華書局，2003）；馮耀明，〈當代新儒家的「超越內在說」〉，《當代》84期（1993），92-105；

這幾個命題所共同呈現的一個道德視野，應該說有其獨特、
豐富的內容，非但不應忽視，並且值得深究。不過一個首要的疑
問殆為：這個道德視野，要如何藉**說理**去證明？這套圖像是不是
妥當的（valid）？為什麼我們不得不接受它？必須承認，上列三
家的說法，基本建立在特屬於中國文化與歷史的某些面向上，是
不是僅具有一時一地之文化傳統的意義，尚有待分析和釐清。在
儒家的脈絡之外，「天命」與「心」、「性」的存在與意義，今天
已經並非**自明**，要它們承擔重任，陳述、支撐這樣一套道德視
野，固然捉襟見肘；即使在儒家的門牆之內，天命與心性該如何
理解，也並非**自明**之理，亟待概念性、哲學性（而非局限於思想
史、學術史）的澄清。事實上，關於道德價值的起源和性質、關
於人類道德現象的解釋，東西哲學家（不談社會科學或宗教）是
有其他很不同的說法的。那麼儒家這套說法，何以能自許為相對
而言更高明、更準確？其他的說法是不是足以挑戰儒家？總而言
之：一個善意（並且等待說服）的懷疑者，有什麼理由一定要接
受這套說法？

這些問題都很複雜棘手。在本文中，筆者僅希望去理解兩個
相關的問題。**第一，有關天道的假定，為什麼是必要的？**離開天
道的概念，道德這個概念（以及實踐）是不是就無法自圓其說
了？如果天道本身以及它所代表的宇宙性兼道德性的價值與規

李明輝，〈儒家思想中的內在性與超越性〉，收在氏著《當代儒學的自我轉
化》（北京：中國社會科學出版社，2001），118-136；劉述先，〈對於當代新
儒家的超越內省〉，見氏著《當代中國哲學論：問題篇》（紐澤西：八方文化
企業公司，1996）；鄭家棟，〈「超越」與「內在超越」：牟宗三與康德之
間〉，《中國文哲研究集刊》17期（2000）等相關著作。這裡面，馮耀明先生
的文章屬於例外，以熊十力先生為主要對象，提出了較為嚴格的哲學批判。

範，對於「道德」這回事而言是必要的，它們可能具有什麼樣的存在地位？——例如牟宗三所謂的「形上學的實體」，是有意義的嗎？**第二，個人的道德實踐，與這種「道德的源頭」具有什麼關係？**天道何以必須要藉著人的道德實踐來求自身的實現？——例如牟宗三所謂的「充顯與恢弘」，又應該如何理解？

　　天或者天道的存在方式，本來屬於純粹形上學的議題，並不是我們的——也不是儒家的——直接關懷所在。而關於道德價值（或其源頭）的存在地位[23]，可能是由於一向視為當然之理，新儒諸家的經營也不多見。其實，就道德內在論的理論邏輯來說，天道所涵蘊的道德價值與道德要求，並不需要當作一個形上學問題來看待。它所要問的問題並不純粹是：超越的天本身是否存在，而是：**按照儒家方式所理解的人的道德實踐，究竟需要預設什麼超越性的源頭，以及「天」這個概念的內容，能不能妥當地擔任這種源頭的角色。**上面引述的當代三家學者的說法，多少驗證了這才是問題所在，即使他們本人大概不會把「天」的存在視作猶待推證的項目[24]。能不能夠回答這個問題，決定了我們能不能夠為

---

23 所謂「道德價值」或者「價值」，在中國哲學的討論裡，所涵蓋的範圍遠遠超過了近代西方道德哲學意義下的狹義「道德」範疇，而包括了廣義道德性格（包括倫理、精神、文化性格）的價值。另一方面，它可能同時指具有客觀價值的倫理理想——亦即實質性質的「有內在價值的事物／行為」，例如天、道、性、仁、君子等；——但它也指主觀意義的「好的／值得的（worthy）」評價，例如各種符合上述事物／身分所要求的言行、性格、制度等。不過，我還未能精確掌握這中間的差異分野，暫將此議題存而不論。

24 例如牟宗三在《中國哲學十九講》（台北：臺灣學生書局，1983）第五講中即強調，儒家是「基於道德」而談形上學和宇宙論，而不是基於宇宙論來談道德。又例如余英時明白指出，「中國人從內心價值自覺的能力這一事實出發而推出一個超越性的「天」的觀念。但「天」不可知，可知者是「人」。

儒家的道德內在論，找到一套有說服力的陳述方式。

　　值得注意的是，這種提問方式，顯然將「道德實踐」或者道德生活推到了核心的位置：我們必須分析道德生活，方克了解天或天道的含意。但是「道德實踐」這個概念又應該如何分析？要回答這個問題，需要先說明「人所從事的道德生活的各種表現，需要如何描述和詮釋」。儒家傳統在這個問題上的思考很豐富，上引三家也都提供了足以參考的說法。不過化繁為簡，儒家關於道德實踐的看法，獨特處似乎並不僅在「內向」的追索（例如內心修養、誠意正心、主體性等等），而更在於這種追索乃是朝向——在「質」的意義上——成為更「好」的人（亦即藉著內向追索在己身實現某些價值）。這種想法，亦即在品質的意義上理解道德實踐，而不僅是根據利害（效益主義），或者根據普遍法則的遵循（康德主義）去看道德實踐，應該說是儒家思想的一項特色，但是儒家或者非儒家的評論者，在這一點上似乎還沒有充分發揮。倒是當代西方哲學家泰勒所發展的分析架構，雖然完全出自於他自己的理論目的，卻有助於分析儒家道德內在論所提供的道德圖像，值得取其相關的面向加以整理，作為理解儒家觀點的參考。**如果泰勒有助於我們將儒家道德思想的「知其然」進一步轉成哲學上的「知其所以然」**，泰勒與儒家的對觀，就或可免於生硬比附之譏了。

　　所以只有通過「盡性」以求「知天」。」（上引〈從價值系統看中國文化的現代意義〉，頁42）。以道德實踐揭露天道——或者說天道藉人間的道德實踐方克「實現／成全」自身——的含意很複雜，請見下文關於「表現論」的討論。

四、泰勒如何處理這兩個問題

泰勒的一個關鍵想法是：道德生活的內容不僅涉及「什麼行為是對的」（what it is right to do），更要涉及「什麼樣的人生是好的」（what it is good to be）、進一步要追問「愛慕什麼才是好的」（what it is good to love）[25]。由於他關切這三套問題之間原本有緊密而不應切斷的關係，企圖恢復後面兩類問題在道德哲學中的核心地位，他在分析道德生活的時候，一反近代倫理學重「對」避「好」的傾向，企圖證明實質性的價值或者「善」，在構成人之身分、在道德思考與道德判斷兩個方面，都有很重要的角色。他的分析，因此涵蓋了三個主題：

一、個人（human agent）生活中比較重大的判斷與決定，必然牽涉到了什麼實質性的價值因素？

二、這種以價值因素為本的評價性格的思考，對於整體人生的操持有什麼關係？在道德思考與道德實踐中扮演什麼角色？

三、就整體人生來談的價值，最後要由什麼基礎來建立？

針對第一個主題，泰勒發展了他的「強評價」（strong evaluation）理論。他認為，要說明人類的選擇以及判斷，必須正視這種選擇與判斷並不是抽離脈絡、機械地運用既有的某種形式

25　Charles Taylor, *Sources of the Self* (Cambridge, MA: Harvard University Press, 1989), p. 79. 有關這三組問題的關連，以及泰勒檢討近代道德哲學（效益主義、康德）如何陷入只重「對」、忽略「好」的「單軸道德」（single-term moralities），最為詳盡的論述，請見 Charles Taylor, "Iris Murdoch and Moral Philosophy," in *Iris Murdoch and the Search for Human Goodness*, Maria Antonaccio and William Schweiker, eds. (Chicago and London: University of Chicago Press, 1996), pp. 3-28, 特別見 pp. 7ff.。

規則，更不是由主觀的偏好或者欲望的強弱來決定，而是必然涉及了**評價**，並且這種評價是「**強評價**」，也就是超過了直接的好惡感覺之強弱程度的比較（這種僅訴諸欲望與偏好本身強度的評價只構成了「弱評價」），進一步根據是非、對錯、好壞、高低、貴賤等「品質的差別」（qualitative distinctions）而作分辨的評價。我們時時將這種評價施用於欲望、行為、人品等等，對它們在價值（worth）面向上作出區分判斷。在這類判斷中，認為一件事物有價值，並不是由個人的欲望與偏好來決定的；這情況中，人類不是因為想要獲得一件事物而認為它有價值，而是因為認定它有價值才想要得到它。換言之，由於這種評價具有**先於欲望或偏好**的地位，對欲望與意圖等等，它才能夠賦予不同的價值，各種欲望、選擇之間遂有了品質的分辨，從而行為、動機才取得了高低上下貴賤的價值（worth）分辨，成為抉擇與判斷的**評價性理由**；換言之，人的抉擇與判斷絕對不是只有欲望的主觀強弱程度可以列為根據。

我們立刻可以問：儒家有沒有類似的想法？細節不論，幾乎可以確定，儒家當然不是一套規則倫理學，排斥實質利害與價值的考量，僅以形式條件作為選擇與判斷的依據。儒家也不是效益主義：在各類欲望與偏好之間，它不會採取中立的立場，不做道德品質的區分，在欲望選項之間只看強度或偏好獲得滿足的程度。相反，儒家所從事的選擇與判斷，一定是強評價性的：它具有強烈的道德品質差別觀點，不僅行為以及動機要論高尚與低下、德目有高下深淺之辨、人品也是分得開道德等級的。在此我們無法詳細舉證，但是儒家的道德內在說應該包含著「強評價」的概念，殆無疑義。

如果強評價的概念確實掌握了人類實踐生活的一個基本面

向，那麼泰勒就有理由去說，道德判斷與道德實踐之所以有可能，是因為各類實質價值扮演著重要的角色，並且這類價值在品質上有評價性的區分。經過了這樣的分析，接著的問題就是這類價值應該如何理解？這類價值如何會經由道德實踐，使我們在「質」的意義上成為更「好」的人？

　　首先，我們應該追問，品質的區分以及強評價意義下的價值，在人類的道德思考中發揮了什麼樣的功能。泰勒的想法可以分為兩個方面來說明：**道德實在論**以及**價值的層級論**。

　　第一，在後設倫理學的方面，泰勒認為他證明了道德實在論。關於價值的存在地位，他區分道德實在論（realism）與道德投射論（projectionism）二說，歷史上前者以柏拉圖或者基督教為代表，認為道德價值或其源頭有其獨立、超越的存在，並非人類所能創生操弄；後者則包括了各種近代的「自然主義」（即將道德化約為心理、社會、文化等因素的副產品，其中包括了情緒論）以及新尼采主義和後現代主義，認為道德價值與道德信念不過是某種人類主觀的偏好，或者是「自然」因素、「自然」活動的反映，因此說不上獨立的存在[26]。這兩說在歷史上都有極大的勢力，可是泰勒認為，一旦證明了道德信念、道德價值係寄身於道德生活中「強評價」這項至為基本、關鍵的活動上，並且是道德實踐的前提，你就**必須**接受它們的獨立存在，方能說明人類道德生活的這個面向。換言之，泰勒在這裡所施展的是一種先然論證

26　Charles Taylor, *Sources of the Self*, ch. 3. 讀者也可以參見一個較為簡要的版本，即Charles Taylor, "A Most Peculiar Institution," in *World, Mind and Ethics: Essays on the Ethical Philosophy of Bernard Williams*, J.E.J. Altham and Ross Harrison, eds. (Cambridge: Cambridge University Press, 1995), pp. 132-155.

（transcendental argument）：他自許已經證明了用品質差別的觀點來理解的價值乃是道德生活的先然條件，故而在「品質的分辨有可能」這個實踐性質的前提之下，這些價值乃是實在──或者應該說必要──的[27]。

　　儒家所設定的道德價值以及這些價值的源頭，顯然不是屬於投射論的。儒家不可能認為價值僅表達了或者僅反映著個人或者人類的態度或者偏好，因為儒家顯然認為，道德價值具有某種獨立於人類選擇的**必要性**，標舉著某種理想的人性，並非主觀的態度與偏好所能左右。此外，儒家認為個人的道德成就乃是由「努力」而得到的，不是自然隨性即能發展、呈現的，因此有其特殊的意義與地位，也足以說明道德價值的地位，超越了個人的傾向與意志嚮往。那麼儒家的道德實在論特色何在呢？與柏拉圖和基督教很不同，儒家強調**在人的道德實踐脈絡裡**談天道的實現，而不是單純設定一個超越的天道領域，作為道德追求的標的。易言之，儒家的實在論，需要有所限定。儒家大概會說，道德價值顯然並不是時空物理宇宙中的項目；假設這個宇宙根本沒有人存在，因此也就沒有道德的考量存在，還有天道以及它所涵蘊的要求可言嗎[28]？這個問題，純粹的道德實在論會如何回答，在此暫時不去追問。不過，實踐領域中的「必要」，意思應該是說，這種實在性格具有指點個人道德實踐的權威含意。

　　其次，強評價以及品質的差別這個概念，涵蘊著價值的層級

---

27 這一段文字，企圖盡量簡短地總括泰勒相關想法的大體輪廓，定然失之於粗糙。不過泰勒這些看法，在他的主要著作裡多次發揮，是他思想的主調，並不很容易綜述。

28 這個問題借自 *Sources of the Self*, p. 56.

之分，進一步也彰顯了價值層級體系的多元。一方面，根據品質的差別做評價，預設著一個高一個層次的價值標準。這個標準之所以被採用，去判別各個選項的品質高下，說明了它在價值上要「高於」這些選項。而這種比較，進一步又預設著另一層上的價值標準，如是直到泰勒稱為「最高價值」（hypergoods）的一種終極價值。另一方面，由於個別人等乃至於個別文化、社會所採行的強評價的判斷各行其是，這種由終極價值所界定的價值系統，也會呈現多樣的面貌。價值體系的這種多樣，甚至會同時在同一個人身上形成衝突。泰勒談到，康德、哈貝瑪斯甚至於效益主義等「隔離」（segregating）式的道德理論，雖然承認價值多元，卻企圖將道德評價與價值問題「隔離」出來，避免價值多元妨礙到以普遍性為本的道德的可能性；亞里斯多德的「整全」（comprehensive）式道德理論，則企圖將多元的價值包容在一個層級完整的價值系統中，避免價值的衝突。泰勒自己想要另闢蹊徑，既強調價值構成層級體系，但是又強調這些體系之間的本質性的、不可共量的衝突，是他的思想的一個重要特色[29]。

如前面提到的，儒家的道德實踐觀，無疑也具有層級的想法：行為、動機，乃至於道德的成就，可以根據一個層級式的標準判定高下。但是儒家顯然不會接受這種層級系統可以有多個，甚至於可以由道德主體來選擇和發現。這個問題，我們稍後會再討論。

道德價值的實在地位與層級性格，帶我們回到了上述泰勒的第二個主題：這種道德思考，如何牽涉到了個人的生命整體、牽涉到了我是什麼樣的一個人，而不只是涉及個別判斷或者行為的

---

29 這個問題比較複雜，請見 *Sources of the Self*, pp. 63ff.。

對錯；也就是說，牽涉到了「美好的生活」（the good life）的議題。

　　泰勒強調，強評價在各項選擇之間所展現的品質的區分，意義並不局限在供個人作個別的選擇與決定時的參照之用，更在於協助個人尋找一己的價值信仰、界定一己準備認定什麼樣的生命是有價值的、是值得自己去活、去實現的。一旦你認定了某一件事、某一種理想具有較高的價值，你就不可能再合理地說，你不想自己的生命做到該事、盡可能體現該一理想的成分。對價值的認定，其實便是對於一己生命中價值的認定——這個想法，在價值與理想生命或者美好生活的概念之間建立了關連：**美好的生活，是由某些在道德品質的區分中具有最高地位的價值所界定的**。因此，對於當事人來說，肯定這些價值、追求這些價值、使自己的生活盡可能地接近這些價值，並不是隨心所欲的選擇，而是一種必要、一種強制，構成了個人的一種義務[30]。

　　泰勒的這種思路，用個別的道德判斷與實踐中間所展現的價值標準，加以逐步的對比和排出高下，最後認定某些最重要的價值，作為界定整個人的道德成就的標準，是不是也是儒家的想法呢？儒家的某些德目，特別具有這種界定理想人生的功能。在泰勒的思想中，由於這類價值界定了什麼叫做美好的生命、對於生命之所以為美好有所貢獻，所以他稱呼它們為「生命益品」（life goods）：它們乃是理想生命的構成成分。他舉的西方思想史上出現過的例子，包括了自由、利他、普遍的正義；又例如自主的理

30　參見 *Sources of the Self*, 2.3；另外見 Charles Taylor, "Leading a Life," in *Incommensurability, Incomparability, and Practical Reasoning*, Ruth Chang, ed. （Cambridge, Mass.: Harvard University Press, 1997）, pp. 170-183.

性、日常生活的圓滿、普遍無私的慈善[31]；或者還有勇氣、虔信、本真等等。理想的美好生活，即是包含或者體現了某種這類生命益品的生活。儒家的仁，應該便是典型的生命益品。

　　不過泰勒繼續追問，這類生命益品的價值，又是如何建立的？為什麼生命中體現了仁，或者自由，或者慈善，即有理由稱為美好的生命？他認為，在生命益品的背後，還需要設定一種「構成益品」（constitutive goods），即「**使生命益品成為益品**」的價值。他從西方思想史舉出來的例子，包括了柏拉圖的善的理型、猶太基督教傳統的神、亞里斯多德的具有理性話語能力的人、康德的自主而理性的個人，甚至於存在主義式的孤獨面對荒謬世界的個人。泰勒強調，這種構成性益品之所以必要而且重要，除了要藉它們說明各類價值信念的根基所在之外，更要藉此指出，由於構成益品具有最高的地位，它的作用不只是**說明**為什麼某一項生命益品能使生命變得美好、有意義，更在於它有力量**鼓動**、**召喚**人們的追求；由於它的重大價值，令人對它產生愛慕（love）。他用「帶來力量」（empowering）一詞，表達這種價值理想構成了人們追求理想人生，甚至於超越人生而對更高的超越性價值嚮往、尊敬、追求的動力。泰勒稱它們為「**道德源頭**」（moral sources）。

　　回到儒家的思想，「天」是不是正是一種「構成益品」或者「道德源頭」呢？確實，排除了天道的概念，為什麼「行仁的生命乃是理想的生命」、為什麼行仁構成一種使命或者「當仁不讓」的義務，似乎很難得到說明。但深一層的考慮還在於，正如泰勒所強調的，人們之所以會去追求、嚮往一種人生的理想，需要對於這種理想有一種尊敬（respect）或者敬畏（awe, Achtung）的意

31　*Sources of the Self*, p. 93, 322.

識[32]。因此，像「天」這樣的超越設定，是有其必要的。但必須注意，天之所以能夠扮演這種角色，表面的理由在於其超越性，但超越性格所帶來的效果乃是**敬畏**，這才是實際的理由。這種道德動機並不是當事人所能選擇、謝絕的；相反，當事人感到自己是**被**挑選、召喚、命令的。在這個意義上，儒家需要天的概念殆屬不爭，可是此一事實另有出於道德實踐本質的來歷，至於和儒家思想的時代、宗教背景或者其他文化因素的關係，反而並不是那麼重要。

必須承認，泰勒這部分的想法，會令習慣於近代西方哲學思路的讀者不知所措。他提出了一個假定（即「道德源頭」之說），靠這個假定，人類的道德實踐（包括其「可能性的條件」和動機）似乎才可以得到比較完整的說明；因此，這個假定是有必要的。可是這個假定本身的合理，似乎只是先然論證推導的結論，而作為動力，又似乎預設了某種具有宗教氣息的道德心理學。兩種情況之下，道德源頭說的涵蘊是什麼以及妥當與否，用近代哲學重簡約、重世俗的眼光來看，都很難斷定。

在這裡，泰勒有關道德實踐與道德源頭之間關係的說法，需要認真看待，方足以掌握道德源頭說的真正力道。他對於道德實踐的理解，有一個至為獨特的取向，那就是將實踐理解為「鋪陳與釐清」（articulation）。換言之，道德實踐有助於鋪陳與釐清道德源頭：道德源頭的存在與特色，並不是概念分析所能指認與說明的一種現成事物，而是要藉著人的道德實踐，才能塑造、釐清其真正的面貌。說得簡潔一些，泰勒的一個關鍵想法是：道德源

32　*Sources of the Self*, p. 94. 參見Charles Taylor, *Philosophy and the Human Sciences: Philosophical Papers 2*（Cambridge: Cambridge University Press, 1985）, p. 240.

頭要藉著人的道德實踐才能出現、成形。

　　如上面所述，泰勒（以及儒家）界定問題的方式，都是在道德實踐的脈絡裡，探討道德生活的條件。而我們已經知道，泰勒認為強評價在各項價值之間所預設的品質的分辨，是道德生活的這種條件之一。泰勒也告訴我們，這種品質的分辨，終於揭示了必須設定一套「道德源頭」。這些，都是一系列以道德實踐為前提的先然論證所演證得到的結論。但是泰勒另外也強調，道德實踐本身，其實正有一種功能，可以釐清、發現、塑造、豐富這類道德實踐所預設的價值。他的意思是說，道德實踐並不僅是一種將已知其詳情的、既定的道德觀點付諸實行的活動（或者說，並不是將已經成形而明確的品質的分辨應用於個案）；這樣的活動稱不上道德實踐，而只是律法式的操演而已。其實，現實中每一次的道德判斷與決定，都等於讓當事人一己的價值觀受到一次釐清、考驗和檢討修正；道德實踐的這項特色，殆為人類道德情境的常態。不過泰勒所用的論證，則涉及自我詮釋（self-interpretation）的辯證性格：他認為，道德實踐乃是一種追求「價值」之實現的過程，涉及了當事人如何詮釋自我的動機和各種價值的主觀意義[33]，因此勢必需要往復地試探、補充、釐清、修正乃至於發現一己道德生活中「品質的分辨」所預設的各項價值。在筆者的理解中，這套運作至少包括了三個成分：**第一**，道德追求「善」與「對」的實現，盼望善與對成為一己言行甚至一己正身的特色。可是由於「善」與「對」這類價值概念的邏輯特

33　他早期使用的字眼是「意義的賦予」（import-ascription），例如 Charles Taylor, *Human Agency and Language: Philosophical Papers 1*（Cambridge: Cambridge University Press, 1985）中的第二章，特別是 pp. 47-59。

色使然，對於道德實踐來說，必然需要在「當下認定的善與對」與「經過當事人反思確認的善與對」之間有所區分：任何當下認定的價值，都有待當事人確定是真實的價值[34]。**其次**，當事人本身的信念也有待檢驗：我在此刻為一己的選擇所提供的價值性理由，是不是我真正理解、願意去認定的理由，需要藉由實踐的過程逐漸發現、修正與釐清，讓我自己有修改、調整的機會。**第三**，這類價值的內容究竟是什麼、它們的意義及涵蘊是不是獲得了充分、完整的呈現，也需要藉著具體的實踐過程來檢測。實踐的結果可能令我憬悟，原先的目標並不是我所真正嚮往的目標；我可能彷彿大夢初醒，發現了一套此前我所不知不識的價值，才是真正召喚我的「道德源頭」。換言之，道德實踐其實是一個藉由反思一己的道德選擇，而去釐清和發現一己**真正**的道德理想的過程。就這類道德理想而言，這個過程正是一種泰勒從早期到後期都很重視的「鋪陳釐清」（articulation）的活動。經由道德實踐，真正鼓動我們、支持我們所作的品質的分辨、因此真正具有「善」與「對」之地位的最高價值，才可望逐漸浮現和成形。

在這個意義上，超越而實在的構成性益品，正需要道德實踐來逐漸呈現。其實，不僅在構成層次，即便在生命層次以及一般的道德判斷和道德抉擇的層次，「價值」（或益品）都處在一個經由「鋪陳釐清」來修改與成形的過程中。在這個意義上，價值是實在的，但是卻不是既存固定的、凝固的，而是隨著道德生活逐漸發展演變的，需要由道德實踐來充實、落實、證實的。上述有

---

34 這中間的區分及其涵蘊（自主性以及反思性），是很重要的概念性議題，見 Will Kymlicka, *Contemporary Political Philosophy: An Introduction*（Oxford: Oxford University, 2002）, pp. 215-217的說明。

關構成性益品的內容之不確定性，從道德實踐的這一層功能來理解，應該就不算是泰勒的分析失敗，而是有待進行的「工夫」。

那麼，回到前面引牟宗三「充顯恢弘」時面對的道德實踐與道德源頭的問題，「鋪陳釐清」是不是即是儒家所謂「充顯恢宏」的意思？經過實踐過程的發現、詮釋與增補修正，天的含意才告擺脫了初始之時的含混、試探性格，逐漸取得了明確的內容與真實的地位。如果我們用「鋪陳釐清」去理解儒家的實踐觀，儒家是不是可以接受？

五、表達論與多元論：泰勒如何與儒家分道揚鑣

從筆者有限的閱讀來判斷，新儒家的徐、牟二位以及並非新儒的余英時，並沒有針對儒家的道德內在說，發展過類似的哲學分析。對於道德價值的必要與超越地位，以及「內在」出發的道德實踐的重要涵蘊，他們並沒有提出如上述一套比較明確的說法。當然，這個情形無足以證明他們不能另闢其他途徑，或者借鏡泰勒，證明天道這個設定的**必要**與**實在**、說明內在道德實踐如何**增益**或者「**充顯恢宏**」天道。這個工作，或許正是今天新一代的儒家思想者應該致力的。其實，泰勒的先然實在論，以及藉實踐鋪陳、釐清價值的說法，由於始終不忘在人的道德實踐的脈絡裡思考道德問題與自我的問題，儒家或許會覺得格外親近。但是，還有另一層次的考慮，又說明了儒家關於道德實踐的想法是有其**前現代**思考模式的局限的，與泰勒屬於**現代**脈絡的理論有所牴觸，值得我們注意。不過，由於這裡所涉及的兩個議題，已經超出了本文的主題範圍，在此只能簡短地提及而無法深入討論。

首先，如果我們接受泰勒的啟發，將道德實踐視作「鋪陳釐

清」，那麼進一步可能必須追問：這種道德實踐所預設的「自我」，需要具有什麼樣的特色或者結構，方足以在道德實踐的過程裡進行「鋪陳釐清」？泰勒在他有關自我概念的探討中曾經指出，自我一如價值，同樣不具有先天的固定形貌，而是處在一種與價值相互「構成」的關係之中。我們所追求的價值，構成了自我的正身，部分回答了「我是什麼／誰」；但是我的自我意識、自我的期許與抱負，也部分地決定了一己生命裡居於關鍵地位的價值是哪些。這種**相互構成**的關係，顯示自我與價值並不是既定既成的，而是在這種互動過程裡逐漸成形的[35]。泰勒曾用「**表達論**」（expressivism）一詞來形容這個交互關係[36]。它極其類似藝術家的創作過程。畫家胸臆之間的模糊意念，隨著作畫的過程獲得具體的表達；但這是一個雙向的過程：畫家經過努力將意念在畫布上具象表達的過程之後，方得以更明確地認識到自己原先意念的真相與不足，從而有機會修改、調整原先的意念。換言之，在表達論的模式下，自我與價值都不是事先完整存在的，而是需要經由道德實踐逐步界定自我、界定價值。這種自我，是一個在實踐過程裡逐漸成形的自我。不用這樣一套模式理解自我，而是將自我視作某種固定的實體，道德實踐也無法理解作一種「鋪陳釐清」的努力。

　　儒家能不能接受這種理解自我的模式？在進一步探討之前，我不敢確定。但是，儒家可能會在一個方面遇到困難：表達論的

35　請見他收在 *Human Agency and Language: Philosophical Papers 1* 第一部分的幾篇文章。

36　請見 Charles Taylor, *Hegel* (Cambridge: Cambridge University Press, 1975), pp. 13ff.。

自我模式，涵蘊著價值與自我的**多元論**。既然表達論預設的自我與價值，都處在一種浮動不定的狀態，因而表達的方式也必須屬於「個人化」，即隨著個人的初始浮動狀態而展開表達。這樣摸索的結果，是不是能獲得一致的價值認定與自我認定，顯然並沒有保證。在表達論的前提之下，你不能提出一個固定的人性概念、或者一套固定的價值體系，認定人的實踐即在於落實這些道德理想。換言之，由於表達論允許個人在價值與自我均屬於未定的情況之下進行追尋，那麼追尋的結果難免是多樣的，甚至於可能是身處的時代或者文化所無法接受的、被視為錯誤、失敗的。表達論是一種人性論，但是表達論所產生的自我與價值，並不是「人性」這樣的類屬（generic）概念，而是高度個人化的「正身」（identity）與「價值觀」（conceptions of the good）這樣的個體概念。儒家是不是準備接受這種結果，從而容許有關聖與仁的多樣、個人化的詮釋，答案並不明確[37]。不過，如果不接受表達論，

---

[37] 當代儒家學者之中，劉述先先生對於現代世界的多元論趨向最為重視和肯定，也相應地深入思考了儒家對於多元論的看法。見〈「理一分殊」的現代解釋〉，收在劉述先，《理想與現實的糾結》（台北：臺灣學生書局，1993），頁157-188；〈「理一分殊」的規約原則與道德倫理重建之方向〉，收在劉述先，《全球倫理與宗教對話》（台北：立緒文化公司，2001），頁203-229。劉先生用理一分殊原則處理多元論時的考慮，主要似乎在兩方面：克服相對主義的威脅，以及在世界各大文化傳統之間建立共通的倫理。可是就這些目的而言，並不需要假定實質意義下的「理一」：一些高度抽象的形式原則或者程序原則，例如羅爾斯的「合理」概念或者公共理性概念，又如劉先生所舉的「人性」原則，似乎即足以建立社會層面（尤其在跨文化層面）的合作秩序。話說回來，價值多元論本身即是一個複雜而且曖昧的概念；因此，在劉先生闡釋之下的「理一分殊」原則，與多元論的分合關係，還需要進一步釐清，並不適合在此用一個註腳妄加議論。

那麼道德實踐又是什麼樣的一種活動，而依然要能有助於天道的
充顯恢弘，可能還要費思量。

六、結語

儒家的道德內在說，在價值的實在論，以及道德實踐的積極
功能兩個議題上，提出了自己的觀點。徐復觀、牟宗三、余英時
三位，在這方面的重建貢獻值得研讀與重視。不過，如何證明這
兩項觀點，他們的說法從**哲學建構**角度來看顯得不夠深入與完
備。本文認為，針對儒家的道德學說，他們描述、看出了一些很
重要的哲學立場，可是他們的論點要能有系統地呈現，進而獨立
於特定的文化、歷史前提證明其妥當，泰勒在相近問題上的思考
架構值得參考吸納。泰勒對於道德實在論的界定，儒家應該可以
採納，並無問題。關於道德實踐對於價值之「鋪陳釐清」的貢
獻，泰勒所提出來的說法，儒家也可以參考，進一步豐富儒家有
關「人能弘道」的基本信念。但是本文也擔心，這樣理解道德實
踐所涵蘊的表達論自我觀本身，以及這種現代自我觀所帶來的價
值多元論，是不是新儒家所願意接納的，尚待進一步釐清。當
然，儒家的道德內在說，還涉及了其他的關鍵議題。這些議題能
不能與泰勒的思想做有意義的比較，本文並沒有定論。

第十二章

社會主義如何參考自由主義：

讀曹天予*

一、前言

　　稍早時，由曹天予先生編纂的《社會主義還是社會民主主義》[1]一書出版，集近年中國大陸有關社會民主主義的正反討論於一卷，很有參考價值。編者在卷首所寫的引言〈當代中國改革中的社會民主主義思潮〉中，提出了在「社會主義」與「社會民主主義」之間的比較與選擇。他認為社會民主無法擺脫資本主義的箝制，也就無法實現社會主義的理想。因此，社會民主主義不足以成為當前中國的一條出路。中共現在正在向社會民主傾斜，背

---

* 本文原發表在《思想10：社會主義的想像》（台北：聯經出版公司，2008），頁253-267。收入本書時做了一些修改。

1 曹天予編，《社會主義還是社會民主主義：中國改革中的民主社會主義思潮》（香港：大風出版社，2008）。曹先生出身上海，從1950年代末期起即頭角崢嶸，歷經許多極不平凡的遭遇，直到1980年代上旬出國，在英國劍橋大學取得博士學位，專攻科學的哲學，成就卓越，也編有數冊有關中國社會轉型及馬克思主義的討論，目前任教於美國波士頓大學哲學系。

離了原先的理想，故而有必要「回到科學社會主義的道路上來」。

　　但是，曹天予也不認為馬克思主義不需要調整，更不認為現行「中國特色的社會主義」真能符合革命社會主義的要求。他的論點是：拒絕社會民主，回歸革命馬克思主義。

　　當然，這個論點是針對當下中國的形勢而發的。不過當前中國的核心問題是什麼，以及「中國往何處去」，正是聚訟紛紜的問題，在此必須存而不論。為了聚焦起見，本文假定，社會民主以及革命馬克思主義至少都想要一反當前畸形的權力與財富的集中與重疊（官僚集權主義與權貴資本主義的重疊），設法在政治權力與社會財富兩方面實現某種更符合正義的體制。但也因此，筆者想要從同樣的問題意識出發，追問曹天予先生以及書中的多位作者，為什麼只考慮這兩個選項？撇開社會民主的是非不論，**馬克思主義真能實現正義的社會嗎？**如果曹天予肯定革命社會主義（真正的馬克思主義）的理由在於社會正義，而馬克思主義的正義概念卻失之於模糊，反而是**平等主義式的自由主義**更能實現以正義為圭臬的社會主義理想，他又何必把選擇局限在馬克思主義與社會民主主義之間呢？本文準備針對革命社會主義的基本原則提出一些疑問，並簡單陳述自由主義的平等精神所在，藉以彰顯強調自由主義所包含的重要「左派」價值。

　　這個問題，與曹天予這本書的主軸有些距離。在中國大陸，改革開放所帶來的巨大變化，逼使各方思考整個「具有中國特色的社會主義」體制的正當性以及調整的方向。但是這種思考（在檯面上——檯面下則另有放任自由主義的龐大暗流）卻始終局限在「社會主義」與「社會民主主義」兩個選項之間，除了是因為在中國大陸不容易公開討論「社會主義」之外的選項；中國的知識與思想傳統有其既定的形貌，可能也限制了思考的幅度與彈

性。因此，本文希望以曹天予此文集為引子，比較自由主義與馬克思主義的**道德**內容，**以資將自由主義也納入中文左派政治思想界的考慮範圍**。至於社會民主的是非長短，則暫時存而不論。

二、馬克思主義：修正與堅持

曹天予是旗幟鮮明的革命社會主義者。他追求的根本目標是「勞動者擺脫了剝削和壓迫，能夠控制自己的命運。」這個目標的價值取向在於「階級解放和人類解放。即經濟上消滅剝削，社會政治生活中消滅特權和壓迫。」在筆者看來，這套理想，乃是馬克思主義的道德內容所在：解放人類，不一定帶來什麼具體可數的利益，而是落實一種個人在道德上言之應該獲得的對待方式，並且這種「對待方式」不僅涉及狹義的**政治權利**如自由、平等或者狹義的**社會權利**如福利、照顧等等，更是一種「全面的自由發展」，也就是一種人本主義的至善論（perfectionism）要求。

那麼馬克思主義是不是追求這種目標的妥當理論（不談政治綱領）呢？曹天予指出，上述的價值定向乃是「剛性的約束」，不能更動，但是他認為馬克思主義仍有幾方面的「失誤」，需要下列三方面的修正：

第一、市場作為處理供需信息、配置資源的機制，被馬克思主義否定；其實，市場有其重要的正面功能，應該在其應有的一定範圍內發揮作用。第二、對公有所有制的排他式強調，忽視了官僚國家主義的威脅；在這種單面向著重公有或者國有的想法背後，有一種「所有制決定論」，亦即相信所有制可以決定剝削、壓迫的有無；但是真正決定剝削關係的並不是所有制，而是在決定分配方式的「政治法權關係」。第三、按勞分配原則，應該改

為根據生產要素（資本、勞動等）的平等地位進行分配，才會有利於資本的積累等等。

　　但是另一方面，曹天予又指出，為了達成上述的「根本目標」，仍然需要堅持共產主義政黨的領導、無產階級的統治，以及科學社會主義的指導地位。在中共的壟斷之下，上述三項原則合為「黨權」一條，也因此，為了面對、克服黨權的異化可能，就必須實行憲政民主。

　　需要說明，曹先生（或者說「科學社會主義」）所理解的民主憲政，並不同於一般的國民主權理論所理解的「國民」式的憲政民主，而是有其明確的工農無產階級內容，亦即抗拒階級關係中所表現出來的壓迫剝削、以工農大眾為立憲主體，以及以工農大眾作為最高權力所在、作為權力的來源。這種用階級身分[2]限定國民身分的想法，違反了政治共同體成員的道德平等與政治平等這項普遍性原則，說穿了是一種反向的身分歧視體制，筆者無法也不敢認同，不過在本文中將不予討論。

　　本文的討論，將集中在三個問題上：一、曹先生對馬克思理論的檢討，有什麼意義，又有什麼不足？二、參考這種檢討，他所說的社會主義的根本目標，是不是還是妥當的？三、如果社會主義的根本目標需要另採更妥當的陳述方式，自由主義是不是比馬克思主義更能呈現社會主義的道德理想？

2　在階級政治逐漸喪失意義的情況之下，階級身分往往只是職業身分。那麼在今天階級政治還存在嗎？階級的關係由什麼（老左派的生產關係還是新左派的階級意識）來界定的呢？

三、批判「所有制決定論」

曹天予對馬克思主義的批評，看似僅涉及局部特定的命題，但其實他對社會的運作展現了一種多面向的理解方式，與馬克思本人的**化約**傾向迥異，值得注意。他這種理解方式，設定三個有別的面向：**所有制問題**，**資源配置問題**，以及**分配問題**。馬克思將資源配置問題與分配問題化約到所有制問題之下，曹天予稱之為「所有制決定論」。他說：「這個出發點是錯誤的。」

所有制決定論為什麼是錯誤的？曹天予指出，一方面，**所有制**並不會事先要求或者決定**資源配置**應該如何進行；資源配置問題涉及效率，本來就應該交給市場決定，即便社會主義的公有制也不會例外。另一方面，所有制本身也並不會事先決定採取什麼**分配模式**。資本家剝削勞動者，所呈現的分配方式，靠的其實是某種「政治法權關係」，而不是靠生產工具的私有與否。因此相對的，生產工具的公有，也「不能保證經濟的社會主義性質」。

這種對所有制決定論的批評是很有道理和見地的。資源配置問題涉及**效率**，分配問題涉及**正義**，任何所有制都必須面對這兩項議題，任何所有制也無法僅僅根據本身的生產工具的占有關係，就直接回答這兩項問題。換言之，曹天予在肯定社會主義的根本目標之餘，主張將這個目標的實現分為三個方面來談，而不再因襲舊說，單單集中在所有制一個面向上，確實把問題整理得更為寬闊而具體。之所以用「所有制決定論」一詞，用意當然是強調，在所有制之外還有其他的重要面向，其處理一如所有制，攸關社會的正義與人的解放。

要達成社會正義與人的解放，在上述三個面向應該分別提出什麼樣的要求，牽涉到我們如何理解這個目標，這部分在下一節

再談。我們將會說明為什麼「分配」才是達成社會主義理想的關鍵所在（可是就這個目標而言，自由主義的思考似乎更符合正義的要求）。不過，社會正義與人的解放這個目標，對於所有制與資源配置的問題，又提出了什麼樣的要求呢？不難發現，「社會正義與人的解放」這個說法相當模糊，在仔細分梳鋪陳之前，很難推導出關於制度與原則的明確結論。傳統馬克思主義用生產工具私有制所導致的結果（剝削），來反證公有制的道德必要，也就是用分配的不義，來反證所有制應該如何安排。可是不但「公有制」這個制度本身有多種相貌，並且一旦如曹天予所言，將所有制與分配議題脫鉤，這條路就走不通了。那麼曹先生要根據什麼理由，主張生產工具應該如馬克思主義所堅持的那樣採行公有制？

對比於馬克思主義在這個問題上的模糊，羅爾斯提出所謂的「生產工具廣泛擁有的民主制」，主張在允許私有制的狀況下，讓生產工具盡可能地廣泛共有，也只是大概的說法，同樣難逃模糊之譏。但即使羅爾斯的構想未必明確，不過他為這個構想所提出的**理由**卻很具體：在生產工具由少數人私有的情況之下，正義原則所要求的公民的平等政治權利與機會的平等，都缺乏**實質**的意義。左派要找出合適的所有制，便需要先找出像羅爾斯這樣的正義原則（或者其他道德標準），不能只含糊地談「社會正義與人的解放」。

就市場在資源配置問題上的獨立意義而言，羅爾斯也作過明確的論述，跟曹天予不謀而合[3]。不過，在效率之外，羅爾斯還有

3　John Rawls, *A Theory of Justice* (Cambridge, MA: Harvard University Press, 1999), pp. 239-242.

一個論點，曹先生卻似乎沒有注意到，顯示他可能疏忽了市場的功能的另一個重要面向，那就是用市場進行資源（包括勞動力）配置時，除了效率的考慮之外，還涉及勞動主體——個人——**自由**的問題。自由主義重視這個問題，而馬克思主義則疏忽了這個問題：這同樣顯示，馬克思關於社會制度之道德標準的思考不夠完整；而自由主義相對而言較為完整的思路，值得今天的左派正視。

羅爾斯認為，資源（尤其是勞動資源）的配置如果經由市場進行，相對於計畫經濟或者指令經濟，不僅有助於人們更有自由去選擇職業、生涯、遷徙（這些當然都直接涉及個人是否能夠主導一己生命的規劃安排）等等，而由於市場的反集中化效應，也有助於實現「公平的機會平等」，也就是避免因為資源的配置以及資訊由少數人（無論是資本家還是政府）壟斷，結果機會的平等又只具有形式意義。區分「**公平**的機會平等」與「**形式**的機會平等」，並且堅持前者，乃是羅爾斯式的自由主義的一大特色，各種社會主義者應該都會支持。他們可以質疑市場是不是真能保障職業與生涯的自由選擇、是不是真能防止財富、機會與資訊的集中與壟斷，不過，他們不會否定「自由」與「機會之公平」這兩類目標的重要進步含意。自由主義認為，市場（在正義原則的節制之下）比較可能達成這兩項目標，至少比政府以及寡頭資本主義更堪此任，相信也是一個合理的假設。

四、社會主義的根本目標（勞動者獨享勞動的果實）是不是妥當？

在資源配置之外，曹天予認為，分配問題也是一個獨立於生

產工具所有制的問題。嚴格說來，他本人一改馬克思主義對**勞動**的單面向強調，長期主張「勞動產權」理論，認為一切生產要素（勞動力與生產工具）都有權利參與產品或者剩餘產品的平等分配，所以他並不認為勞動者可以「獨享」勞動果實[4]。但是局限在勞動者範疇的分配議題，還是可以分為兩個方面來陳述和檢討。第一、「勞動者享有自己的勞動果實」太過於一般，無足以處理分配議題；第二、分配問題應該根據什麼原則來求取答案？

在馬克思主義看來，資本主義制度之所以應該推翻，由社會主義制度取代，關鍵在於一個涉及正義的**道德**考量（而不僅是效率、經濟成長等考量）[5]：前者容許資本家剝削勞動者，並經由政治、社會等形式的階級壓迫，支持、強化這種階級剝削；而後者則實現了「公正」，即「每個人有參加勞動、不受剝削、享受自己勞動成果的基本權利。」換言之，在馬克思主義的傳統看來，剝削即是將原本屬於勞動者的勞動果實由資本家攫取；去除了剝削的公義社會，則是由勞動者自行享有勞動果實的一種體制。

眾所周知，勞動價值論與剩餘價值理論，是這套剝削概念的理論表達。但是在它們背後，還有一個更為根本的分配原則，即

4　參見曹書頁187-189對勞動產權論的精簡介紹。曹先生另有專著探討「勞動產權」，在此不贅。

5　馬克思反對資本主義時，所根據的究竟是道德理由（應然），還是陳述一個客觀的歷史趨勢（實然）？「正義」與「權利」這些概念（如馬克思本人多次強調的），只有當下歷史階段所給與的內容，因此不可能對資本主義階段提出**道德**批判，抑或它們具有超歷史特定條件的內容與效力，可以對當下的歷史階段提出道德上的批評甚至否定？這是爭論已久的老問題了，在此我們不討論。讀者可以參考 Norman Geras, "The Controversy about Marx and Justice," *New Left Review*, 150（1985）, pp. 47-85. 這是到當時為止最權威的綜合討論，對讀者會很有裨益。

勞動果實屬於勞動者，唯有勞動者才有完全的使用或者支配權利。

但是，為什麼勞動的果實屬於勞動者？「屬於」是什麼意思？

讀者若是熟悉當代政治哲學，在此不難立刻想到柯恩關於「自我所有說」的探討[6]。但是從概念的層面回到比較具體的分配問題，我們要問「屬於」是一種什麼樣的分配狀態？確實，馬克思把分配問題視為所有制問題的附帶結果，不認為它是一個獨立的議題[7]。不過，「勞動的果實屬於勞動者」這個馬克思主義的理想，在分配問題上所提供的說法，我們能夠接受嗎？馬克思主義確實主張勞動者應該取回勞動果實；不過，他所謂的勞動者，一個可能意思是指所有人類（the species），因為在勞動中「客觀化」的並不是當事工人一個人的勞動力，而是人類文明整體成就（生產力）的客觀化。可是這樣浮泛的「勞動者」概念，完全無法回答「在生產者之間如何分配勞動果實」的問題。而如果我們談得具體一些，在勞動中所「客觀化」的並不是什麼歷史中的人性，而是具體個別工人的勞動力（以勞動時間來計算），那麼，在「勞動的果實屬於勞動者」的原則之下，個別勞動者不是應該取回他在勞動成品中——必要勞動加上剩餘勞動——的「全部勞動果實」嗎？換言之，如果「勞動的果實屬於勞動者」陳述了一種道德權利，那麼工人就有道德權利不允許他人分享他本人的勞動果實。可是這不是表示，人與人之間在分配議題上並沒有任何道德上的相互義務？這豈不明白變成了放任自由主義的主張嗎？

6　G.A. Cohen, *Self-ownership, Freedom, and Equality* (Cambridge: Cambridge University Press, 1995). 曹天予認為勞動產權論擺脫了自我所有說，筆者有些懷疑，不過在此不論。

7　見馬克思，《哥達綱領批判》，頁13。

在《哥達綱領批判》中，馬克思處理到了分配問題。他當然譴責資本主義社會的分配方式為不義，因為某些人（資本家）掠奪了他人（工人）的勞動果實。擺脫資本主義、進入生產工具公有的社會之後，這種剝削消失了。但是，在新興的社會主義社會和後來的共產主義社會中，雖然生產工具公有（因此所有的人都「各盡所能」，沒有人可以不盡「能」而坐享他人的「能」），這種公有制所涵蘊的分配方式，卻並沒有展現人們之間的任何相互義務。

首先我們注意到，馬克思說道，在社會主義階段，「社會總產品」有一部分「用來滿足共同需要的部分，如學校、保健設施等」，以及「為喪失勞動能力的人等等設立的基金」，然後才進行個人分配。這個說法，是不是代表馬克思承認生產者有義務相互協助呢？可是接下來的話，立刻否定了這個說法，因為「從一個處於私人地位的生產者身上扣除的一切，又會直接或間接地用來為處於社會成員地位的這個生產者謀福利」。換言之，這種「互助」之所以被接受，像是投資、像是買保險，是出於自利的考量，而不是出於實質的道德義務[8]。

回到分配問題本身，馬克思有名的說法是，在社會主義階段，「按勞分配」，到了共產主義階段，則是「各取所需」。我們知道，馬克思從來不是平均主義者：讓每個人拿到**等量**的勞動果

8　這個說法，很接近羅爾斯設想在無知之幕後面推理的「理性的自利主義者」，不過有一個關鍵的差異：羅爾斯的構想，不會排除「非生產者」，例如根本沒有勞動能力的人。馬克思區分生產者「處於私人地位」和「處於社會成員地位」，是不是涵蘊後一地位具有某種道德上的相互義務呢？可是這種成員地位所涵蘊的道德聯繫，基礎何在，馬克思並沒有說明。從而，這種連帶所要求的相互義務會「厚」到什麼程度，也沒有辦法判斷。

實，顯然不公平，因為每個人的貢獻不會一樣，每個人的需求也不會一樣。但是說到最後，馬克思有一套合理的「分配理論」嗎？「按勞分配」的話，不僅對於弱者不利，那些失業、殘障、衰老病的人們豈不是沒有理由參加分配？同時按勞分配，如馬克思所指出的，還會忽視了每個人「需求」都不同。工作能力（以及機會）的不同等與需求的不同等，反映了「按勞分配」原則的不合理。馬克思安慰我們，這種不合理來自「資產階級法權」──其實，馬克思會認為，任何分配原則，都是一種資產階級法權，都在自私的個人之間劃分權利與義務。那麼不「在個人之間劃分權利與義務」，又是什麼樣的一種狀態呢？答案是：共產主義。

可是到了共產主義階段，「資產階級法權」為什麼可以失效？因為──這可能是馬克思最超現實的兩個臆想──生產力在擺脫資本主義生產關係的限制之後的發達，將帶來資源無限的狀態，以及勞動不再僅是謀生的手段，因此不再是分配的依據。在這個意義上，「各取所需」不再是分配原則，因為無限的資源加上「應得」概念的失去意義，已經沒有「分配」這件事可言了。

綜合以上所言，馬克思主義對於分配問題並沒有一套合理的原則。「勞動者享有勞動的果實」此一說法，或者沒有給分配的問題提供合理的答案，或則想要超現實地解消分配的問題。可是讓我們認真看待分配問題：**社會主義的根本目標，究竟是一套合理的分配制度，抑或在於超越和揚棄分配問題？**（每個讀者，都可以自問這個問題。）「勞動者享有自己勞動的果實」，如果不是分配的原則，又是什麼？既然我們無法躲開分配的問題，而馬克思主義對分配問題其實並沒有答案，那麼再寄望於馬克思主義實現公平的社會（其前提應該是公平的分配理論），是不是也注定

會失望？說到最後，如果沒有一套公平的分配理論，馬克思主義的「理想」豈不是鏡花水月？

五、科學社會主義還是自由主義？

曹天予認為，「科學社會主義」在經過以上三方面的修正之後，仍然是達成社會主義根本目標的指導原則，具體要求以工農大眾為國家主體、為權力的來源。但是我們一旦開始追問社會主義目標的道德依據，這三項修正，顯然都還有所短缺。恢復市場的機能──是為了資源使用的效率，而與勞動者的自由以及機會平等無涉；修正「所有制決定論」──是為了突出「政治社會法權」的重要性，卻並沒有同時指出馬克思主義的所有制本身有什麼道德的優越性，因此必須保留；按照生產要素的平等地位進行分配──是為了承認勞動力與生產工具兩方的利益，而不是為了滿足某種在先的正義標準。有意思的是，社會民主主義維持著資本主義所有制，卻同樣缺乏一套可以自圓其說的正義標準[9]。於是我們要問：還有其他的選項嗎？

答案可能是否定的。不過，當代自由主義政治哲學在這個問題上的思路，也許值得參考。

讓我們假定，科學社會主義對於資本主義社會（以及一切的階級社會）的描述分析，在經驗上是正確的。可是如上面所言，

---

9 社會民主主義或者廣義的福利國家，能不能提供一套公平的分配原則，證明自己比科學社會主義以及羅爾斯式的自由主義更能實現社會正義的理想？羅爾斯對「福利國家資本主義」的批評，請見羅爾斯，《作為公平的正義：正義新論》（台北：左岸文化，2000), §§41-42。

除了強調勞動果實事實上以剩餘產品的形式由生產工具的所有者拿走，勞動果實究竟**應該**如何分配，這套經驗上正確的理論卻還是無法回答。我們或許可以同意，階級社會這種分配剩餘產品的方式，應該稱之為一種剝削與壓迫，可是這種譴責背後的道德理由是什麼？畢竟，「應該」的問題，需要在經驗理論之外更進一步作分析，才會得到答案。

　　一旦開始追問勞動果實應該如何分配，我們就必須先回答：每個人作為社會成員，**應該**獲得什麼樣的待遇（其中包括資源的分配）？馬克思經常強調，這個問題取決於生產工具的所有權體制，無法抽象的回答。可是某個歷史階段的生產工具的所有制度，本身是不是合理呢？從道德角度應該根據什麼原則評價呢？這些問題，為什麼不能追問？但要追問的話，要使用什麼獨立於既有所有制的標準？馬克思主義似乎只承認一種答案：生產關係若是對生產力構成了限制，該生產關係就是不合理的，注定要被取代或者推翻。除此之外，馬克思似乎傾向於認定生產工具的所有制是**無法評價**的，遑論道德評價[10]。

　　但從規範性的政治哲學來看，如果我們想要對特定時代、社會、生產方式所給予的制度做道德上是非對錯的評價，則某種獨立於該時代、社會、生產模式的道德思考是必要的。這種思考不必自許為超越歷史條件的永恆真理，但是它要能夠形成一種具有

10　例如，針對在資本主義之前的原始共產主義社會、奴隸社會、封建社會的生產工具財產制度，真的不能找到一個道德標準來加以評價、譴責？上文提到，羅爾斯根據正義二原則，尤其是政治權利／自由的平等，以及機會的平等，反對資本主義的生產工具所有制，主張他獨特的「生產工具廣泛擁有的民主」（property-owning democracy），看來思考較為周到。不過，他這個想法的發展還很不足。

評價與批判能力的視野，就不能是既有體制的「反映」。道德思考不免起自一個時代的人性價值理念，但是只有極端的歷史主義、虛無主義，才會說這種理念只是意識型態、只是反映。這個問題很複雜，在此也無法深論。不過，看看羅爾斯如何面對這個問題，對馬克思主義或許會有一些啟發。

羅爾斯式的自由主義，企圖在西方「近代」的人性理念中，尋找這種道德思考的出發點。這個思路認真看待**自由**與**平等**兩項理念，──所謂「認真」，是說不僅不以犬儒的態度嘲笑其虛假，反而志在將自由與平等兩個看似浮泛消極的概念，從傳統自由主義所設想的一種外在的形式機會（「沒有受到壓迫」），轉化充實為人從事現實生活的具體能力（capacities），從而自由與平等成為可以檢驗的運作，而不只是法律的具文。在這個意義下，自由指個人有能力選擇、塑造一己的人生，平等則指每個人都有一樣的資源與機會去施展這項能力。從這兩項人性理念出發，亦即**如果**（1）每個人的「最高層級的利益」都在於追求自己的理想人生，同時又承認（2）每個人都應該獲得機會，實現一己的「最高層級的利益」，該問的問題便是：**那麼**社會的基本結構應該具有什麼樣的面貌，才算是對每個個人**公平**、足以獲得當事人的認同？這樣的基本結構，為了對所有的人都**公平**，會堅持每個人應該分得什麼樣的社會資源，又應該獲得什麼樣的社會權利？答覆了這些問題之後，我們才可能知道，資本主義（以及社會主義）的生產工具所有制、市場作為分配體制，乃至於一般的分配體制（例如福利國家），是不是合理，是不是合於道德意義下「正義」的要求。

在此，我們不擬進入羅爾斯自由主義社會構想的細節。但是很明顯的，跟馬克思主義相比，自由主義意識到了更深一層的問

題：道德評價的標準如何建立。多數馬克思主義者，不願意承認這種道德思考是可能的：他們可能會堅持社會主義的「科學」一面，也就是以一套社會變遷的理論（例如生產力與生產關係的矛盾）來支持社會主義。但是如果這種道德思考沒有可能，馬克思主義對資本主義的道德批判（剝削論），以及對社會主義的道德肯定（「每個人有參加勞動、不受剝削、享受自己勞動成果的基本權利」），也沒有什麼道德根據。馬克思主義者既然志在追求公正社會，卻說不清楚什麼叫作「公正社會」，不覺得這是一個嚴重的問題嗎？進一步言，馬克思主義的社會體制，又要從何說服人們接受呢？

　　說到這裡，有一個有趣的問題值得追問：如果政治上所謂「左」的立場，意指追求個人之間一種盡可能平等或者公平的狀態，而「右」的立場則指容許人們自由地利用盡可能開放的機會，至於每個人獲得什麼或者獲得多少則無關宏旨，那麼：自由主義與馬克思主義，何者更符合「左」的要求？上面說到，馬克思主義的平等訴求，最高不過是「按勞分配」（再「高」，平等的問題就消失了），卻忽略了以「勞」為依據的分配方式，不可能平等或者公平。每個人的勞動能力不一樣，所以分配不會一樣；而勞動能力的這種差異，卻往往不能歸咎於個人本身能夠操控的因素、更不會與努力程度成明顯的相關，反而應歸因於天生的資質能力有別，或者出身環境、家庭條件、所處社會位置所提供的機會是否有利，甚至於種族、性別等等因素所造成的歧視差別。在這個意義上，「按勞分配」不可能是一種以公平為原則的平等主義訴求。（這一點，對一般常想到的需求、貢獻等平等的量尺也一樣適用。）要求「按勞分配」，卻無視於勞動者身上有著並非當事人所能操控的差異，當然不公平；一如要求眾人在同一起

跑線出發賽跑，卻無視於其中有人是肢體殘障，豈能說這還是公平的競賽？如此看來，馬克思主義豈不是一種相當「右」的主張嗎？

自由主義對這個問題較為敏感。它在考慮社會制度如何對待個人才算公平的時候，區分開當事人無須負責的「處境（circumstances）因素」，與當事人自己要負責的「選擇（choice）因素」。處境因素有來自天生自然者，例如身體上或心智上的各種稟賦或者殘缺；但更有來自社會文化者，例如家庭和成長環境的情況，教育與人格發展的機會，貧富、性別、城鄉造成的差距，乃至於各種社會文化成見偏見對於個人的正負面影響。無論自然因素或者社會因素，都會影響到個人的一生歷程與命運，但卻不是個人所能、所需為之負責的。一套公平的分配體制，應該讓這類因素對個人生命的影響減少到最低，豈能交給「勞動力」這種粗糙的標尺去決定？

相對於此，個人的自由讓每個人獲得選擇與安排一己人生的能力，但是對這類選擇安排，個人當然也要負起責任。一套公平的分配體制，應該盡量不受這類選擇的影響。我們不能因為一個人安貧樂道，就給他較少的資源；也不能因為一個人雄心勃勃，就提供更多的資源。一個人的「應得」，不應該受到他的主觀願望的影響，而只應該針對他的客觀條件來評估。「按勞分配」雖然不以主觀需求為分配標準，但是無視於個人的客觀條件，已經不夠公平；進一步到了「各取所需」的階段，似乎注意到了個人的客觀條件，卻又不理會每個人的主觀需求的道德品質不一，並不應該作為分配的準則，結果把責任與需求混淆了。由此可見，社會主義社會與共產主義社會，即使有千般優點，即使能滿足許多其他的理想，卻都並不是**公平**的社會。

六、結語

在此必須說明，馬克思主義的學術與實踐意義有多個方面，不必因分配問題上的粗疏而全盤皆輸。如前面引述曹天予先生所言，馬克思主義所追求的終極價值是「階級解放和人類解放。即經濟上消滅剝削，社會政治生活中消滅特權和壓迫」，表現為「勞動者控制自己的命運」。這個宏大的目標是不是內部融貫，是不是超出了人性條件所允許的烏托邦，所涉及的問題遠遠超出了分配的範圍。但是無論如何，分配都是個體「命運」的決定性因素之一，所以馬克思主義者不能、更不應該忽視。自由主義也有很多盲點，例如對於社會衝突的結構性起因、對於歷史演進的動力，尤其對於資本主義在現代社會各個領域中的廣泛負面影響，自由主義不是無言以對，就是敏感不足，批判力未見發揮，顯現了它作為一套社會理論，多有貧乏與天真的一面，應該多參考馬克思主義的慧見。不過，對於在意社會平等與社會正義的人，本文所述的問題，不能等閒視之。如果以上所言成立，那麼自由主義要比馬克思主義更符合左派的期待，也更符合社會主義者心目中的理想社會原則。在當前有關社會主義前途的討論中，尤其是對於像曹先生這種具有批判能力的馬克思主義者，自由主義是值得參考的[11]。

11　筆者在最近方讀到Jeffrey Reiman, *As Free and as Just as Possible: The Theory of Marxian Liberalism*（Chichester, West Sussex: Wiley-Blackwell, 2011），希望來日有機會撰文探討這本書的論點。據作者說：「**自由主義**指的是這套理論的目標，**馬克思主義**則表明了達成該目標的條件。因此，這套理論稱為**馬克思式的自由主義**。」（p. 26）

第十三章

伯林論歷史與個人 [*]

一、前言

自由主義關心個人安排一己生命的權利與能力，強調每個個人因其道德地位故不可取代，一方面堅持每個個人都是一樣地重要，沒有人是他人的工具，另一方面拒絕用超越個人的範疇去涵蓋、吞噬個人的地位與利益，將個人化為集體力量的工具。在規範理論的層面，自由主義對這些主張做了大量而且有說服力的論證與經營。

可是從宏觀的角度來看，個人與周遭環境──尤其是社會與歷史──的關係應該如何設想？個人當然不可能獨立於歷史與社會；相反，個人的生活、選擇與行動必然需要社會與歷史作為資

---

[*] 本文曾在北京清華大學國學研究院主辦「以賽亞・伯林與當代中國」國際學術研討會（北京，2011年3月10-12日），以及東吳大學哲學系主辦「人文、價值與實踐」學術研討會（2011年8月24日）上宣讀，最後發表於《新史學》23卷2期（2012年6月）。

源、作為脈絡、作為對象，是在**其中**發生而不是位在其外的事件。所謂個人自由，因此始終籠罩著由社會與歷史來**決定**的陰影：個人生命的劇本並不是由自己所撰寫；相反，他似乎是歷史掌中的傀儡，由歷史所操持、使用、捉弄。另一方面，在考慮歷史的演變時，個人的意義似乎也可疑：歷史的內容與變化，真的是由個人的選擇與決定所塑造的嗎？要理解歷史，非需要透過個人的意志與活動嗎？個人在歷史中真能扮演有意義、有效應的角色？還是注定徒勞**無用**？

由於個人與社會、與歷史的關係如此曖昧不清，自由主義推崇個人的規範理論往往被視為空想，與社會、歷史的實際真相脫節。事實上，歷來的社會理論與歷史理論，確實不乏忽視、甚至於直接貶抑個人意義的傾向。面對這種情形，自由主義要如何回應[1]？

在20世紀中葉，冷戰方熾，適值「歷史與個人」的關係這個議題顯得格外尖銳的時候，伯林發表了數篇演講、書評與文章，挑戰當時流行的幾種社會觀與歷史觀，維護個人在社會與歷史中的自主地位[2]。伯林一生所介入的爭論不在少數，不過論規模與激

---

1 自由主義究竟能否發展一套關於歷史變遷的系統觀點？博蘭尼說出了許多人的感受：「自由主義哲學最奪目的失敗在於它對變遷問題的了解。」（Karl Polanyi, *The Great Transformation: The Political and Economic Origins of our Time* [Boston: Beacon Press, 1957], p. 33.）這個感受正確嗎？自由主義的確無法提出任何用單一或者少數原因或者原則來化約陳述的歷史理論；不過，自由主義仍然相信歷史構成了一個有意義的整體，人類的綿延發展說得上是改善與進步；但是這種改善與進步並不是能夠預知與規劃的。這個議題很複雜，在此只能存而不論。

2 當時幾位所謂的「冷戰自由主義者」，面對馬克思主義歷史理論的挑戰，對歷史的性質與歷史知識的可能性，都寫出了重要的著作，伯林、艾宏

烈的程度（以及帶給他個人的謗譽與困擾），這場關於歷史的爭
論相當值得一提。他關於自由的兩種概念的論點引起的爭議雖然
既廣也久，不過局限在相對而言較為專業的政治哲學的範圍。可
是關於歷史的爭論，時間上從1950年代初期一直延伸到1970年
代，涉及一些當年最有影響力的史學家，並且多數的爭論是在文
化刊物甚至於大眾媒體（例如收音機節目）而非學院學報上進
行，對公眾的影響更為顯著[3]。在這些著作之中，主要有三篇論文
專門探討歷史之性質以及歷史學之性質[4]。不過由於本文所關切的

（Raymond Aron）與波普爾（Karl Popper）是三位具體的例子。繆勒（Jan-
Werner Mueller）曾指出，二次世界大戰後，西方政治思想界出現一種「追求
確定性」（quest for certainty）的趨勢，美國實徵主義式的社會科學，以及施
特勞斯、沃格林的古典理性主義，雖然背道而馳，卻都是這種趨勢的表現。
官方馬克思主義的歷史唯物論，當然更可以歸於此一範疇。冷戰自由主義者
的一個基本取向，正是要挑戰這個趨勢，但他們所發展的「對不確定的確
定」（certainty about uncertainity）母題，主要的用意還是在批判馬克思主
義。見 Jan-Werner Mueller, "Fear and Freedom: On 'Cold War Liberalism',"
European Journal of Political Theory, 7(1), 2008, pp. 45-64，特別是 p. 52。伯
林對歷史決定論的批判，乃是他一生對一元論理性主義的批判的一個部分，
固然可以放在這個時代背景裡了解，但是其思想史關懷的大背景應該更寬廣
地來看，不必局限在戰後冷戰時代。

3　這場爭論相關的大量文獻，在中文裡可以參考林慈淑下列兩篇文章所提供的
豐富資料，不另贅引：〈以撒伯林的史論：從觀念史的思考到決定論的批
判〉，《台大歷史學報》36期（2005），頁357-406；〈伯林與史家論「道德判
斷」：兼談20世紀英國史學的若干發展〉，《台大歷史學報》38期（2006），
頁219-270，尤其見後一篇。這兩篇文章關注於伯林的史學觀點與其他英國
歷史學家的互動，旨在為伯林在英國史學傳統與歷史哲學的傳統中尋找位
置。對於本文所關注的核心議題──個人如何介入歷史，分析與探討較少。

4　"Isaiah Berlin, 'Historical Inevitability,'" (1954) in *Liberty*, ed. by Henry Hardy
(Oxford: Oxford University Press, 2002), pp. 94-165; 中譯見胡傳勝譯，〈歷史

問題是個人與歷史的**倫理**關係，我將不理會有關歷史學之性質的知識論問題，而是集中根據〈歷史的不可避免性〉一篇，來探討伯林如何理解個人在歷史中的自由。

伯林身為自由主義者，自然希望為個人在歷史中的自主與有效維持一份空間。他的努力有其意義，可是也顯露出了一些限制。本文擬整理伯林的想法，進而指出他的不足之處。我將設法顯示，伯林根據我們的道德意識所預設的關於「人」的了解，再三申論歷史必須容許個人的自主選擇與作為具有實際的意義，但是由於他所理解的個人選擇只是施展消極的自由，未能考慮個人的選擇其實預設了評價性的主體對於社會環境與歷史條件的**認知、評價與互動**，結果他對於個人與歷史之間關係的理解是簡化的。個人與歷史的互動既不需要否認歷史、社會力量的獨立、客觀與真實，又不否定個人面對歷史時的主體地位。伯林從道德語言與道德直覺的常識觀點，將一切強調歷史影響個人的理論都稱為決定論，追求一種能夠全然獨立於歷史環境的個人空間，反而使他無法看出個人介入歷史的方式其實更為複雜。

的不可避免性〉，收在《自由論》（上海：譯林出版社，2003），頁104-185。"The Sense of Reality," (1953) in *The Sense of Reality: Studies in Ideas and their History*, ed. by Henry Hardy (New York: Farrar, Straus and Giroux, 1998), pp. 1-39; 中譯見彭淮棟譯，〈現實意識〉，收在《現實意識》（台北：臉譜出版，2004），頁37-80。"The Concept of Scientific History," (1960) in *The Proper Study of Mankind: An Anthology of Essays*, ed. by Henry Hardy and Roger Hausheer (New York: Farrar, Straus and Giroux, 1997), pp. 17-58；中譯見錢永祥譯，〈歷史是科學嗎？〉，收在康樂、黃進興主編，《歷史學與社會科學》（台北：華世出版社，1981），頁1-55。下文中引〈歷史的不可避免性〉一文時，括弧內數字指英文版頁數，引中譯本頁數時則另有註明。

二、伯林論如何藉歷史推卸個人責任

　　伯林的歷史觀的特色在於，他在原則上便反對歷史有正面、實質的「理論」可言。他的理由在於一種後設性的看法：由於人類具有多元創造以及因應變化的能力，歷史並不具有某種單一、確定、以及規律的面貌[5]。可是伯林並未將這項後設看法予以鋪陳發展，也沒有說明這種看法預設了什麼樣的個人與歷史的關係。除了批評各類他認為對歷史的錯誤看法，他並沒有正面去論述歷史是什麼樣的一回事；他所做的是描繪人們（尤其是歷史學者）如何理解與描述人的現象，其中包括了對於歷史人物與事件的理解與描述應該如何進行，然後指出這種實務預設了什麼樣的歷史觀。如果這種歷史觀受到挑戰，那麼挑戰者便有責任去改變人們（以及歷史學家）在實務上理解人事的方式。可是這牽涉到的工程太巨大，幾乎得改變人們整套的概念架構與敘事所必須用到的道德語言，而這在概念上是跡近不可能的。伯林想要由此反證，歷史必須符合我們習用的道德語言與評價實務；與此相悖的歷史觀乃是荒謬的。

　　這顯然是一種較為消極的論證途徑；我們談歷史的時候之所以使用這樣的語言與概念，背後其實預設了某種對於人與歷史關係的特定理解，伯林卻並沒有去深入探討這種關係。

　　在伯林的眼中，歷史是由個人的活動所構成的，而只要是人

5　John Gray, *Isaiah Berlin* (Princeton, NJ: Princeton University Press, 1996), ch. 3. 伯林對歷史的看法，可以參見James Cracraft, "A Berlin for Historians," *History and Theory* 41 (2002), pp. 277-300; Ryan Patrick Hanley, "Berlin and History," in George Crowder & Henry Hardy, eds., *The One and the Many: Reading Isaiah Berlin* (Amherst, NY, Prometheus Books, 2007), pp. 159-180.

的活動，對其了解與敘述就必須涉及個人的動機、目的、選擇。可是一旦將這些特屬於人的因素列入考慮，則一定會帶出責任如何歸屬的問題；進一步，只要有責任可言，就不免要作價值的判斷評價，也就是認為當事人的作為是應予譴責的、或者是可以推崇的。自由、責任、評價，構成了理解人的行為的基本架構，有其概念上以及道德上的必然，不容棄置。

伯林用這個理解人之活動的基本架構，來說明歷史以及史學的特質：既然歷史是由個人的行為與經歷所構成，任何歷史觀就必須容許（1）個人的選擇自由以及由此而來的責任歸屬，以及（2）由責任所帶來的評價之必要。根據歷史的這兩項「可能性之條件」，伯林要駁斥近、現代歐洲思想家以及尤其是他當時某些英國史家對於歷史評價的否定或者規避。這種否定與規避，主要出之以三種形式：即**歷史決定論**、**人力無效論**、或者將評價相對化的**價值相對論**。這三項議題，構成了伯林關於歷史的後設討論的主要內容[6]。

6　伯林的問題是：「歷史中對個人的評價如何可能？」——這個問題所問的其實是三個問題：1. 個人的意志與選擇真是自主的嗎？抑或是由外在、超個人的歷史力量所決定的？依照伯林的用語，在本文中稱此為「**歷史決定論**」。2. 歷史的內容與變化，真的是由個人的選擇與行為所決定、塑造的嗎？要理解歷史，必須透過個人的意志與活動嗎？抑或個人在歷史之中根本無法扮演有意義、有效應的角色？在本文中我們稱此為「**人力無用論**」，不過伯林本人並沒有使用此名稱。3. 針對歷史中的人與事所施加的評價，是客觀、普遍的？抑或只具有一時一地、或者主觀的意義？在本文中，稱此為「**價值相對論**」。由於本文主要關切的是個人在歷史中如何具備自由，而不是價值判斷所涉及的後設知識論問題，在本文第二部分，我將只處理前面兩個問題。前面兩個問題的關係是什麼呢？我認為歷史決定論涵蘊人力無用論：如果歷史規律決定了人的意志，則歷史自有其規律，無待人力介入。可是人力不能影

〈歷史的不可避免性〉一文，是伯林批評歷史決定論、人力無效論、與價值相對論的主要著作。該文的結構相當鬆散凌亂[7]，但大體上可以分出針對歷史決定論（2-3節）以及針對歷史中的價值判斷問題（包括人力無用論與價值相對論兩個問題）（4-6節）兩個面向。由於伯林用「歷史的不可避免性」為題涵蓋三個主題，而「歷史決定論」一詞，可以同時指「歷史決定自身的發展」與「歷史決定人們的選擇與行動」這兩方面的「決定」，全篇文章並沒有清晰地分辨歷史決定論、個人的無效論、以及價值相對論三種排斥價值評斷的立場之間的關係。由於這篇文章中問題意識的邏輯結構不夠明晰，筆者將根據自己的理解分節討論這三個不同的問題。

甲、歷史決定論

伯林沿襲一般的說法，把歷史理論分為「人力的」（personal）

響歷史，並不代表歷史自有規律：例如後現代主義史觀可以主張歷史並無定律，但是人也無力影響歷史。

7　這篇文章原本是伯林於1953年在倫敦政經學院的「孔德講座」上發表的一個演講，原題為〈歷史作為不在場證明〉。據說這次演講冗長凌亂，並未獲得肯定。演講時的狼狽情況，見Michael Ignatieff, *Isaiah Berlin: A Life*（New York: Metropolitan Books, 1998）, pp. 205-206；事後的餘波盪漾以及引起的衝突火氣，參見David Caute, *Isaac and Isaiah: The Covert Punishment of a Cold War Heretic*（New Haven: Yale University Press, 2013）, ch. 5。後來他將講稿改寫成文章，在1954年出版。這篇文章的長度比〈自由的兩個概念〉多了二十頁。在筆者看來，即使以伯林習見的繁瑣雕琢文筆來說，這篇文章的行文也顯得特別堆砌冗長，結構很散亂，所舉的「決定論」思想的例證也經常難以服人。伯林曾將文章單行本寄給保守派史學家納米耶，對方的回應是「你一定是非常聰明，才能了解你在寫什麼」。（上引Caute書p. 66。）

與「非人力的」（impersonal）兩類（98-102）[8]。他指出，所謂「人
力的」理論，認為歷史是由特定個人、或者由不特定的大量的個
人的意願與目的所決定。這類理論認為，歷史家的責任在於透過
個人的意志與行為解釋歷史。但有許多歷史觀，企圖對歷史作
「非人力的」解讀，也就是用各種在人力之外或者之上的因素，
說明事件的發生以及歷史的進程。這類史觀相信，歷史有其秩序
（patterns）、規律、結構、或者趨勢；歷史背後一定有某種非人力
的、超越人力的客觀、穩定的因素或力量在作用，才不致於淪為
凌亂的事件之堆積，而是具有明確的因果關係，呈現了清晰的意
義，從而顯示出這類秩序。這種非人力史觀，伯林整理出了三個
主要類別：目的論、形上學、以及科學主義，並且作了冗長、詳
細的解說（104-109）。它們都認定，所謂說明一個歷史事件，就
是將該事件納入某個一般性的程式之下，作為該一般性定律、秩
序或者力量的個例。說明一個事件，其實就是回答──對目的
論：「它（的發生、內容、與結果是）為了實現什麼不變的目
的？」──對形上學：「它（的發生、內容、與結果是）由什麼
不變的秩序所決定的？」──對科學主義：「它（的發生、內
容、與結果是）由哪個原因造成的？」尤有進者，用這種說明方
式，不僅陳述了事實的來由與真相，也是對於事件的「證成」，
也就是顯示事情不僅是如此這般發生，並且是因應某種客觀的道
理而**應該**如此發生。由此進一步，就會產生評價的效果：凡應該
發生的事情就是對的、好的；而企圖違逆該非人力因素的影響，

8　「人力的」與「非人力」的兩詞，並不是很達意的翻譯。伯林所著重的是人
　　（甚至於人格神）的意志是否介入，一套歷史理論如何看待人的意志與其作
　　用。至於這裡的「人」（或者人格神）是單數抑或複數、是以什麼形式介
　　入，則屬於次要。

則是錯的、壞的（110）。

　　這些非人力史觀，伯林統稱之為「決定論」；照他的說法，所有的決定論都一致主張：

> 世界具有某種方向並受規律支配；通過運用適當的研究方法，這種方向與這些規律在某種程度上是能夠發現的；更進一步，只有那些認識到個體的不管是精神方面還是物質方面的生活、性格與行動受他們所屬的更大「整體」支配的人，才能把握這些規律的作用；正是這些「整體」的獨立演化，才構成所謂的「力量」（forces），而根據這些力量的方向，真正「科學的」（或「哲理的」）歷史才能被闡明。要發現特定個體、群體為什麼以這種方式而不是以別的方式行動、思考與感受，人們必須首先尋求理解這些「整體」的結構、發展狀態與方向，如個體所屬的社會、經濟、政治與宗教制度；一旦整體被認知，個體（或他們中最具代表性者）的行為就幾乎能夠邏輯地推導出來，而不構成一個獨立的問題（114，參見110；中譯文經修改，頁127）。

各種決定論理論所設定的事物或者力量（「整體」）是什麼不一而足：伯林隨手舉出的例子包括了「種族、膚色、教會、民族、階級；氣候、灌溉方式、科技、地緣政治的位置；文明、社會結構、人類精神、集體無意識。」（114）

　　可是決定論必然會消除個人對於世間事件的責任：

> 如果世界歷史起因於可以辨別的力量的作用，而不是起因於自由的人類意志或自由選擇（不管它們有沒有出現）或沒有

受其影響，那麼，必然要根據這些力量的演化，才能對所發
生的事情進行合適的解釋。於是就存在這樣一種傾向，說並
不是個體，而是這更大的實體，要負最後的「責任」（115；
中譯本頁128）。

既然事件的發生係由外力所造成，「必然而且無可避免」，那麼個
人當然無法或者無需對於世間事件負責任，從而對人的行為作讚
許或者譴責都不可能，或者都無必要了。易言之，決定論這種針
對個別行為者取消責任與評價的結果，乃是伯林的關懷焦點。所
以伯林強調：

這裡我不想說決定論必然是錯誤的，而只想說，我們無論在
言說還是在思考中，都沒有把它當作是真的，而且難以設想
（這也許超出了我們正常的能力）如果我們認真地相信它，
我們關於世界的圖像將會是怎麼樣的（122；中譯本頁136）。

十幾年之後他補充道：

我唯一爭辯的是，對決定論的信念是與那些深嵌在我們普通
人與歷史學家的正常言說與思考中的信念不相容的……
（21；中譯本頁24）。

他解釋說：設想一個決定論的宇宙，其困難不會亞於設想一個沒
有時間維度的世界、或者設想世界的空間具有十七個維度。為什
麼這麼困難？因為在一個決定論成立的世界裡，既然個人無力作
自由的選擇、決定，對他們自然不能認真地作道德評價，加以指

責或者襃揚，也不能設想事件可能會有不同的發展，或者學習歷史的教訓。結果，人類所熟知的整套語言體系與概念架構都得調整或者拋棄。伯林認為這是不可能的。

伯林承認，雖然決定論與我們所預設的對於人類的理解與想像相枘鑿，因此應予拋棄，但它仍有助於提醒我們，人類自由的幅度其實有其限制，能夠真正由自己選擇的範圍很小，許多內在、外在、先天、環境的因素在決定我們的行為，人類自由與責任的範圍也隨之收縮。很多時候，我們只是出於無知，以為歷史人物具有足夠的自主性，於是妄想對歷史人物或者事件進行評價。事實上，非人的因素在歷史中的確具有龐大的影響力，不僅限制、影響了個人的選擇與決定，甚至限制、影響了我們去看歷史時所使用的價值標準。換言之，伯林在指出決定論與人類習用的道德語言與思考架構衝突之後，也承認決定論有其警告的功能。不過，在申論過決定論無足以否定人類的自由之後，對於人類在歷史中的自由、責任與評價，尚有來自另一方向的質疑他需要處理，那就是質疑個人是不是真有能力負責任、歷史學家是不是真有能力作價值判斷。這質疑又分成兩類，一類較為特定，或可取名為「人力無效論」：在這裡，伯林用當時英國兩位重要的歷史學家卡爾與巴特斐德為對象，處理他們對於歷史判斷的質疑；另一類則是更一般的價值相對論，即主張個人——尤其是歷史學家——受制於更大力量的支配，歷史判斷中的價值概念只能具有主觀、相對的妥當性。

乙、人力無效論：卡爾與巴特斐德

人力的無效論與歷史決定論之間，有什麼樣的邏輯關係或者概念關連呢？伯林為什麼要在一篇表面上談決定論意義下的「歷

史的不可避免性」的文章裡，用可觀的篇幅來談這裡稱為「無效論」的一種觀點？那是因為，從不同的方向，出於不一樣的理由，無效論與決定論都反對歷史評價；它們從不同的方向，一致地否認個人對自己的言行可以負責任，可以作明確的對錯分野。決定論借用外在非人的力量否認個人的自由與責任；無效論則從個人面對歷史時的有限、無知與無力來否定個人對歷史要負責任。但是個人的無知與無力會有不同的呈現方式，伯林用當時英國史家卡爾與巴特斐德來作代表。他與這兩位史學家纏鬥已久，自然不忘在這篇演講中加以批評[9]。

伯林用「知道得太多」與「知道得太少」來分辨卡爾與巴特斐德在責任問題上的態度。所謂知道得太多，預設了外在決定論的基本觀點，意思是說身為史學家的我們，對於當事人行為的環境與因果因素知道得愈多，發現當事人的行為受到環境、因果等非人力因素決定的程度愈大，就愈不會、不敢對其言行作價值判斷。在這個意義上，知識解放人，因為知識使人擺脫了責任的拖累。

不過另外一種反對追究責任、反對評價的觀點，理由卻是人「知道得太少」。意思是說人的認知與價值觀都只是一時一地的一得之見，歷史人物如此，歷史學家的判斷能力也是一樣，只是偏狹局部的。卡爾一方面指出知道得愈多愈了解人之有限；另一方

9　伯林與卡爾的爭論，見Richard J. Evans, "Introduction," in E.H. Carr, *What is History ?*, 40th Anniversary Edition（Basingstoke: Palgrave, 2001），pp. ix-xlvi; 此書（包括該導言）在台灣以及大陸各有一個中文譯本。伯林與巴特斐德的爭論，見C. T. McIntire, *Herbert Butterfield: Historian as Dissenter*（New Haven: Yale University Press, 2004），pp. 251-252。也請參見本文注1所引林慈淑的兩篇文章。

面則指出人實際上正是無知而有限的，即使當事人（以及歷史學家）總會以為自己的看法所根據的是普遍性的原則與價值，但人們的見識與理由實際上乃是由時代、階級等因素所籠罩、規定的，適用性是局部的、有限的。這種情況下，我們的眼光受到特定階級地位、特定權力關係、特定時代的社會結構所決定，只能從局部看事情，不可能形成客觀的理解與評價。我們知識的有限，決定了成見永遠在作祟，評價所表達的永遠是成見。既然評價只是成見，並沒有任何普遍的意義，那麼當下為人們所普遍接受的評價，只可能是勝利者、得勢的階級的價值觀（132）。伯林認為，卡爾最後從不可知論滑到了一種從結果回論歷史的成王敗寇理論。

另一種「知道得太少」的看法，伯林取自巴特斐德。出於基督教的立場，巴特斐德認為「人的難局」──由於人的軟弱、自私、虛榮與無知等等形成的處境──使然，渺小而無知的個人雖然表面上似乎有意成就什麼，其實只是驚濤駭浪中的一根稻草，對於事件根本沒有能力去控制，因而很難要人類為自己的言行負責。即使歷史學家，也不要以為自己有能力去了解歷史的複雜與多面，甚至於狂妄地想要做評價。伯林指出，針對歷史中的個人之渺小與無力，巴特斐德提出了「無效論證」，即人的選擇與決定通常並沒有效果；針對歷史學家，他則提出了「無知論證」，指出史學家的所知永遠只是滄海一粟，根本不可能從千頭萬緒的因素中整理出個人應該負的責任。這兩套論證，分別取消了個人的責任以及歷史學者作評價的可能性[10]。

---

10 一位《新史學》的審查人質疑，巴特斐德固然相信歷史學家對歷史人物難以評價，但他未必認為個人不該或者不能為自己的作為負責。關於這個問題，由於筆者並未讀過巴特斐德的著作，此處行文只能綜述伯林的說法（見

在伯林看來，如果說馬克思與卡爾等人的思路強調個人以及史學家都受限於無所逃避的偏狹成見，因此評價為不可能，卸下了人的評價責任，巴特斐德則訴諸人類的軟弱與無知，認定「人的難局」才是歷史中真正發生作用的核心因素，一樣卸下了人的責任（134）。這兩種觀點雖然旨在強調人的認識與能力之有限，不過其涵蘊則是直指價值判斷的主觀性、相對性：沒有任何一種評價的標準，在客觀上比另外的標準更為妥當。伯林稱此為一種「對歷史客觀性的一般懷疑論」（137n. 1）。從這裡，伯林開始討論相對論的議題。

丙、價值相對論：歷史家評價的主觀與客觀

在歷史決定論與人力無效論的影響之下，歷史所呈現的面貌、歷史人物的作為似乎都不容許價值評斷；那麼歷史學家是不是也受到了同樣的影響，受制於決定論與無效論，結果不能進行評價工作呢？但是伯林認為，歷史學家無法逃避評價這件事，因為評價的範疇乃是內建在他所使用的語言之中的。

> 因為我們的歷史語言，我們試圖用來對過去的人或事進行反思與描述的詞語與思想，體現著道德的概念與範疇──也就

Liberty pp. 133-136，中譯頁148-152）。而伯林本人兩次說到巴特斐德持某看法時，都表現出異常的審慎（「如果我對他的理解正確」，p. 133；「除非我嚴重地誤解了他的著作」，p. 135, n. 2）。無論如何，如果當事人（即便受到過太多的干擾因素作祟）需要為自己的作為負責，那麼歷史學家也很難以受到同樣的干擾因素作祟為理由，放棄道德評價的責任。至於歷史人物的責任問題，從韋伯的「責任倫理」的角度來看，個人並不可以用自身的「渺小」為理由解脫責任。但這中間的問題相當複雜，在此只能擱置。

是各類標準，有些永久，有些暫時——其根深柢固一如其他
的價值概念（144；中譯本頁161，譯文經修改）。

不過，這些評價的原則與字眼，是不是都是主觀、相對的？是不
是如流行的相對論所言，史學家使用的方法、概念、觀點、評價
標準，都受制於時代與文化？對於這一點，伯林的答覆分兩方
面。在消極的一方面，他提出了某種邏輯或者概念性格的論證，
即主觀、相對這些概念都是對比性的概念：如果客觀並無可能，
一切都是主觀，那麼主觀本身會變成一個沒有意義的概念；如果
一切皆屬於時代所決定，隨時代而變遷，那麼除非預設了一種超
越時代的標尺，你根本無從指陳時代帶來了改變。換言之，在相
對論的模式之下所談的歷史相對性或者主觀相對性，其實都預設
了某種跨越相對、跨越主觀的客觀性視野。結論是相對論其實是
一種在邏輯上不可能自圓其說的想法。在積極的一方面，伯林則
提出了各種文明之間仍有「共同的假設」，足以做為溝通的基礎：

只要我們自許理解別人的標準⋯⋯，自許懂得不同的傳統及
態度的代言人告訴我們的一切，自許理解他們為什麼想其所
想、說其所說，那麼，只要這類自許並非錯到離譜，其他文
明的「相對主義」與「主觀主義」並不能排除我們與他們共
享某些基本的假定，使我們足以與他們進行溝通，足以達到
一定程度的理解與被理解。這種共通的基礎正是被正確地稱
作客觀性的東西。靠它，我們才能指認別人與別的文明起碼
是人性與文明的（152；中譯本頁170，譯文經修改）。

這個「共通人性」的看法，在該文中伯林著墨不多，不過卻是他

始終很重視的一個基礎性概念[11]。在這裡他似乎是說，如果竟有超出了共同人性的所謂相對、所謂主觀，那這種相對與主觀也不值得列入考慮。因為這種在共通人性之外的主觀與相對，無足以證明在共通人性範圍之內不能有客觀與絕對的判斷。

伯林沒有忘記，歷史決定論本身在價值判斷問題上也有可能流為相對主義的。無論是宇宙論的決定論、或者社會學的決定論，既然認為一切事件都有其發生的客觀道理，沒有個人作選擇、負責任的餘地，那麼史家如果還想使用評價語言，豈不只是剩下表達「喜歡」或者「討厭」等等情緒層面的形容？甚至於為了避免這種情緒反應，無妨接受再教育，讓個人所認同的價值正好配合事件的發展結果。從這種荒唐的假想，伯林認為歷史決定論到最後會淪為道德情緒論，並且有完全順從現實之虞（153-4）。

三、個人與歷史

伯林有沒有駁倒歷史決定論與歷史評價的相對論呢？多年之後，他自己再三解釋；

> 我的論點並不像我的一些最激烈的批評者所主張的那樣，即認為決定論肯定是錯的（我仍然無法證明這一點）；我的論點只是說，支持決定論的那些論證還不是結論性的；而且，如果它真的成為一個廣泛接受的信念並進入一般的思想與行

11　特別是在他討論多元論與相對論的著作中，例如 "Alleged Relativism in Eighteenth-century European Thought," in *The Crooked Timber of Humanity* (London: John Murray, 1990), p. 79以下。

為結構中，那麼，某些居於人類思想核心部分的概念與詞語的意義與用法，將要麼變得過時，要麼被根本改變（4-5；中譯本頁5）。

我從未否認（也從未考慮過）這樣一種邏輯的可能性：有一些版本的決定論在原則上……可能的確是關於人類行為的妥當理論；但我更不認為我已經駁斥了決定論。……我不知道有支持決定論的最終論據。但這並不是我的論點（21；中譯本頁24，譯文經修改）。

那麼他的論點究竟是什麼呢？他提出了明確的非決定論「史觀」嗎？

答案應該是否定的。伯林對決定論、無效論、以及相對論的批評都相當一般性，失之於含糊，以致於無法推出明確的、有排除效力的結論。首先，他以道德語言的存在事實為根據，強調任何人不可能一致地主張決定論：

人類從來在日常談論之中就視選擇自由是理所當然之事。我進一步論證道，如果人們真的堅信這個信念是錯誤的，那麼，這種發現所要求的基本詞彙與觀念的修正與變革，要比當代大多數決定論者意識到的似乎更大，也更具破壞力。除此之外我沒有多說，也不想多說（6-7；中譯本頁7）。

伯林的論證是說：道德評價語言的存在，顯示（要求）至少有一些個人自由選擇、或者個人影響歷史的個例存在，因此至少對這些個例，歷史決定論不適用。但是這個說法並沒有排除歷史決定

論還是有適用的情況。問題是在於：伯林把歷史決定論看做一種
普遍性的主張，有如自然科學定律，不容例外。然後他一方面認
為道德語言的適用構成了決定論的否證，另一方面卻不考慮也許
確實有道德語言不適用、而決定論卻適用的情況。要理解人的自
由意志與外在的因果力量之間的關係，並不能靠簡單的二分法，
以為道德語言的存在與不可替換，即足以否定外在非人力因素的
決定性作用。其實，有時候人的意志可以自行作主，但也有很多
──太多──時候，歷史規律與社會力量會決定人的意志與行
動。單從自由意志，不能說明歷史，一如單從決定論的邏輯，也
無法說明歷史一樣。伯林的論證成功地駁斥了那些最絕對的決定
論版本，但自由意志以什麼方式面對龐大的歷史與社會決定性因
素，在他這種論證模式中根本無從提問。

其次伯林強調，追問個人的意圖與目的等等，乃是理解人類
的行為與選擇的必要條件；他也強調特定的脈絡與背景，能決定
什麼歷史詮釋是「可能的」、是合於「歷史感」的，亦即脈絡與
背景即使不會決定什麼事情會發生，卻可以影響甚至於否定什麼
樣的事情可能發生或者不會發生[12]。這當然完全正確。但是指出這

---

12 這是伯林在他的〈歷史是科學嗎？〉一文中的主要論點：「如果你看不出在
　一個時代有可能的事，到了另外一個時代可能完全無法想像，那麼妳對於社
　會生活、人類思想、經濟成長、或其他序列在發展時事實上或必然要遵循的
　唯一可能方式的了解，便遺漏了某些普遍而基本的東西。」伯林指出，這種
　相信歷史具有某種客觀秩序的想法，是產生歷史決定論的源頭之一。（見上
　面註4所引中譯本頁11-13。）但另一方面，這種「秩序感」又正是史家的本
　分所在。（頁42）「把已知的事實安排出一個秩序來」，並且這種秩序不是來
　自統計、歸納、或者套定律，其妥當性「在於我們的一般經驗，在於我們對
　於人的態度和行為裡表現出來的思想及行動習慣加以了解的能力，在於一般
　所謂的對人生的認識，對實在的體會。」（頁36及其他多處）。

些脈絡與背景包括哪些事物、它們又如何影響個人的意圖與行為，乃是任何一種歷史觀點的一個關鍵部分。決定論史觀或許過分突出這些因素的決定性力量，可是沒有任何史觀能完全抹煞這類脈絡與背景的角色，因此在「決定」與「自由」之間似乎構成一個光譜，容許多種的可能。承認理解與評價在歷史工作中的關鍵地位，足以排除絕對的決定論，卻尚不足以判斷什麼樣的歷史觀才是最合理的。偉人史觀與平民史觀強調某些英雄人物或者庶民的感受與意圖具有歷史意義，都可以不是嚴格意義上的決定論，但是如何藉由這些不同範疇的人物去說明歷史，當然又牽涉到個人與歷史的關係要如何設想，簡單地承認脈絡與背景的重要性，並不足以說明歷史解釋的要件。

　　第三，伯林認為歷史乃是對於個人或者人群之活動與經歷的描述與理解；歷史所處理的乃是個人及其活動。這一個論點直接支撐著他關於責任與評價的堅持，可是這種由個人所構成的「歷史」要如何理解，在伯林筆下卻還是模糊的，值得在此略作討論與分辨。

　　「歷史」無論如何理解，都很難純粹由個人所構成，因為有一些因素，雖然明顯與人力無關，卻也明顯是歷史的一個部分，任何歷史探討均不能排除。首先，歷史並不排除自然的、非人力的因素例如生理、地理、環境、氣候之類的因素；伯林完全承認這些因素對於個人的選擇與責任構成某種或許重要但並非決定性的限制。其次，伯林也不會排除非人力、但肇因於人力的因素，其中包括了「非預期的後果」、包括了當事人並不理解自己的行為或者起因（26）等等關於人類的事實。這兩類因素都是歷史的一部份，也或深或淺地影響歷史，不過伯林可以把它們看作**外在於**個人的因素，因此對於人的自由與評價並不構成嚴重的問題。

但是歷史還包含一類因素，那就是來自於人、卻又不能等同於個人的歷史力量。在這方面，伯林的態度如何呢？

顯然，他必須在歷史與傳記之間有所區分，所以，他不能把歷史局限於個人；他也要承認「大量的不特定個人」、甚至於個人的結合（例如社會[157]）也就是各種集體在歷史中的意義與角色（97）；他也應該會要求「選擇」與「責任」的概念能夠附加在其上。不過，把個人的行為歸結於本身不能分解為個人行為的「非人的社會力量」（impersonal social forces）的行為，乃是伯林堅決反對的（26）。由此可知，他眼中的歷史並不局限在個人身上，但是他顯然接近某種方法論上的個體論，要求集體性格的概念能夠化約為個體。可是他所能接受的集體性概念範圍有多廣呢？在此，我們不談他所列出的目的論或者形上學的決定論。他隨手舉出的歷史決定論例子──諸如「種族、膚色、教會、民族、階級；氣候、灌溉方式、科技、地緣政治的位置；文明、社會結構、人類精神、集體無意識。」（114）──等也可以排除在外。但是，當他談到歷史決定論的「經驗論證」，尤其是「偉大的社會學歷史理論（the great sociological theories of history）（158）時，我們會注意到，他的批評對象尤其不確定，幾乎無所不包：從孟德斯鳩以降，所有的唯物論與科學主義史觀、19世紀的聖西蒙主義、黑格爾主義、孔德、馬克思、達爾文、自由主義經濟學家、佛洛依德、巴累圖、索瑞爾、法西斯主義；人類學與社會學的研究、知識社會學、乃至於「集體精神、20世紀之神話、『價值的崩潰』、信仰的危機、現代人、資本主義的最後階段」似乎都涉嫌入罪（158）；各種偉人論、階級論、群眾論，戰爭、革命、專政（159），──不勝枚舉的例子與文化現象，都被伯林劃入這個紛雜奇怪的組合之中，他指責這些都是「龐大超人

力事物的神祕存在」（occult presence of vast impersonal entities）。

　　讀到最後，我們發現，伯林的意思可能只是說，如果你要推卸責任，這些都可以做為藉口。但是我們需要反問：只因為這些概念所指的現象或者力量，都屬於人的非意圖因子，或者由人的並非出於計畫的互動所產生，不能化約到任何一個或多個個人的意圖或者目標，那麼它們的存在地位（ontological status）真的因此就可以懷疑、否定的嗎？輕率地把它們歸為「新物靈論」（new animism）（158），我們豈還能有意義地談論社會與歷史嗎？而如果我們坦承這些因素在歷史中確實扮演著角色，我們在什麼意義之下仍然可以堅持個人──或者個人的組合──的自由與責任呢？伯林擔心它們淪為否定個人自由的藉口，因此將它們的地位與意義一筆抹煞；但我們卻希望知道，如果必須承認這類社會與文化的宏觀現象在影響歷史的進程，我們該如何為個人作為歷史角色維持一個自主的空間？

　　伯林的問題所在逐漸清楚了：他無法把歷史徹底地化約到個人的層次，因為他知道有許多在個人之外或者之上的因素在歷史中發揮著重大的作用；但是他擔心這些因素有可能阻礙──無論是由於這些因素本身的存在地位可疑、或者是由於遭利用──個人的自由選擇與歷史責任。面對這種憂慮，伯林理應探討個人與這些因素的關係究竟是什麼，但伯林並沒有面對這個問題。

四、自由主義如何看待歷史

　　身為自由主義者，為什麼伯林沒有正面處理個人與歷史的明確關係？他對歷史與自由的想法，對一般自由主義有什麼啟發？表面上看，他堅持個人或者人群面對歷史能做選擇、能負責任，

應該是自由主義看待歷史的一個必要條件：如果個人在歷史中無
法做自由的決定、又或者雖然做了決定卻對歷史的發展變化毫無
意義，只能如同芻狗，由天地外力之不仁所捉弄，自由主義關於
個人道德地位的信念豈不顯得蹈空而滑稽了？不過我想指出，自
由主義不必如伯林一般，由於堅持這個條件，便對於歷史作了並
不切實際的理解，認為歷史現象與歷史變化都要能夠化約為或者
回溯到個人的抉擇。相反，自由主義應該追問人類做選擇與決定
是怎麼一回事，而這樣的選擇與決定又是如何「介入」歷史、具
有歷史意義的。必須承認，個人通常不能直接影響歷史的進程，
但是個人的選擇與行為卻仍然可以具有主體介入歷史的意義，是
有責任與是非對錯可言的。

　　伯林對於歷史決定論的主要批評在兩方面：歷史決定論認為
歷史自有秩序或者規律，這類秩序或者規律或者（1）決定了個
人的意志與作為，或者（2）自行運作而不受個人的意志與作為
之影響，從而淘空了人類行動的歷史意義。（還有一種不可知論
的可能，即個人意圖與歷史的關係太複雜，故根本無從掌握。）
但是伯林對於個人意圖與作為的理解方式，忽略了「意圖」、「作
為」等現象牽涉到了什麼，以及個人作為歷史中的主體與歷史的
關係之多樣。伯林把意志的自由與有效，完全從「阻礙之闕如」
來理解。例如他說：

> 行動的自由並不僅僅取決於這類或那類致命的阻礙（如物理
> 的或生物的）之不存在，而別的阻礙（比方說心理障礙，如
> 性格、習慣、強迫性的動機等等）仍然存在；它需要的是這
> 樣一種情境，在其中此類的原因之總和並不至於全然決定結
> 果，也就是說，在其中，仍然存在著某個領域，不管多麼狹

窄,選擇不是完全被決定的⋯⋯。如果我說「我不得不做如
此這般的選擇」是正確的,那麼我便沒有自由。說在決定情
勢的因素中有我的性格、習慣、決定、選擇等等,這無疑是
正確的,但這對事情並不能有所改變,或者說,在唯一相關
的意義上,並不能帶給我自由(116n;中譯本頁130)。

這個說法將「自由的選擇」與「由內在、外在原因決定」做了二
分,自由的選擇與內外在原因的決定(阻礙)顯得非此即彼不可
相容,於是選擇變成只需要「空間」。可是「選擇」到底是怎麼
一回事?「選擇」豈不正是個人主體與多種類的環境因素(包括
內外因)的有意識的互動嗎?

　　伯林強調,人的行為一定涉及當事人的意圖與目的。但是很
明顯的,在從事選擇與決定行動的時候,意圖與目的不可能只是
衝動(impulses)或者欲望(desires);它們一定包括了如此選擇
與行動的**理由**,並且這種理由不會簡單到只是陳述欲望、偏好,
而是**評價性的**理由,對於自己的抉擇與作為提供在價值上的依
據,其中反映的包括了自己的自我形象、對環境的理解、對於行
為各種選項的衡量、對於行為本身的評價、對於結果的期待等等
眾多評價性的因素[13]。在這些思慮與價值認同之背後,是不是有著
客觀因素在發揮強大的影響甚至塑造作用呢?當然極可能有,可
是由於當事人要為自己的思慮與價值觀尋找評價性的理由,而**不
只是報導自己當下的感受與欲求**,這些因素在原則上會受到當事

---

13 有類似想法的哲學家不在少數,明確的論證請見Charles Taylor, "The Concept
　 of a Person," in *Human Agency and Language: Philosophical Papers 1*
　 (Cambridge: Cambridge University Press, 1985), pp. 97-114.

人的評價性的檢驗。這個過程不會有一個終點，讓當事人完全透明地看清楚並且評價所有可能影響他的外在、內在因素，可是只要這個過程能夠進行，個人就**在一定的條件之下**面對各類的環境因素作**主動**的理解與評價，修改自己的意見，但也可能拒斥外在的環境。「選擇」涉及這種與環境因素的互動與評價，並且常常導致對於環境因素的批評與抗拒。這樣比較複雜的互動的關係，不是伯林那種在環境因素與自由選擇之間作截然二分的思路所能掌握的。

伯林簡化了個人與歷史之間的互動關係，結果也影響到了他對於歷史這件事的理解。他所批評的各種決定論將歷史設想為自有其秩序、規律或者其他形而上原動力的自足系統，伯林則盼望在歷史之中為個人的自由且有效的選擇、行為保留餘地，於是簡單地假定了歷史乃是個人抉擇與行為的後果。但是在這兩種（1）強調歷史的自主發展、與強調（2）個人對歷史的自主作用之間，是不是還有**第三種**設想歷史的方式？

近代歷史意識的發展歷程，在此提供了意想不到的類比。伯林對於個人與歷史、社會的看法，不自覺地複製了早先社會契約論的一些思路，特別是個人的自足自主、意志的有效、以及社會與歷史可以經由個人的意志的效用來說明。他所批評的歷史決定論，則主要表現在18世紀啟蒙運動的理性主義、科學主義史觀，認為歷史自有其普遍性的原理或者規律，不受個人的意志左右。如果說後者完全疏忽了個人的作用、物化了歷史，而前者則簡化了人與歷史的互動關係，那麼在伯林所大力發掘與推許的「反啟蒙」思想潮流中，反而可以窺見上述的第三種歷史觀的雛形。

在近代的歷史意識的變革過程中，反啟蒙思潮相當重要。伯林筆下暢談反啟蒙思潮對近代歷史意識所產生的革命性作用，包

括了對啟蒙式「科學主義」的批判，對於個體特殊性的重視，以及強調個人與周遭環境的互動構成了個人的個體性正身。由於批評啟蒙的科學主義，反啟蒙思想家強調對於人類行為的理解必須要採取「內在觀點」（inside view），也就是從當事人的意圖與目的著手，不能僅僅著眼於外在的事件與規律；這一點，構成了伯林反對「歷史學作為科學」的主要論點，在他處有深入的發揮[14]。由於著重特殊性，反啟蒙思想家注重特定歷史階段、特定社會的獨特之處，拒絕用普遍主義的標準去理解和評價；這一點，伯林在討論民族主義與浪漫主義的著作中多有觸及。由於強調個人與環境的互動，反啟蒙思想家注重個體的活動會逐漸形成集體、客觀的制度，而這類制度又會塑造特殊而具有時空特殊性的人性。最後這一點，有助於釐清歷史與個人之間的關係，在伯林關於歷史性質的著作裡卻正好沒有加以發展。

伯林討論決定論的時候，認為一切被設定的「超個人」力量都具有決定論的含意。可是在反啟蒙思想家心目中，社會與歷史所表現的「超個人」力量，與目的論、形上學、以及科學主義的「超個人」力量，在性質上並不相同，並且有其正面的功能。維柯強調歷史與社會是由人所創造，所以構成了真正的知識對象。伯林充分意識到這個問題值得探索：「我們大可以問：在什麼意義上，人『創造』了自己的歷史？」[15]他針對「人創造歷史」這個概念提出了一連串的問題與質疑，認為維柯並沒有清楚的答案。

---

14 見〈歷史是一種科學嗎？〉。上引中譯本頁43，英文見 *The Proper Study of Mankind: An Anthology of Essays*, p. 48.

15 Isaiah Berlin, *Against the Current: Essays in the History of Ideas*, Henry Hardy, ed.（Oxford: Oxford University Press, 1981）, pp. 115ff.

但是到最後，他只注意到這個問題的知識論涵蘊，凸顯了關於人的知識必須不同於關於自然物體的知識。可是值得強調，按照反啟蒙的思考邏輯，「人創造歷史」預設了個人與超個人力量的相互創造關係。它一方面指向一種對社會制度與社會力量的理解方式，強調制度與文化乃是無數個人行動的結果，但是並不假定每一個特定、有名個人的行動一定是具有歷史意義的、能影響歷史的。另一方面，由於個人與環境的互動牽涉到了意圖與目的，也就牽動到了個人對環境因素的諸多評價性的詮釋與迎拒，因而會對這種「創造」作最寬泛的理解，不必斤斤計較「創造」即是「有結果的影響」。相反，個人是以主體的身分面對歷史的趨勢與力量，即使對歷史並沒有明確的影響，卻依然可以對歷史有所反應、對抗、論述、評價；這些努力可能失敗、可能毫無具體可見的結果，卻仍然表達了主體對於歷史的看法、感受與態度，正好構成了歷史的一個真實部分。不把人的這些努力視為「介入」歷史，無異於把歷史視作成功者的功績簿，否定了無數小人物乃至於失敗者的作為與看法一樣在「活出」歷史、同樣在歷史中有其合法的地位。歷史不只是人的作為與遭遇，也包含了人對於遭遇與作為的評價與反應。伯林正確地指出，人的活動之特色在於意圖與目的；可是重視意圖與目的，也即是重視人作為歷史主體的身分；伯林關於人的自由的想法，沒有凸顯人如何扮演歷史主體，是一項重大的缺憾。

五、結論

　　《伯林傳》的作者稱〈歷史的不可避免性〉是「為知識分子作為道德捍衛者（moralist）的辯解」；該文的論證說明，「人們

如果對於自身作為道德主體的能力變得犬儒或者生疑，如果接受了一套看法，認為自己在道德上是木偶、是政治操縱者手裡的傻瓜與玩具，他們護衛自由社會的意願會被摧毀。」[16]確實，針對歷史決定論對於個人行為之道德意義的否定，伯林提出了廣泛的反擊，企圖為個人的自由選擇維持應有的空間。如果個人在歷史中只有消極、被動的角色，面對各種外在勢力個人的判斷能力與道德地位不再具有最高的權威，自由主義的現實意義將蕩然無存。在這個意義上，伯林批駁歷史決定論、人力無效論、乃至於價值相對論，當然是有高度現實意義的。

　　但是如何為個人在歷史中找到積極、主動的角色？這不只牽涉到歷史是不是有規律可言，更牽涉到個人在歷史脈絡中的選擇與行動本身是不是包含積極、主動的因子。本文認為，選擇與行動不只是表達欲望與偏好，更包含著評價，呈現主體對於客觀環境的判斷。這種判斷構成了歷史的重要部分，讓歷史不只繫於事實上發生了什麼事件，更將事件呈現為道德判斷的對象，具備有好壞是非的評價。在這個意義上，歷史乃是一個具有道德色彩的世界。這個世界由個人所創造，也是個人施展自由與有效介入的世界。在這一點上，伯林的思路是失之於太消極了。

16　Michael Ignatieff, *Isaiah Berlin: A Life*（New York: Metropolitan Books, 1998）, p. 206.

引用書目

中文部分

毛澤東，1966，〈新民主主義〉，見中共中央毛澤東選集出版委員會（編），《毛澤東選集》，頁623-670，北京：人民出版社。

王振寰，1991，〈出現中的市民社會及其限制〉，《二十一世紀》5：57-67。

王振寰、錢永祥，1995，〈邁向新國家？民粹威權主義的形成與民主問題〉，《臺灣社會研究季刊》20：17-55。

水亦櫟，2004，〈政治與哲學：甘陽和劉小楓對斯特勞斯的兩種解讀〉，《開放時代》3：53-70。

史　明，1988，《臺灣人四百年史》，台北：草根文化公司。

甘　陽，2003，《政治哲人施特勞斯：古典保守主義政治哲學的復興》，香港：牛津大學出版社。

托洛茨基（Trotsky, Leon），出版年不詳，《他們的道德與我們的道德》，香港：信達出版社。

江宜樺，2001，《自由民主的理路》，台北：聯經出版公司。

牟宗三，1968，《心體與性體》第一冊，台北：正中書局。

牟宗三，1983，《中國哲學十九講》，台北：臺灣學生書局。

牟宗三，2004，《中國哲學的特質》，台北：聯經出版公司。

何　方，1990a，〈從「民間社會」論人民民主〉，《當代》47：39-52。

何　方，1990b，〈人民民主與後現代：一次後現代的歷險：讀趙剛〈論現階段無住屋運動〉〉，《當代》54：136-149。

余英時，1987，《中國思想傳統的現代詮釋》，台北：聯經出版公司。

余英時，2004，《中國知識人之史的考察：余英時文集第四卷》，沈志佳（編），桂林：廣西大學出版社。

伯　林（Berlin, Isaiah），1981，〈歷史是科學嗎？〉，錢永祥譯，《歷史學與社會科學》，頁1-55，台北：華世出版社。

伯　林（Berlin, Isaiah），2003，《自由論》，頁104-185，胡傳勝譯，上海：譯林出版社。

伯　林（Berlin, Isaiah），2004，《現實意識》，頁37-80，彭淮棟譯，台北：臉譜文化公司。

李明輝，2001，《當代儒學的自我轉化》，北京：中國社會科學出版社。

汪　暉，2008，《去政治化的政治：短20世紀的終結與90年代》，北京：三聯書店。

周保松，2006，〈自由主義、寬容與虛無主義〉，《中國學術》22：1-39。

周保松，2009/2013，《自由人的平等政治》，北京：三聯書店。

杭　之，1990，《邁向後美麗島的民間社會》上、下冊，台北：唐山出版社。

杭　之，1991，〈台灣社會的歷史性挑戰〉，《二十一世紀》5：41-52。

金里卡（Kymlica, Will），2003，《當代政治哲學導論》，劉莘譯，台北：聯經出版公司。

金里卡（Kymlica, Will），2005，《自由主義、社群、與文化》，應奇、葛水林譯，上海：上海譯文出版社。

林毓生，1983，《思想與人物》，台北：聯經出版公司。

林毓生，1989，《政治秩序與多元社會》，台北：聯經出版公司。

林慈淑，2005，〈以撒伯林的史論：從觀念史的思考到決定論的批判〉，《台大歷史學報》36：357-406。

林慈淑，2006，〈伯林與史家論「道德判斷」：兼談二十世紀英國史學的若干發展〉，《台大歷史學報》38：219-270。

南方朔，1987，〈國家、資本、人民：八十年代台灣的社會力場〉，見許津橋、蔡詩萍（編），《一九八六年台灣年度評論》，頁63-87，台北：圓神出版社。

南方朔，1994，《台灣政治的深層批判》，台北：時代出版公司。

韋　伯（Weber, Max），1991，《學術與政治：韋伯選集I》，錢永祥等譯，台北：遠流出版公司。

葛　雷（Gray, John），2002，《自由主義的兩種面貌》，蔡英文譯，台北：巨流圖書公司。

徐復觀，1977，《中國人性論史：先秦篇》，台北：臺灣商務印書館。

徐復觀，1979，《儒家政治思想與民主自由人權》，台北：八十年代出版社。

徐復觀，1985，《學術與政治之間》，台北：臺灣學生書局。

殷海光，1966，《中國文化的展望：殷海光全集8》，林正弘（編），台北：桂冠圖書公司。

殷海光，1990a，《殷海光書信集：殷海光全集10》，林正弘（編），台北：桂冠圖書公司。

殷海光，1990b，《政治與社會（上）：殷海光全集11》，林正弘（編），台北：桂冠圖書公司。

殷海光，1990b，《政治與社會（下）：殷海光全集12》，林正弘（編），台北：桂冠圖書公司。

殷海光，1990c，《學術與思想（一）：殷海光全集13》，林正弘（編），台北：桂冠圖書公司。

殷夏君璐，1990，《殷海光紀念集：殷海光全集18》，林正弘（編），台北：桂冠圖書公司。

馬克思（Marx, Karl），1997，《哥達綱領批判》，中共中央馬克思恩格斯列寧史達林著作編譯局（編），北京：人民出版社。

特爾慈（Troeltsch, Ernst），1960，《基督教社會思想史》，戴盛虞、趙振嵩編譯，香港：基督教文藝出版社。

納斯鮑姆（Nussbaum, Martha C.），《逃避人性：噁心、羞恥與法律》，方佳俊譯，台北：商周出版社。

張茂桂，1994，〈民間社會、資源動員與新社會運動〉，《香港社會科學學報》4：33-66。

曹天予（編），2008，《社會主義還是社會民主主義：中國改革中的民主社會主義思潮》，香港：大風出版社。

陳弘毅，2001，〈市民社會的理念與中國的未來〉，中央研究院中山人文社會科學研究所「公民與國家」學術研討會論文（未刊稿）。

陳宜中，1990，〈人民民主與台灣的辯證：總評台灣版人民民主論〉，《當代》56：138-49。

曾建元，1991，〈從民間社會走向人民民主：評述台灣社會運動的社會學干預〉，《憲政評論》22（8）：10-15

湯一介，2003，〈論儒家哲學中的內在性與超越性問題〉，見張頌之（編），《二

十世紀儒學研究大系，卷12，儒家哲學思想研究》，頁587-597，北京：中華書局。

黑格爾（Hegel, G.W.F.），1985，《法哲學原理》，范揚、張企泰譯，台北：里仁書局。

趙　剛，1990，〈論現階段無住屋運動的理論與實踐〉，《當代》53：66-73。

趙　剛，1989，〈如何看待民間社會座談會〉，《中國論壇》336：7-22。

馮耀明，1993，〈當代新儒家的「超越內在說」〉，《當代》84：92-105。

劉小楓，2002，《刺蝟的溫順：講演及其相關論文集》，上海：上海文藝出版社。

劉小楓，2009，〈施特勞斯與中國：古典心性的相逢〉，《思想戰線》35（2）：59-65。

劉述先，1993，《理想與現實的糾結》，台北：臺灣學生書局。

劉述先，1996，《當代中國哲學論：問題篇》，紐澤西：八方文化公司。

劉述先，2001，《全球倫理與宗教對話》，台北：立緒文化公司。

德沃金（Dworkin, Ronald），2003，《至上的美德：平等的理論與實踐》，馮克利譯，南京：江蘇人民出版社。

蔡其達，1989，〈打開「民間社會」史：一個反宰制論述的考察〉，《中國論壇》336：23-29。

鄭家棟，2000，〈「超越」與「內在超越」：牟宗三與康德之間〉，《中國文哲研究集刊》17：339-369。

鄧正來，1993，〈台灣民間社會語式的研究〉，《中國社會科學季刊》5：88-102。

機器戰警，1991，《台灣的新反對運動》，台北：唐山出版社。

錢永祥，1992，〈偉大的界定者：霍布斯主權論的一個新解釋〉，《人文與社會科學集刊》5（1）：82-127。

錢永祥，2001，《縱欲與虛無之上：現代情境裡的政治倫理》，台北：聯經出版公司。

錢永祥，2012a，〈「道德進步」：一本書與一本歷史觀〉，《政治與社會哲學評論》40：203-218。

錢永祥，2012b，〈為什麼道德要關注受苦？關於「道德進步」的一項補充〉，《政治與社會哲學評論》41：207-213。

謝世民，1999，〈論德我肯的資源平等觀〉，《人文社會科學集刊》11（1）：123-153。

羅爾斯（Rawls, John），2002，《作為公平的正義：正義新論》，姚大志譯，台北：左岸文化出版社。

顧忠華，2002，〈公民社會在台灣的成形經驗〉，見瞿海源、顧忠華、錢永祥（編），《法治、人權、與公民社會》，頁161-195，台北：桂冠圖書公司。

英文部分

Abbey, Ruth. 2000. *Charles Taylor*. Princeton: Princeton University Press.

Anderson, Elizabeth S.. 1999. "What is the Point of Equality?" *Ethics* 109(2): 287-337.

Anderson, Perry. 1992. *A Zone of Engagement*. London: Verso.

Arendt, Hannah. 1977. *On Revolution*. New York: Penguine Books.

Barry, Brian M.. 2001. *Culture and Equality: An Egalitarian Critique of Multiculturalism*. Cambridge: Polity Press.

Benhabib, Seyla. 1992. *Situating the Self*. New York: Routledge.

Benhabib, Seyla. 1994. "Deliberative Rationality and Models of Democratic Legitimacy," *Constellations* 1(1): 26-52.

Benhabib, Seyla.2002. *The Claims of Culture: Equality and Diversity in the Global Era*. Princeton: Princeton University Press.

Benn, Stanley I.. 1967. "Equality, Moral and Social," pp. 38-42 in Paul Edwards, (ed.), *The Encyclopedia of Philosophy*, vol. 3. New York: Macmillan.

Berlin, Isaiah. 1969. *Four Essays on Liberty*. Oxford: Oxford University Press.

Berlin, Isaiah. 1981. *Against the Current: Essays in the History of Ideas*. Oxford: Oxford University Press.

Berlin, Isaiah. 1990. *The Crooked Timber of Humanity*. London: John Murray.

Berlin, Isaiah. 1997. *The Proper Study of Mankind: An Anthology of Essays*. New York: Farrar, Straus and Giroux.

Berlin, Isaiah. 2002. *Liberty*. Oxford: Oxford University Press, 2002

Black, Antony. 1992. *Political Thought in Europe 1250-1450*. Cambridge: Cambridge University Press.

Bohman, James and William Rehg (eds.). 1997. *Deliberative Democracy: Essays on Reason and Politics*. Cambridge, Mass.: MIT Press.

Brown, Henry P.. 1988. *Egalitarianism and the Generation of Inequality*. Oxford: Clarendon Press.

Butler, Judith. 1999. *Subjects of Desire: Hegelian Reflections in Twentieth-Century France*. New York: Columbia University Press.

Calhoun, Craig. 1997. *Nationalism*. Minneapolis: University of Minnesota Press.

Carter, Ian. 1999. *A Measure of Freedom*. Oxford: Oxford University Press.

Caute, David. 2013. *Isaac and Isaiah: The Covert Punishment of a Cold War Heretic*. New Haven: Yale University Press.

Chambers, Simone. 1996. *Reasonable Democracy: Jürgen Habermas and the Politics of Discourse*. Ithaca: Cornell University Press.

Cohen, G. A.. 1995. *Self-ownership, Freedom, and Equality*. Cambridge: Cambridge University Press.

Cohen, Joshua. 2003. "For a Democratic Society," pp. 86-138 in Samuel Freeman (ed.), *The Cambridge Companion to Rawls*. Cambridge: Cambridge University Press.

Coleman, Janet. 2000. *A History of Political Thought: From Ancient Greece to Early Christianity*. Oxford: Blackwell.

Cooke, Maeve. 1994. *Language and Reason: A Study of Habermas's Pragmatics*. Cambridge, MA: MIT Press.

Cracraft, James. 2002. "A Berlin for Historians," *History and Theory* 41 (2002): 277-300.

Descombes, Vincent. 1980. *Modern French Philosophy*. Cambridge: Cambridge University Press.

Dworkin, Ronald. 1978. *Taking Rights Seriously*. Cambridge, Mass.: Harvard University Press.

Dworkin, Ronald. 1981. "What is Equality? Part 2: Equality of Resources," *Philosophy and Public Affairs* 10(4): 283-345.

Dworkin, Ronald. 1983. "In Defense of Equality," *Social Philosophy and Policy* 1(1): 24-40.

Dworkin, Ronald. 1985. *A Matter of Principle*. Cambridge, Mass.: Harvard University Press.

Dworkin, Ronald. 2000. *Sovereign Virtue*. Cambridge, MA: Harvard University Press.

Eccleshall, Robert. 1978. *Order and Reason in Politics: Theories of Absolute and*

Limited Monarchy in Early Modern England. Oxford: Oxford University Press.

Elster, John (ed.). 1998. *Deliberative Democracy.* Cambridge: Cambridge University Press.

Evans, Richard J.. 2001. "Introduction," pp. ix-xlvi in E.H. Carr, *What is History ?,* 40th Anniversary Edition, Basingstoke: Palgrave.

Fanon, Frantz. 1966. *The Wretched of the Earth.* New York: Grove Press.

Fanon, Frantz. 1967. *Black Skin, White Masks.* New York : Grove Press

Flew, A.G.N.. 1970. *Evolutionary Ethics.* London: Macmillan.

Fraser, Nancy and Axel Honneth. 2003. *Redistribution or Recognition? A Political-Philosophical Exchange.* London: Verso.

Freeman, Samuel. 2003. "Congruence and the Good of Justice," pp. 277-315 in Samuel Freeman (ed.), *The Cambridge Companion to Rawls.* Cambridge: Cambridge University Press.

Galston, William. 2010. "Realism in Political Theory," *European Journal of Political Theory* 9(4): 385-411.

Gaus, Gerald F.. 2000, *Political Concepts and Political Theories.* Boulder, Colorado: Westview.

Gaus, Gerald F.. 2003. *Contemporary Theories of Liberalism.* London: Sage Publications.

Geras, Norman. 1985. "The Controversy about Marx and Justice," *New Left Review* I 150: 47-85.

Geuss, Raymond. 2008. *Philosophy and Real Politics.* Princeton and Oxford: Princeton University Press.

Goodin, Robert E, and Philip Pettit (eds.). 1997. *Contemporary Political Philosophy: An Anthology.* Oxford: Blackwell.

Gray, John. 1996. *Isaiah Berlin.* Princeton, NJ: Princeton University Press.

Gray, John. 1998. *Hayek on Liberty.* London: Routledge.

Greenfield, Liah. 1992. *Nationalism: Five Roads to Modernity.* Cambridge, Mass.: Harvard University Press.

Gutmann, Amy. 1980. *Liberal Equality.* Cambridge: Cambridge University Press.

Gutmann, Amy. 2003. *Identity in Democracy.* Princeton: Princeton University Press.

Gutmann, Amy and Dennis Thompson. 1996. *Democracy and Disagreement.*

Cambridge, MA: Harvard University Press.

Hajdin, Mane(ed.). 2001. *The Notion of Equality.* Burlington, Vermount: Ashgate.

Hanley, Ryan Patrick. 2007. "Berlin and History," in George Crowder & Henry Hardy, eds., *The One and the Many: Reading Isaiah Berlin,* pp. 159-180. Amherst, NY: Prometheus Books.

Hayek, Friedrich A.. 1960. *The Constitution of Liberty.* Chicago: The University of Chicago Press.

Hayek, Friedrich A.. 1973. *Law, Legislation and Liberty,* vol. 1: *Rules and Order.* Chicago: The University of Chicago Press.

Hayek, Friedrich A.. 1976. *Law, Legislation and Liberty,* vol. 2: *The Mirage of Social Justice.* Chicago: The University of Chicago Press.

Honneth, Axel. 1995. *The Struggle for Recognition: The Moral Grammar of Social Conflicts.* Oxford: Polity Press.

Ignatieff, Michael. 1998. *Isaiah Berlin: A Life.* New York: Metropolitan Books.

Jahanbegloo, Ramin. 1992. *Conversations with Isaiah Berlin.* London: Phoenix Press.

Jünger, Ernest. 2008. *On Pain.* New York: Telos Press.

Kleinberg, Ethan. 2005. *Generation Existential: Heidegger's Philosophy in France 1927-1961.* Ithaca: Cornell University Press.

Korsgaard, Christine M.. 1996. *Creating the Kingdom of Ends.* Cambridge: Cambridge University Press.

Korsgaard, Christine M.. 2009. *Self-constitution: Agency, Identity, and Integrity.* Oxford: Oxford University Press.

Krasnoff, Larry. 2008. *Hegel's Phenomenology of Spirit: An Introduction.* Cambridge: Cambridge University Press.

Kukathas, Chandran. 1989. *Hayek and Modern Liberalism.* Oxford: Clarendon Press.

Kundera, Milan. 1998. *The Art of the Novel.* New York: Harper & Row.

Kymlicka, Will. 2002. *Contemporary Political Philosophy: An Introduction.* New York: Oxford University Press.

Larmore, Charles. 1987. *Patterns of Moral Complexity.* Cambridge: Cambridge University Press.

Larmore, Charles. 1996. *The Morals of Modernity.* Cambridge: Cambridge University

Press.

Korsgaard, Christine M.. 2002. "Public Reason," pp. 368-393 in Samuel Freeman (ed.), *The Cambridge Companion to Rawls*. Cambridge: Cambridge University Press.

Lecky, W.E.H.. 1917. *History of European Morals: From Augustus to Charlemagne*, vol. I. New York and London: D. Appleton and Co.

Lin, Yu-sheng（林毓生）. 2001. "A Dialogue between Kant and Confucius (and Mencius) concerning Human Rights," paper presented at the International Conference on Political Philosophy, Beijing.

Lukács, György. 1972. *Tactics and Ethics: Political Writings 1919-1929*. London: New Left Books.

MacIntyre, Alasdair. 1984. *After Virtue*. Notre Dame, Indiana: University of Notre Dame Press.

Mansfield, Harvey C.. 1978. *The Spirit of Liberalism*. Cambridge, MA: Harvard University Press.

Marshall, T.H.. 1997. "Citizenship and Social Class," pp. 291-313 in Robert E. Goodin & Philip Pettit (eds.), *Contemporary Political Philosophy: An Anthology*. Oxford: Blackwell.

McIntire, C.T.. 2004. *Herbert Butterfield: Historian as Dissenter*. New Haven: Yale University Press.

Mead, George Herbert. 1934. *Mind, Self, and Society*. Chicago: University of Chicago Press.

Michelman, Frank I.. 2002. "Rawls on Constitutionalism and Constitutional Law," pp. 394-425 in Samuel Freeman (ed.), *The Cambridge Companion to Rawls*. Cambridge: Cambridge University Press.

Mill, J.S.. 1982. *On Liberty*. Hammondworth: Penguin.

Mouffe, Chantal (ed.). 1999. *The Challenge of Carl Schmitt*. London: Verso.

Mueller, Jan-Werner. 2008. "Fear and Freedom: On 'Cold War Liberalism'," *European Journal of Political Theory* 7(1): 45-64.

Nussbaum, Martha. 2000. *Women and Human Development: The Capabilities Approach*. Cambridge: Cambridge University Press.

Nussbaum, Martha. 2001 *Upheavals of Thought: The Intelligence of Emotions.* Cambridge: Cambridge University Press.

Nussbaum, Martha. 2004 *Hiding From Humanity: Disgust, Shame, and the Law.* Princeton, NJ.: Princeton University Press, 2004.

Palmer, R.R.. 1973. "Equality," pp. 138-148 in Philip P. Wiener(ed.), *Dictionary of the History of Ideas,* vol. II. New York: Charles Scribner' Sons.

Pangle, Thomas L.. 2006. *Leo Strauss: An Introduction to his Thought and Intellectual Legacy.* Baltimore, MD.: The John Hopkins University Press.

Paul, Ellen F.. 1988. "Liberalism, Unintended Orders and Evolutionism," *Political Studies* 36(2): 251-272.

Phillips, Anne. 1999. *Which Equalities Matter?* Cambridge: Polity Press.

Pinker, Steven. 2011. *The Better Angels of our Nature: Why Violence has Declined.* New York: Norton.

Pinkard, Terry. 1994. *Hegel's Phenomenology: The Sociality of Reason.* Cambridge: Cambridge University Press.

Polanyi, Karl. 1957. *The Great Transformation: The Political and Economic Origins of our Time.* Boston: Beacon Press.

Rawls, John. 1971. *A Theory of Justice.* Cambridge: Harvard University Press.

Rawls, John. 1993 *Political Liberalism.* New York: Columbia University Press.

Rawls, John. 1996 *Political Liberalism,* with Introduction to the Paperback Edition. New York: Columbia University Press.

Rawls, John. 1999a "Social Unity and Primary Goods," pp. 359-387 in Samuel Freeman (ed.), *Collected Papers.* Cambridge: Harvard University Press.

Rawls, John. 1999b. *The Law of Peoples.* Cambridge, MA: Harvard University Press.

Rawls, John. 2001. *Justice as Fairness: A Restatement.* Cambridge, MA: Belknap Press.

Reiman, Jeffrey. 2011. *As Free and as Just as Possible: The Theory of Marxian Liberalism.* Chichester, West Sussex: Wiley-Blackwell.

Riley, Jonathan. 1998. *Mill on Liberty.* London: Routledge.

Riley, Patrick. 1982 . *Will and Political Legitimacy.* Cambridge, MA: Harvard University Press.

Ruse, Michael. 1996. *Monad to Man: The Concept of Progress in Evolutionary*

Biology. Cambridge, Mass.: Harvard University Press.

Sakai, Naoki（酒井直樹）. 1997. *Translation and Subjectivity: On Japan and Cultural Nationalism*. Minneapolis: University of Minnesota Press.

Scanlon T.M.. 2002. "Rawls on Justification," pp. 139-167 in Samuel Freeman（ed.）, *The Cambridge Companion to Rawls*. Cambridge: Cambridge University Press.

Schmitt, Carl. 1978. *The Concept of the Political*, trans. and ed. by George Schwab. Chicago: University of Chicago Press.

Schneewind, J.B.. 1992. "Autonomy, Obligation, and Virtue: An Overview of Kant's Moral Philosophy," pp. 309-341 in Paul Guyer（ed.）, *The Cambridge Companion to Kant*. Cambridge: Cambridge University Press.

Schneewind, J.B.. 1998. *The Invention of Autonomy: A History of Modern Moral Philosophy*. Cambridge: Cambridge University Press

Schwartz, Benjamin I.. 1975. "Transcendence in Ancient China," *Daedalus* 104(2): 57-68.

Sen, Amartya. 1992. *Inequality Reexamined*. Cambridge, Mass.: Harvard University Press.

Shklar, Judith N.. 1990. *The Faces of Injustice*. New Haven: Yale University Press.

Sikka, Sonia. 2011. *Herder on Humanity and Cultural Difference: Enlightened Relativism*. Cambridge: Cambridge University Press.

Spencer, Vicki. 2007. "In Defense of Herder on Cultural Diversity and Interaction," *The Review of Politics*, 69(1): 79-115.

Strauss, Leo. 1953. *Natural Right and History*. Chicago: The University of Chicago Press.

Strauss, Leo. 1963. *The Political Philosophy of Hobbes*. Chicago: The University of Chicago Press.

Strauss, Leo. 1989. *Introduction to Political Philosophy: Ten Essays*. Detroit: Wayne State University.

Taylor, Charles. 1975. *Hegel*. Cambridge: Cambridge University Press.

Taylor, Charles. 1985a. *Human Agency and Language: Philosophical Papers 1*. Cambridge: Cambridge University Press.

Taylor, Charles. 1985b. *Philosophy and the Human Sciences: Philosophical Papers 2*.

Cambridge: Cambridge University Press.

Taylor, Charles. 1989. *Sources of the Self.* Cambridge, MA: Harvard University Press.

Taylor, Charles. 1994. "The Politics of Recognition, " pp. 25-74 in Amy Gutmann (ed.), *Multiculturalism: Examining the Politics of Recognition.* Princeton: Princeton University Press.

Taylor, Charles. 1995a. "A Most Peculiar Institution," pp. 132-154 in J.E.J. Altham and Ross Harrison (eds.), *World, Mind and Ethics: Essays on the Ethical Philosophy of Bernard Williams.* Cambridge: Cambridge University Press.

Taylor, Charles. 1995b. *Philosophical Arguments.* Cambridge, MA, Harvard University Press.

Taylor, Charles. 1996. "Iris Murdoch and Moral Philosophy," pp. 3-28 in Maria Antonaccio and William Schweiker eds., *Iris Murdoch and the Search for Human Goodness.* Chicago and London: University of Chicago Press.

Taylor, Charles. 1997. "Leading a Life," pp. 170-183 in Ruth Chang (ed.), *Incommensurability, Incomparability, and Practical Reasoning.* Cambridge, Mass.: Harvard University Press.

Taylor, Charles. 2004. *Modern Social Imaginaries.* Durham: Duke University Press.

Walzer, Michael. 1983. *Spheres of Justice: A Defense of Pluralism and Equality.* Oxford: Martin Robertson.

Walzer, Michael. 1987. *Interpretation and Social Criticism.* Cambridge, Mass.: Harvard University Press.

Williams, Bernard. 1962. "On the Idea of Equality," pp. 110-131 in Peter Laslett & W.G. Runciman, (eds.), *Philosophy, Politics and Society.* Oxford: Basil Blackwell.

Williams, Bernard. 2005. *In the Beginning was the Deed: Realism and Moralism in Political Argument.* Princeton and Oxford: Princeton University Press.

Williams, Robert R.. 1997. *Hegel's Ethics of Recognition.* Berkeley and Los Angeles, CA: University of California Press.

Wolff, Jonathan. 2005. "Economic Justice," pp. 433-458 in Hugh LaFollette, (ed.), *The Oxford Handbook of Practical Ethics.* Oxford: Oxford University Press.

Zuckert, Catherine & Michael. 2006. *The Truth about Leo Strauss: Political Philosophy and* American *Democracy.* Chicago: University of Chicago Press.

索引

主題索引

人名索引

動情的理性：政治哲學作為道德實踐

2014年2月初版　　　　　　　　　　　　　　　　定價：新臺幣550元
2020年10初版第三刷
有著作權・翻印必究
Printed in Taiwan.

著　　　者	錢	永	祥
叢書主編	沙	淑	芬
校　　　對	吳	淑	芳
封面設計	呂	德	芬

出　　版　　者	聯經出版事業股份有限公司	副總編輯	陳	逸	華
地　　　　　址	新北市汐止區大同路一段369號1樓	總　編　輯	涂	豐	恩
叢書主編電話	(02)86925588轉5310	總　經　理	陳	芝	宇
台北聯經書房	台北市新生南路三段94號	社　　　長	羅	國	俊
電　　　　話	(02)23620308	發　行　人	林	載	爵
台中分公司	台中市北區崇德路一段198號				
暨門市電話	(04)22312023				
郵政劃撥帳戶	第0100559-3號				
郵撥電話	(02)23620308				
印　刷　者	世和印製企業有限公司				
總　經　銷	聯合發行股份有限公司				
發　行　所	新北市新店區寶橋路235巷6弄6號2F				
電　　　話	(02)29178022				

行政院新聞局出版事業登記證局版臺業字第0130號

國家圖書館出版品預行編目資料

動情的理性：政治哲學作為道德實踐/
錢永祥著．初版．新北市．聯經．2014年2月（民
103年）．400面．14.8×21公分
ISBN　978-957-08-4316-3（精裝）
[2020年10月初版第三刷]

1.政治思想　2.自由主義

570.112　　　　　　　　　　　102024651